유튜브 선교

유튜브 선교

초판 1쇄 발행 | 2024년 4월 1일

지은이 | 이세영
펴낸이 | 이한민
펴낸곳 | 아르카

등록번호 | 제307-2017-18호
등록일자 | 2017년 3월 22일
주　소 | 서울 성북구 숭인로2길 61 길음동부센트레빌 106-1805
전　화 | 010-9510-7383
이메일 | arca_pub@naver.com

홈페이지 | www.arca.kr
블로그 | arca_pub.blog.me
페이스북 | fb.me/ARCApulishing

책　값 | 뒤표지에 있습니다
I S B N | 979-11-89393-37-3 03230

아르카ARCA는 기독출판사이며 방주ARK의 라틴어입니다(창 6:15).
네가 만들 방주는 이러하니 … 새가 그 종류대로, 가축이 그 종류대로,
땅에 기는 모든 것이 그 종류대로 각기 둘씩 네게로 나아오리니 그 생명을 보존하게 하라 _창 6:15,20

유튜브 선교

YouTube mission

이세영 지음

검색과 추천 알고리즘을 통과하는 복음 증거 전략

아르카

최근 팬데믹을 거치면서 우리 모두는 신앙공동체의 개념이 급속도로 변화되는 것을 실감하게 된다. 서로 직접 만나 교제를 나누고 삶을 나누는 개념과 함께, 온라인을 통해서도 복합적으로 신앙생활을 공유할 수 있는 세대에 우리는 이제 익숙해져 있다. 이와 함께 공공신학이 추구하는 교회의 공적 참여에서 중요한 공론장의 개념이 크게 변화되는 것을 본다. 하버마스가 주장하였던 공적 토론, 즉 미디어를 통해 공동체의 의견을 수렴하는 개념을 넘어, 온라인 공론장이 다양하게 활용되고 있는 것을 보는 것이다. 이에 저자는 '교회가 온라인 공론장과 공동체의 기능을 어떻게 재정립할 수 있겠는가' 하는 논지와 함께, '이러한 변화를 어떠한 방법으로 건전하고 생산적으로 선교에 적용할 수 있는가'에 대한 토론을 통해 급변하는 현대를 대하는 성도들에게 방향성을 제시한다.

저자는 먼저 최근의 온라인 공론장의 현실에 대해서 공적 토론의 중요성에 대한 당위성을 이론적으로 제시하고, 그 중에서도 최근에 온라인 공론장에서 중요한 역할을 담당하는 유튜브의 특성과 선교의 가능성에 대해 진단하고 있다. 이어서 평신도 중심의 소통 확대, 전달하는 복음에서 식별되는 복음으로의 전환, 세상의 언어를 통한 접근, 경험의 공유, 신뢰의 성취, 공적 영향력의 추구 등과 같은 전략을 구체적으로 소개하

고 있다. 결론적으로 저자는 몇 가지 구체적인 사례와 함께 앞으로의 다
양한 가능성을 제시한다.

이 책은 온라인 공론장과 유튜브 선교에 대해 깊이 있는 이론과 함께 실
제적인 방법론을 설득력 있게 토론한다. 이 책을 포스트 팬데믹을 경험
하는 모든 목회자, 선교 지도자, 그리고 일반 성도들에게 필독서로서 적
극적으로 추천하는 바이다.　　　_ **김창환(Dr. Sebastian Kim)**, 풀러신학대학원 학장

지금 이 세상 사람들에게 일어나고 있는 가장 빠르고 급격한 변화는 이
민이나 난민, 이주나 여행과 같은 물리적인 이동이 아니다. 스마트폰이
나온 지 불과 20년도 되기 전에 인류 인구의 절반 이상이 네트워크로 연
결되었다. 그들이 어디에 있든지, 그들의 사고와 생활 양식 자체가 물리
적 공간에서 온라인 공간으로 옮겨져, 새로운 관계, 새로운 커뮤니티, 새
로운 대륙과 지구촌을 만들어가는 비물리적 이동이 이뤄지고 있다고 할
수 있다. 이 엄청나고 급속한 변화는 세상 모든 민족에게, 그리고 땅끝까
지 복음을 증거할 사명을 받은 이 땅의 모든 교회와 성도들에게 너무나
중대한 선교적 도전과 기회를 주고 있다. 그럼에도 불구하고 여전히 물
리적인 영역에서만 선교를 이해하고 접근하며, 온라인 공간은 제한된
범위에서 그것을 돕는 수단 정도로 사용된 것이 우리의 현주소라고 할
수 있다.

이 책은 급격히 온라인화되어가고 있는 세상의 변화에 대한 이해와 그
대안에 이르기까지, 다양한 학문과 현상적 자료를 기초로 하여 명쾌하
고 탁월하게 설명한다. 뿐만 아니라 선교적 관점에서 변화된 세상에 대

한 도전과 어려움을 넘어서는 새로운 소망과 기회를 보게 해주며, 앞으로의 실천 방향까지 선명하게 제시해준다. 특별히 저자는 오늘 이 순간에도 새롭게 만들어지고 있는 수많은 온라인 부족들과 그 커뮤니티, 즉 다양한 미디어 영역에서의 활동의 본질을 정확히 이해하는 가운데, 그 속에서 복음을 증거하고 나누는 대안과 전략을 풍성하고 탁월하게, 그리고 구체적으로 제시한다. 이제는 자신이 어디에 있느냐 혹은 어떤 신분인지와 상관없이, 이미 공공의 영역이 된 일상에서 전문성과 삶의 진정성을 가지고서, 우리 모두를 온라인이라는 새로운 신대륙의 공론장과 부족 속에서 성육신하여 복음을 증거할 선교적 제자가 되도록 초대하시는 하나님의 놀라운 시대적 부르심을 듣게 해준다. 유튜브를 하든 하지 않든, 하나님의 선교와 그 나라를 바라는 모든 그리스도인과 지도자들에게 이 책을 강력히 추천한다.

_ 서명구, 메릴랜드대학 경영학과 교수, Center for BAM 대표

기독교 신앙과 교회에 대한 조롱과 혐오가 가득한 오늘날의 온라인 공간에서 그리스도인들이 어떻게 선교적 제자도를 실천할 수 있을까? 이세영 박사의 책 〈유튜브 선교〉는 오늘날 한국뿐 아니라 전 세계가 주목해야 할 온라인 공론장으로서의 유튜브 공간 안에서 어떻게 기독교 선교를 실천해야 할지를 환하게 조명하고 있다. 이 책은 탁월한 통찰력으로 오늘날의 교회가 온라인을 선교적 공간으로 여기고, 그래서 온라인 선교사를 파송해야 한다는 주장을 거침없이 펼친다. 이 책은 매우 '현장적'이며 동시에 '신학적'이다. 이 책이 세상에 드디어 나오게 된 것을 진

심으로 축하하며, 목회자와 온라인 사역 전문가뿐 아니라 신학생과 평신도들에게도 일독을 권한다.

_ 박보경, 세계선교학회(IAMS) 회장, 장신대 선교학과 교수

새로운 커뮤니케이션이 없었다면 종교개혁은 없었습니다. 구텐베르크의 금속활자 덕에 루터의 반박문과 독일어 성경이 인쇄돼 우리에게 전달될 수 있었습니다. 종교 권력 최고 존엄의 말과 편지보다 인쇄된 글은 더 빠르고 강했습니다. 이세영 목사님은 그때의 금속활자와 같은 유튜브라는 새로운 신대륙과 생태계를 향해 시선을 모으자고 물수제비를 던졌습니다. 세상과 소통하기보다 호통을 치는 교회를 향해 '(유튜브를) 제대로 시청하자'고 호소합니다. 이제 이 책으로 말미암아 많은 파장이 일고, 그 파장이 파도가 되길 기대해 봅니다. 분명 이 책은 리더들에게 졸음을 깨우는 죽비와 같고 가려운 데를 긁어주는 효자손이 될 것입니다. 시원하고 정신이 번쩍나는 또 다른 유레카를 기대해 봅니다.

_ 송병주, LA 선한청지기교회 담임목사

유튜브, 페이스북, 인스타그램, 메타버스, ChatGPT까지, 정신없이 변해가는 새로운 소통과 연결의 세계 가운데에서 크리스천은 어떻게 살아야 할까? 2천년 전, 국가를 잃고서 낯선 도시에서 처음으로 다양한 민족들과 살아야 했던 크리스천들 역시 큰 혼란 가운데 비슷한 질문을 했었다. "너희는 가서 모든 민족을 제자로 삼으라"는 예수님의 말씀은 "바뀐 이 세상에서 어떻게 살 것인가"라는 질문의 답이었고, 그 답은 여전히

유효하다.

이세영 목사의 탁월한 통찰력은 유튜브와 SNS의 기술적 변화를 가상 공간에서의 새로운 종족과 공동체라는 변화로 이해해야 함을 제시한다. 이 관점으로 볼 때, "너희는 가서"라는 예수님의 선교적 명령은 새로운 의미를 갖게 된다.

가상의 세계는 두려워할 대상이 아니라 우리가 더욱 들어가야 할 선교적 지평이다. 평신도들이 일상과 공적 광장에서 보여주는 신앙의 진정성은 2천년 전 로마의 도시에도, 현대의 가상 공간에서도 가장 큰 복음의 증거가 된다. 이 책은 변화와 혼란의 이 시대에 목회적 답을 찾는 리더들에게, 또 일상에서 예수의 제자로 살고자 하는 이들에게 피상적 대답이 아니라, 복음에 근거한 성찰과 실제적인 적용을 제시한다.

_ 조샘, 인터서브코리아 대표

코로나 사태 이후 어느 때보다 온라인에 대한 관심이 높아졌다. 온라인이 주는 유익이 적지 않으며 그 활용 가치는 무궁무진하다. 사회과학 연구에서는 온라인을 통해서도 공동체 형성이 가능하며 사회 자본도 만들어진다고 이야기한다. 그러나 교계에서 온라인에 대한 논의는 아직 시작 단계에 머물러 있다. 이러한 논의를 크게 진전시킬 만한 책이 바로 〈유튜브 선교〉이다. 이 책은 학문적으로 탄탄할 뿐만 아니라 저자의 선교 사역을 바탕으로, 매우 현장 친화적인 내용으로 구성되어 있다. 미래 사회에서 선교와 제자의 삶을 실천하고자 하는 크리스천들이 반드시 읽어야 할 책이다.

_ 정재영, 실천신학대학원대학교 교수

온라인 공론장과
선교적 제자도

미국 최대 한인 여성 커뮤니티 사이트(MissyUSA)에는 매일 다양한 주제의 글들이 올라온다. 자유게시판부터 시작해서 연예, 뉴스, 건강, 뷰티, 육아, 살림, 동네정보, 취업, 경제, 교육, 매매에 이르기까지, 말 그대로 삶의 모든 영역을 통째로 옮겨 놓은 듯, 개인의 일상과 관련해서 없는 것이 없다. 그래서 일부 커뮤니티 멤버들은 이 사이트의 정체성을 '온라인 한인타운'이라고 부른다. 아침에 눈뜰 때부터 늦은 저녁에 잠들 때까지, 이 커뮤니티의 구성원들은 수시로 접속하여 누군가의 취업 소식에 함께 기뻐하고, 경제적 고통을 위로하고, 시집살이나 남편의 문제에는 함께 욕하는, 그야말로 '함께 즐거워하고 함께 우는' 공동체가 된다. 다만 오프라인과의 차이라면, 그 속에서 개인은 익명의 아이디로 존재한다는 점이다.

익명성으로 존재하는 온라인 커뮤니티에 대한 일반적인 우려와 달리, 이 커뮤니티에서는 집단 지성의 힘이 건강하게 작동된다. 운영자들은 최소한의 거버넌스(governance)로 커뮤니티를 저해하는 글이면 경고 하며, 때에 따라서는 특정 회원의 글을 삭제하거나 아예 계정을 닫아버 리기도 한다. 글을 올리지 못하게 하는 것이다. 하지만 그렇게 되기 전에 커뮤니티 안에서 댓글들을 통해 혐오와 선동이 억제되고, 따뜻하고 정 의롭고 지혜로운 말이 오고 가는 상호 자정 작용이 일어난다.

그런데 이 온라인 한인타운에서 금기시되는 두 가지 주제가 있다. 정치 와 종교다. 종교에서는 특히 기독교, 더 정확히 말하면 교회에 대한 언급 은 누구도 쉽게 꺼낼 수 없다. 왜냐하면 교회에 대한 비판은 불신자들보 다 신자들에 의해 제기되는 경우가 더 많기 때문이다. 성직자의 타락, 교 회의 금전 문제, 분쟁과 탐욕, 리더들의 횡포 등, 교회 내부의 정보를 아 는 사람만 언급할 수 있는 내용이 푸념과 고발의 형태로 끊임없이 공유 된다.

여기서 우리는 두 가지 질문을 하게 된다. 하나는 "왜 교회는 이런 불편 한 이야기를 담아낼 공론장(公論場, Public Sphere)과 공동체의 기능을 상실했는가?"이다. 또 하나는 "90년대 이후 다양한 제자훈련을 통해 양 성되고 훈련받은 제자들은 도대체 이 온라인 한인타운 어디에 있는가?" 이다.

이 책은 온라인 세상에서 교회의 공공성과 제자의 삶에 대한 위와 같은 고민으로부터 시작한다. 예로 언급한 온라인 한인타운 속 제자들(기독 교인들)의 이야기는 21세기 선교 환경의 두 가지 특징을 담고 있다. 첫째는 20세기의 이주(migration, 移住)와 세계화 및 기술 발달로 인하여 선교 지형 변화의 연속선상에 있는 '온라인 신대륙으로의 이주'이다. 둘째는 사회 문화적인 선교 환경의 변화인 '아래로부터의 선교' 및 '번역'(translation, 飜譯)의 개념과 맞물려 선교적 현실이 된 '공론장'이다.

공론장이란 여러 사람이 함께 의논할 수 있는 장소나 환경인데, 디지털 환경에 의해 만들어진 온라인 공론장은 사람들이 실제로 모이는 공간으로서의 물리적 장소 그 이상의 현실이 된 지 오래다. 심지어 '미시USA'의 예에서 확인한 바와 같이, 온라인 공론장은 접근성과 투명성, 그리고 보편성과 개방성을 바탕으로 공간의 제약을 뛰어넘는 새로운 형태의 '마을'(town)을 형성하고 있으며, 특별히 민주화된 커뮤니케이션을 가능하게 했다. 이와 같은 공론장의 많은 사람들은 온라인 신대륙 안에서 만들어진 사회성을 바탕으로 자신의 '대체된 정체', 즉 ID를 통해 인맥과 경력을 가지게 되었고, 그 온라인 세상 안에서 정체성과 소속감을 만들어가고 있다. 이 공간에서 만들어진 각각의 집단들은 이익과 견해 등의 차이에 따라 마치 부족(部族)과 같은 존재들이 되고 있다.

게다가 2020년 이후 팬데믹을 통해 가속화된 '온라인 세상으로의 이주현상'은 가상화폐와 메타버스의 열풍까지 계속 이어지면서, 온라인 안에서 정체성, 경제생활, 커뮤니티(공동체)까지 구현해내는 또 다른 차원의 '현실의 확장과 이동'을 가속화하고 있다. 하지만 '비대면'과 '대리인격'을 통해 활성화되고, 빅데이터(Big Data) 기반의 알고리즘(Algorithm)이라는 거버넌스가 만들어내는 '온라인 공론장'은 가치편향과 가짜뉴스, 현실도피와 탈인격적 소통 등의 문제를 야기하고 있다. 그 결과로 파생된 이른바 부족과 부족 사이의 양극화는 다양한 정치 성향, 세대, 인종과 남녀 사이에 이르기까지 대립과 혐오를 부추기는 현상을 나타내고 있다. 온라인상의 언어폭력을 포함하여 여러 형태의 폭력이 발생하는가 하면, 심한 경우 살인과 같은 심각한 사회문제까지 일으키기도 한다. 이렇게 혼탁해진 온라인 세상이 어찌 더 이상 선교의 대상이 아닐 수 있는가? 선교학적으로도 중요한 연구 대상이자 선교의 영역이다.

이와 같은 시대적인 선교적 요청이 있음에도 불구하고, 일부 기독교 집단과 교회들은 공론장에서의 기본 태도인 '타인에 대한 존중과 배려'보다, 여전히 '예수천당 불신지옥 복음'이라는 식의 독단적이고 일방적인 선포를 통해 온라인 공론장에서 외면당하고 있는 것이 현실이다. 특히 팬데믹 기간에는 대면예배를 목숨처럼 지키려는 순전한 의도마저 제대로 전달하지 못하면서, 본의는 아니었지만 집단적 전염을 일으키기도 하는 반사회적 집단으로 낙인찍혀 기피와 혐오의 대상이 되기에 이르렀다. 교회가 '무례한 기독교, 반사회적 집단'이라는 오명을 가지고서 온라인 공론장의 선교적 사명을 감당한다는 것은 그저 허망지설(虛妄之說)일 뿐이다.

이런 상황에서 온라인 세상은 IT 기술의 발달과 더불어 하루가 다르게 발전하고 변화되기만 하고 있다. 온라인 세상이 단순한 정보 공유의 통로로만 머물지 않게 된 것이다. 특히 유일무이하다고 할 만큼 전 세계적인 네트워크를 통해 매일 방대한 정보를 생산하고 유통하는 대표적 온라인 플랫폼인 유튜브(YouTube)의 경우, 각 채널이 단순히 방송을 통한 정보의 전달뿐 아니라 커뮤니티 기능으로 진화한 지 오래다. 그에 따라 유튜브 플랫폼 세상 안에서 수많은 부족들을 만들어가고 있다는 점에 우리는 주목해야 한다. 이 부족들이 온라인 세상을 살아가는 신인류의 소속과 존재의 개념을 새롭게 정의하는 동시에, 앞에서 언급한 양극화의 역기능을 파괴적으로 보여주고 있기도 한 탓이다.

그럼에도 기독교와 교회에서 생산하는 대부분의 '영상'은 변화를 거듭해가는 온라인 공론장에 대한 이해가 전혀 없이, 그 특성을 무시한 채 일방적인 정보(복음과 교회의 메시지)만 전달하고 있어서 세상을 향한 증인(증언)의 역할을 하지 못하고 있다. 교인들 외에는 그 누구에게도 전달되지 않고 아무도 찾아보지 않는 메시지는 증언이 아니라 자기 만족을 위한 외침인 경우가 많기 때문이다.

그렇게 되는 가장 큰 이유는 유튜브 공론장에 '알고리즘'으로 정의되는 문법이 있기 때문이다. 따라서 기독교가 그 문법 속으로 들어가지 않으면 선교적 메시지가 아무리 중요해도 온라인상에서는 고립되고 만다. 안타깝게도 세상에 영향을 주기는커녕, 전달되기도 전에 차단되는 복음이 되고 마는 것이다. 그럼에도 불구하고, 교회 내부에서도 대부분은 일회적으로 소비되고 마는 영상의 기획과 제작을 위해 많은 자원과 인력이 투입되고 있다.

유튜브도 이제는 하나의 SNS(Social Network Service : 사회관계망서비스)이고, 사실상 네이버나 다음과 같은 포털 플랫폼(Portal Platform) 이상의 영향력을 가지게 됐다. 영향력의 측면에서는 '엑스'(X)로 이름을 바꾼 트위터, 페이스북(facebook), 인스타그램(instagram) 같은 대표적 SNS들보다 중요해진 것이 사실이다. 더구나 여타 SNS들에 대한 취향이 세대별로 다른 것과 달리 유튜브는 모든 세대를 아우르고 있다. 특히 장년과 노년층에게는 거의 독보적인 영향을 끼치고 있다. 한국 사회만 봐도 70-80대 노년층이 페이스북은 몰라도 유튜브는 거의 다 알고 있으며, 그들이 스마트폰으로 가장 많이 사용하는 앱이 유튜브인 것은 굳이 조사할 필요도 없을 것이다. 유튜브 앱이 식당에서 유아를 조용하게 만드는 도구로 사용되며, 젊은 세대가 공중파와 케이블 TV와 네플릭스 (Netflix) 같은 OTT(Over the Set-Top Box)보다 더 많이 사용하는 것이 유튜브인 것도 새삼스럽지 않다. 필자가 유독 유튜브에 집중하여 선교적 논의를 연구하고 이 책을 쓴 이유는 바로 이런 현실을 염두에 둔 것이다.

무엇보다 중요한 사실은, 유튜브가 이제는 단순한 온라인 정보 플랫폼을 넘어 거대한 공론장이 되었다는 점이다. 세상을 향해 복음을 전해야 할 사명을 가진 교회로서는 '땅끝'의 하나로 여기고 접근해야 할 광활한 선교의 현장이 된 것이다. 따라서 유튜브 공론장을 향해 시대적인 부르심에 맞는 복음이 소통되고 기독교인의 증언이 전달되기 위해서는 무엇보다 교회가 유튜브 공론장의 속성을 이해해야 한다. 특히 그 소통 문법인 알고리즘에 맞게 메시지를 정돈하여 송출해야 한다. 이를 위해 교회혹은 기독교 크리에이터(유튜버)들이 '사역'하는 유튜브 공론장(각각의 유튜브 채널)은 메시지의 주체, 생산 방식, 전달하려는 내용과 방식, 메시지와 메신저의 인격적 일체감이라는 진정성의 문제에 이르기까지, 커뮤니케이션 전 과정에서 패러다임의 전환을 요청한다.

이제 남은 문제는 패러다임 전환을 위한 이론적 논의와 사고방식과 구체적인 사례들을 제공하는 것이다. 이 책이 그 역할을 할 것이다. 본 저서는 유튜브 공론장의 '신부족주의적 현상'을 조명하여 이 시대의 선교적 사명을 발견하고, 유튜브 채널이라는 새로운 타운 혹은 부족들을 이끌어갈 성도들의 선교적 제자도에 대한 이야기를 다룰 것이다.

유튜브는 상업주의 거인들이 다스리는 알고리즘의 산맥에 철옹성처럼 둘러쌓여 있다. 그 때문에 모세와 여호수아를 따라온 수많은 하나님의 백성이 감히 넘볼 수 없을 것처럼 보였던 여리고 성일 뿐 아니라, 그 풍성한 지식과 재미의 영향으로 그리스도인, 곧 하나님의 백성의 일상을 지배하고 무력화시키는 애굽 땅과 같은 곳이다.

따라서 이 책은 그리스도의 제자들이 유튜브라는 가나안과 같은 땅을 어떻게 차지해야 할지에 관한 여호수아와 갈렙의 전략 보고서이며, 출애굽과 예배를 통해 하나님의 백성에 대한 통치를 회복하기 원하시는 하나님의 명령서(命令書)가 될 것이다.

이세영

CONTENTS

1부 온라인 신대륙의 특징과 유튜브 부족의 등장

4부 유튜브 선교를 위한 커뮤니케이션 전략

5부 선교적 유튜브 운영을 위한 실제 사례와 방향

온라인 신대륙의 특징과
유튜브 부족의 등장

01
유튜브 알고리즘으로
침투하는 하나님 나라

온라인 신대륙으로 이사한 인류

보스톤 고든콘웰 신학교의 총장인 스캇 썬키스트(Scott W. Sunquist) 교수는 이주(migration)와 선교에 대한 관찰을 중심으로 20세기 선교 지형의 변화를 기술하면서,[1] 기독교의 선교는 첫째로 교회의 중심에서 교회 밖으로 파송받은 사도적 개인들의 이동을 통해 실천되었으

---

[1] Sunquist and Noll 2015, 135

며, 둘째로는 예수의 복음을 가지고 있는 사람들이 새로운 문화와 나라로 이동하는 이주를 통한 것이었다고 설명한다.[2] 그에 의하면, 이주는 경제적, 정치적, 종교적 이유를 비롯해 전쟁과 환경이나 질병에 의해 자발적 혹은 비자발적으로 이루어진 것이었다. 이로 인해 의도적 혹은 비의도적으로 선교가 수행되었으며, 선교의 중심은 이주의 동선을 따라 예루살렘에서 유럽을 거쳐 남반구로, 백인에서 유색인 중심으로 이동했다.[3]

그렇다면 20세기 이후의 선교 지형은 어떻게 변화해왔는가? 그것은 과학기술의 발전으로 시공간의 제약을 초월하게 한 '온라인 네트워크 세상의 도래'와 '온라인 신대륙으로의 이주'다. 풀러신학대학원의 선교학 교수인 브라이언 마이어스(Bryant L. Myers)는 그의 책 〈Engaging Globalization〉에서 '선교 지형과 관련된 세계화'를 다루면서, 세계화의 방향이 서구에서 타 지역으로 향하는 일방통행이 아니라는 점을 주목한다. 그는 이동의 방향보다 상호 연관 속에서 전 세계적으로 동시다발적인 변화가 일어나고 있음을 강조한다.[4] 특히 스마트폰을 예로 들어, 과학기술의 발달이 세상을 더욱 촘촘히 연결하고 있음을 주목한다. 그에 의하면, 동아프리카와 미국 성인들의 스마트폰(휴대폰 포함) 소지 비율이 비슷한데,[5] 이것은 기술로 인해 나라

2　Ibid, 2015, 136
3　Ibid, 2015, 137-150
4　Myers, Sunquist, and Yong 2017, 41
5　Ibid, 114

사이의 경제적, 정치적, 지리적 장벽이 무너지고 전 세계적인 네트워크가 구축되고 있다는 증거다. 이처럼 개인 컴퓨터(PC)를 넘어 모바일(Mobile)로 확장된 온라인 네트워킹 기술이 전세계를 연결하면서, 네트워크는 단순한 통로에만 머물지 않고 삶의 양식이자 자리인 세상(world)의 차원으로 진화하고 있다. 나아가 온라인 세계만의 삶의 유형들을 구축하여 오프라인 세계와 상호작용하기 시작했다.

'개인과 공동체를 위한 페이스북(Facebook) 사용'에 대해 연구한 애브니 콘(Abney Korn)과 카렌(Karen)은 이런 현상을 '글로벌 시티(global city)의 탄생'으로 묘사한다.[6] 그들은 글로벌 시티가 온라인 테크놀로지를 통해 형성된 공동체라는 특징을 들어 '소프트(혹은 소프트웨어) 시티'라고도 정의하는데, "상호 연결된 컴퓨터를 통해 온라인 세계 도시가 만들어졌다"고 주장한다. 이 현상은 서론에서 언급한 온라인 한인타운의 예에서 이미 확인한 바 있다.

장로회신학대학원의 성석환 교수 또한 "20세기 후반부터 시작된 정보화 혁명과 기술 발전이 인간의 삶을 네트워크 기반으로 전면 개편하고 있다"고 주장한다.[7] 그는 네트워크 사회의 대가인 마뉴엘 카스텔(Manuel Castells)의 〈네트워크 사회의 도래〉(The Rise of the Network Society)를 인용하여, 네트워크가 전 지구적으로 경제구조의 개편뿐 아니라 인류의 새로운 삶을 규정하게 될 것이라고 지적했

---

6 Korn and Karen 2012, 26
7 성석환 2018, 238

1부 | 온라인 신대륙의 특징과 유튜브 부족의 등장

다. 이는 '자아와 사회관계의 존재론적 양상이 이전과 전혀 다르게 형성된다는 것'을 의미한다.[8] 그렇다면, 이와 같이 현재와 미래 선교의 현실이 된 온라인 세계의 본질은 무엇이며 어떻게 특징지을 수 있을까? 온라인이 단순히 기술의 발달로 인해 탄생한 기술 중심적이고 기술 집약적인 세상일 뿐인가?

'지구촌'(Global Village)라는 용어를 처음 사용했던 마샬 맥루한(Mashall McLuhan)은 이 질문에 대해 일찌감치 미디어에 대한 이해를 중심으로 전기 미디어(electronic media)가 초래할 인류의 변화를 예견함으로써, 우리로 하여금 온라인 세계의 본질과 특징을 이해할 수 있게 하였다. 앞서 언급한 온라인 세상의 모습은 인터넷이 개발되기 전인 1960년대에 이미 그에 의해 예측되었기 때문이다.

맥루한은 그의 책 〈구텐베르그 은하계와 미디어의 이해〉를 통해 전기 문명(electronic civilization)이 가져올 세상에 대한 개념과 특징을 일찌감치 정리하였고, 1988년에는 그의 대표작 〈지구촌〉(The Global Village)을 출판하기에 이르렀다. 인터넷이 존재하지 않았던 세상에서 살았던 마샬이 자신의 시대를 해석하기 위해 분석했던 '미디어의 진화'와, 이로 인한 세상의 변화를 예측하고 기록했던 '미래 세계로서의 지구촌'에 대한 그의 인식은 단순히 미디어의 진화를 통해 공간의 제약을 극복하는 차원을 초월한 것이었다. 맥루한은 미

---

8   Ibid, 239

디어의 진보를 통해 세계의 확장이 아니라 관계의 거리를 좁혀주는 '공동체적 촌락의 회복'을 내다보고 있었다.

전기 미디어는 언뜻 보면 인간의 공간적인 조직화의 힘을 확장하는 능력이 있는 것처럼 보이기 때문에, 많은 연구자들은 전기 미디어를 오해해왔다. 전기 미디어는 공간의 차원을 확장한다기보다 그 차원을 아예 폐지해버리는 것이다. 우리는 전기에 의해 마치 극히 작은 촌락에서 같이 생활하는 것처럼, 인간 상호에서 일대일의 깊이 있는 관계를 어디서든 회복한다. 그것은 기능과 힘을 넘겨주지 않은 채 맺어지는 깊은 관계이다. 그리고 모든 곳에서 유기적인 것이 기계적인 것을 대체한다.[9]

촌락과 같은 공동체적 지구촌의 회복에 대한 그의 예언적 묘사는 반세기를 훌쩍 넘긴 현재의 모습을 미리 예견한 듯 날카롭고 정확하게 온라인 세계를 통해 현실화되고 있다. 이처럼 공시성(共時性)과 통시성(通時性)을 동시에 지닌 맥루한의 미디어와 지구촌의 개념에 기반하여, 새롭게 구성한 온라인 세계의 정의와 특징은 다음과 같다.

---

9 M. McLuhan 2001, 292

인격적 부족 공동체로 돌아가다

온라인 세계의 첫 번째 특징은 '**구텐베르크**(Gutenberg)**적인 도시국가**', 즉 활자를 시작으로 하여 시각을 중심으로 대중을 지배해온 국가 체제를 원시의 부족사회와 같은 인격적 부족(village) 공동체로 선회(旋回)시킨 것이다.

맥루한은 "미디어는 인간 감각의 확장이며, 이 감각이 개개인의 인식과 경험을 형성한다"[10]라는 대전제에 따라 미디어가 인류의 존재 양식을 바꾼다는 점을 강조하면서, 미디어의 발달에 따른 세계의 진화 단계를 '부족사회 〉 도시국가 〉 그리고 전자문명을 통해 재부족화(再部族化)를 거친 지구촌(global village)'으로 분석하고 있다. 그는 새로운 미디어의 등장에 따라 '감각의 배분 비율'이 달라진다는 점을 들어,[11] 시대별 미디어의 주도적 감각을 중심으로 시대를 구분한다.

부족사회는 청각(聽覺)을 중심으로 오감(五感)이 통합적으로 사용된 커뮤니케이션이 작동했던 공동체였다. 비록 그 의사소통의 시공간은 제한되었지만, 서로의 의사소통은 직접적이고 원활했던 집단이었다. 하지만 '구텐베르크'로 대표되는 활자와 인쇄술의 발달을 통해 시각(視覺)이 다른 감각들을 주도하는 세계가 시작되었고, 이로 인해 부족사회였던 세계는 도시국가의 세계로 변모되었다.

---

10 Ibid, 24
11 Ibid, 75

맥루한은 구텐베르크의 인쇄 기술을 통해 각자의 다양한 생각이 하나의 개념으로 정리되고 기술(記述)되는 과정을 통해 '사고의 선형화, 표준화, 획일화'가 이루어지게 되었다는 점을 지적하면서,[12] 활자의 분절이 일의 분화와 사회업무의 전문화를 비롯해, 나아가 뉴튼(Newton)적인 근대과학적 공간, 시간, 구조의 형성에까지 영향을 주었다고 강조한다.[13] 그리고 문자문화를 통한 조직화와 권력의 집중이 이전의 부족 집단보다 큰 규모의 도시국가를 가능하게 한 근간이자 통일된 거대조직이 일정하게 유지될 수 있는 운영원리로 작동했다고 분석한다.[14]

하지만 이러한 도시국가의 거대조직을 형성한 근대사회의 문자문화에는 치명적인 문제가 있었는데, 그것은 문자문화가 언어와 문법의 선형성(線形性)과 논리적 일관성(一貫性) 속에 인간을 가두고 규격화하여, 결국 인간이 탈공동체화(脫共同體化)의 길을 걷게 되었다는 점이다. 이러한 인간소외 및 비인격화가 맥루한이 20세기 중반에 마주한 근대사회의 문제였고, 그는 이 문제를 해결할 대안으로 전자 문명이 가지고 온 전자 미디어의 가능성을 제시했다.

맥루한은 "전문 분화적 테크놀로지는 부족을 비(非)부족화하지만, 비전문 분화적(分化的)인 전기 테크놀로지는 부족을 다시 구성한

---

12 임상원, 이윤진 2002, 282
13 M. McLuhan 1962, 271
14 M. McLuhan 2001, 109

다"[15]고 믿었다. 그는 전자 문명의 발달을 통해 도시 문명 이전의 부족사회와 같은 의사소통이 가능한 세상, 즉 문자문화를 통해 잃어버린 인간성과 공동체성을 회복하는 지구촌의 가능성과 긍정을 예언한 것이다. 맥루한의 예언적 성찰 이후 반세기가 지난 현재, 그가 설계하고 구상했던 지구촌의 모습은 인터넷을 통해 형성된 온라인 세계를 통해 가시적으로 이루어지고 있다. 인터넷을 통한 현대 사회의 재부족화를 연구한 정수현의 분석[16]을 바탕으로 온라인 세계의 재부족화적 특징을 정리하면 다음과 같다.

첫째, 인터넷 기술은 온라인 세계에서 "양방향 커뮤니케이션을 가능하게 하고, 당사자들이 서로의 피드백을 통해 의사소통하게 해준다"는 것이다.[17] 이를 통해 '연결성과 전파성을 가진'[18] 부족적 공동체의 출현이 가능해졌다.

둘째, 기술의 진보가 '시공간적 확장'을 가능하게[19] 해주기 때문에, 온라인 세계에서는 공동체적인 개방성과 다양성의 실현이 더욱 현실화되었다. 온라인 사용자들은 인터넷에서 지위, 성별, 재산과 상관없이 자신의 목소리를 동등한 입장과 기회에서 낼 수 있게 되었기 때문이다.[20] 이와 같은 온라인 세계의 특징은, 비록 동일한 원시 부족사

---

15 M. McLuhan 2001, 27
16 정수현 2006
17 Ibid, 38
18 Ibid, 41
19 Ibid, 38
20 Ibid, 40

회의 복원은 아닐지라도, 근대 도시국가의 비인격화와 관련된 문제에 대해 대안적 공동체를 만들어가는 토양이 된 것이다.

다면적이고 입체적인 정보 인식과 공유

**온라인 세계의 두 번째 특징은
정보가 입체적이고 다면적으로 인식되고 공유된다는 것이다.**

온라인 세계는 데이터(data)와 메타데이터(metadata)가 결합된 형태로 소통되는 촌락적(村落的) 소셜 네트워크이다.

메타데이터란 '데이터를 설명해 주는 데이터'[21]인데, 대표적인 예가 도서관에서 책을 찾기 위해 책의 이름과 정보를 담아 제공하는 카드나 카탈로그 등이다.

멀티미디어를 통해 정보를 인식하는 온라인 세계에서는 정보가 단면적이지 않고 다면적이고 입체적으로 존재하기 때문에, 데이터와 메타데이터는 분리되지 않은 채 융합하여 전달되고 인식된다. 오니시 히로시(Onishi Hiroshi)와 이상재는 이 데이터 이론을 인간에 적용하여 '데이터는 그 사람 자체'이며, 인간의 전 생애적 경험을 메타데이터에 적용하여 온라인 세계의 인간관계를 분석하였다.[22] 이들은

---

21 Merriam-Webster.com Dictionary
22 Hiroshi Onishi, 이상재 2019

맥루한의 이론에 메타데이터의 개념을 적용해 일본의 근대화 과정을 설명하였다.

일본의 산업화 이전의 촌락 공동체는 오랫동안 서로를 잘 알아 왔기 때문에, 메타데이터를 공유하는 깊은 차원까지 서로를 인식했던 공동체였다. 하지만 "산업화를 통해 건설된 도시와 회사 조직의 관계는 개인에게 촌락의 속박으로부터의 자유를 허락한 대가로 인간소외와 비인격화를 청구했다"라고 하면서, '도쿄 사막' 현상과 그 문제를 지적하였다.[23] 이 문제에 대해 저자들이 찾은 소망은 인터넷 시대에 증가한 SNS의 연결을 통해 도래한 온라인 마을, 즉 맥루한이 예견한 글로벌 빌리지(지구촌)의 등장이었다.[24] 페이스북이 이를 증명하는 대표적 사례라고 할 수 있는데, 페이스북이라는 온라인 네트워크 안에서는 아이디(ID)라는 나의 데이터, 즉 내가 남기는 수많은 사진과 글, 댓글과 이모티콘, 기록 시간과 장소까지 포괄하는 메타데이터들이 서로 결합되어 노출되는 것이다. 따라서 페이스북이라는 플랫폼 안에서는 관계를 맺는 대상에 대한 포괄적이고 입체적인 인식까지 가능한 차원으로까지 작동하는 것을 경험할 수 있다.

---

23 Ibid, 41-42
24 Ibid, 43

민주화된 커뮤니케이션의 순기능

온라인 세계의 세 번째 특징은 민주화다. 온라인 세계가 미디어를 장악했던 권력의 해체를 통해 민주화된 커뮤니케이션의 장이라는 말이다.

맥루한은 "육상(陸上)의 제국은 '중심(中心)-주변(周邊)'의 조직을 만드는 데는 유리하지만, 전기의 속도는 도처에 센터(중심)를 만들고, 주변이라는 것을 이 지구상에서 아예 없애버린다"라고 주장하였다. 그러면서 전기 문명이 가져올 '중심-주변'적 이원론의 종말을 예고했다.[25] 이것은 중심과 주변의 경계를 허물고, 모두를 중심으로 만드는 재부족화를 통해 인간성이 회복된 지구촌 시대의 도래를 의미했다.

시각 중심의 세계에서는 시각 미디어를 중심으로 사람들의 시선을 장악한 자에게 권력이 모였던 것과 달리, 온라인 세계에서는 정보 생산과 공유의 주도권이 개인에게 분산된다. 따라서, 개인은 온라인 세계에서 더 이상 피동적인 지식의 수신자가 아니라, 자기주도적인 네트워킹과 커뮤니케이션의 주체가 되었다는 말이다.

이와 같은 변화에 가장 크게 노출되고 영향을 받는 대표적인 것이 강단을 통해 권위와 중심성을 유지하고 있던 교회와 학교 권력이다. 홍익대학교 건축학과 교수인 유현준은 '공간과 권력'에 대한 칼럼[26]

---

25 M. McLuhan 2001, 104
26 유현준 2017

을 통해, 종교단체와 학교 리더들의 권력은 청중의 시선을 장악한 결과물이라는 점을 지적한다. 그는 이에 대한 대표적인 건축물로 고대 '지구라트'(Ziggurat)의 구조를 든다. 종교와 교육의 권력자들은 건축적으로 수만 명의 군중이 바라보게 하는 공간 구조의 중심점에 위치하여 시선을 사로잡으며 권력을 누렸다고 분석한 것이다. 쉽게 말하면, 강의하고 설교하는 '강대상'이 청중보다 높은 곳에 있어서 권력을 가졌다는 뜻이다. 따라서, 2020년의 전염병(Covid19)을 통해 교회와 학교가 모이는 것이 어려워지고 '시선을 모으는 공간의 힘'을 온라인 화면을 통해 상실하면서, 교회와 학교의 권력 구도가 개편되었다고 주장한다.

실제로 '코로나19로 인한 한국교회 영향도 조사보고서'에 따르면 2020년 3월 29일에 온라인 예배를 선택한 교회는 61.1%, 현장 예배 방식을 선택한 교회는 24.2%였다. 그런데 예배 참석 형태에 대해서는 '자신이 출석하는 교회의 온라인 예배 시청'이 52.2%, '현장 예배 참석'이 13.6%, '예배를 드리지 않았다'가 13%였다. 즉, 온라인 예배가 시작되면서 65.8%의 성도만이 본인이 속한 교회의 예배에 어떤 형태로든 참석했다는 것이다. 특히 '온라인 예배를 처음부터 끝까지 시청'한 비율은 86.6%였다. 나머지는 예배 중계의 일부만 시청했으며, 온라인 예배를 드린(본) 태도로는 "찬양과 기도에 참여하지 않고 가만히 시청하면서 드렸다"는 응답이 31.8%였다.

팬데믹 시절, 22.9%의 성도는 주일성수에 대해서도 "주일에 꼭 교회에 가서 예배를 드리지 않아도 된다는 생각을 하게 되었다"고 응답했다.[27] 이처럼 팬데믹이 확산시킨 온라인 환경은 교회의 높은 강단에서 성도들의 시선을 장악하여 형성했던 강단 권력을 해체하고, 성도 개인에게는 예배의 형태와 예배에 참여하는 시간과 방법까지 바꾸게 했다. 심지어 자기 교회 목사의 설교를 듣다가 멈추고 다른 교회의 예배, 즉 다른 목사의 설교를 선택하기도 했다. 이른바 예배의 결정권까지 '평신도'에게 내어주는 방식으로 전환된 것이다.

물론 이를 통해 교회의 영적 권위가 무너지고 인간 편의적인 예배로 변질되는 것에 대해서는 비판과 우려가 있다. 하지만 이러한 강단 권력의 해체가 성경과 성령의 권위에 대한 해체는 아니라는 점을 명확하게 인식해야 한다. 오히려 온라인 세계에서의 민주적 커뮤니케이션의 회복이 오랫동안 성도들의 시선을 장악해온 것을 통해 부풀려왔던 강단 권위의 거품을 빼고 있다는 측면에서, 이를 종교개혁 정신의 회복을 위한 전화위복의 계기로 삼을 필요가 있다. 이러한 변화는 성경과 성령의 권위를 설교자의 권위와 분리하고 하나님의 영광과 사람의 영광을 구분하는 순기능을 하면서, 초대교회적인 공동체성을 회복하는 데 기여할 수 있는 터닝포인트가 되고 있기 때문이다.

---

27 한국기독교목회자협의회, 2020

아톰과 비트의 융합이 만드는 메타버스 세상

**온라인 세계의 네 번째 특징은 '보이는 물질세계(atom)'와
'보이지 않는 정보세계(bit)'의 융합과 확장이다.**

맥루한의 미디어론에서는 '미디어는 인간의 확장'이라는 개념이
중요한데, 그는 자신의 저서 〈지구촌〉에서 전자 기술이 만들어갈 지
구촌을 묘사하면서, 인간의 삶에 스며든 기술이 인간의 물리적인 몸
의 감각뿐 아니라 이성의 영역도 확장시킨다고 주장하였다. 즉, 맥루
한적인 관점에서 온라인 세계란 '전자 기술이 인간의 물리적인 몸뿐
아니라 정신을 확장한 세계'라고 할 수 있다. 그래서 전자 기술을 기
반으로 하는 온라인 미디어의 대표적인 특징으로 '현실적 제약을 뛰
어넘어 새로운 세계를 구현할 수 있는 초월성(transcendency)과, 현
실 공간에서는 불가능하지만 이미지나 상상 속에서는 새로운 세계
를 구현할 수 있는 가상성(virtuality)'이 있다.[28]

'아톰'으로 대표되는 사물세계가 '비트'라는 정보세계와의 융합
을 통해 확장되어 구현되는 온라인 세상을 대표적으로 보여주는 기
술이 바로 웨어러블(wearable) 산업을 선두하는 스마트 워치(smart
watch)라고 할 수 있다. 스마트 워치는 위성과 내 신체와 모두 교신하
며, 나의 움직임과 건강 상태를 온라인 아이디라는 데이터 아래의 메

---

28 정수현, 40

타데이터로 실시간 기록한다. 이러한 정보는 인터넷을 통해서 내 생활과 관련된 다른 정보들과 상호작용한다. 인공지능이 이런 정보들을 이용해 나의 생활 반경과 습관, 건강 상태와 감정, 심지어 인간관계까지 다 파악하고 있기 때문에, 내 식성과 만남의 대상에 따라 식당을 추천하고 예약하도록 유도하기도 한다. 건강을 점검하여 위험 신호를 주기도 하고, 응급 상황에는 스스로 병원과 연결한다. 심지어 집에 들어가는 시간에 맞춰 내 몸의 상태에 맞게 냉난방을 조절하고, 내 취향에 맞는 음악을 들려주기도 한다.

이처럼 온라인 세계는 '확장된 몸으로서의 스며든 기술'을 통해 보이는 물질세계를 보이지 않는 정보 세계로 편입하고 전환하는 방식으로, 끊임없이 몸의 세계와 정신의 세계를 통합하고 확장하는 특성을 갖는다. 이러한 변화가 최근에는 블록체인과 가상화폐, 그리고 메타버스의 상용화를 통해 더욱 구체화되고 있다. 이것은 실불 경제에도 이미 큰 영향을 주고 있다.

대표적인 예로, 메타버스에서는 일하는 방식, 물질의 가치, 경제와 정치의 방식이 현실 세계와 전혀 다르게 존재한다. 특히 경제와 관련해서는 그 가상의 세상이 매우 민첩하게 변화하고 있다는 점을 주목해야 한다. 가상화폐의 폭등과 폭락이 현실의 주식시장을 좌우하고 있으며, 개인의 관심사에 따라 모인 온라인 커뮤니티[29]가 만들어내

---

[29] 탈중앙화된 자율조직 Decentralized Autonomous Organization : DAO라는 거버넌스

는 각종 코인을 통해 급성장한 '취향경제'가 '실물경제'에 미치는 영향이 급격히 커지는 것을 보면 그 변화를 잘 알 수 있다. 이제 온라인 신대륙은 더 이상 가상이 아니라 또 다른 실상과 일상이 되고 있는 것이다. 따라서 교회도 메타버스라는 온라인 신대륙에서의 영적인 삶과 하나님 나라의 의미에 대해 설명할 준비를 하지 않는다면, 그 땅을 향한 하나님의 통치는 요원한 망상이 되어버릴 것이다.

그런 점에서, 메타버스 안에서 교회를 짓고 집회를 여는 것은 좋은 시작이다. 하지만 그것이 본질적인 접근은 아니며, 메타버스의 외관을 단순히 흉내내는 것에 불과하다. 그 가상의 대륙을 향한 하나님의 부르심을 깨닫는 것은 먼저 메타버스라는 신대륙의 본질과 그 안의 사회문화에 대한 온전한 성육신적 이해가 있을 때라야 가능하다.

메타버스 세상이 아무리 현실세계의 문제들을 극복하고 원시부족과 같은 공동체적 세계를 구현한다 해도, 언젠가 어떤 지점에서는 억압적이고 비인격화를 강화하는 인간 사회의 특징들이 끊임없이 나타날 것이다. 왜냐하면 결국 온라인 세계도 죄성을 가진 인간의 삶의 자리이자 삶의 유형이기 때문이다. 결국 온라인 세계도 하나님의 구원역사를 통해 새 하늘과 새 땅으로 구원받아야 하는 공간이다. 여기에 온라인 세계를 향한 선교의 당위성이 있다.

02
공적 공간의 온라인화와
열린 결말의 질서

공론장이란 무엇인가?

온라인 세상에서의 소통 키워드는 '일상'(日常)과 '번역'(飜譯)이다.
다른 사람에게도 관심을 끌 만한 일상에 기반한 주제, 그리고 공적
공간에서 대화가 가능한 공동의 언어로 번역되어야 소통이 된다는
의미다. 이는 결국 온라인 세상을 향한 기독교 선교에서 '공론장'의
중요성과 가능성을 소환한다. 왜냐하면 공론장의 태생이 바로 '아래
로부터의 커뮤니케이션 회복'에 있기 때문이고, 공론장에서의 소통

을 위한 커뮤니케이션 요소 중 하나가 번역이기 때문이다. 따라서 온라인 세상을 향한 복음 증거를 논하기 위해서는 공론장과 온라인 공론장의 특징에 대해 먼저 살펴보아야 한다.

공론장에 대한 연구는 독일의 철학자이자 사회학자로서 비판이론의 대가인 위르겐 하버마스(J. Habermas)에게서 본격화되었다. 맥루한과 동시대를 살았던 하버마스는 비판이론을 통해 산업사회의 문제가 일상의 삶과 사회의 체제 사이의 커뮤니케이션 단절에서 비롯되었음을 발견했고, 여기에서 공론장 이론을 발전시켰다.

하버마스가 시대적 문제로 인식한 것은 산업혁명 이후 정치와 경제의 영역에서 급격하게 제도화된 체계에서 일상의 생활세계가 이분화되고 식민화된 현실이었다. 즉, '가족은 점점 사적(私的)이 되고 노동세계와 조직세계는 점점 공적(公的)이 되어'[30] 공적 영역이 사적 영역을 지배하는 관계에 놓이는 현실이 된 것이다. 하지만 애초에 그것은 반대였다. 산업혁명 이전에는 이 둘의 구분이 모호했고, 오히려 생활세계에서 체계가 결정되었다. 따라서 그는 이를 극복하기 위해 일상세계의 공적 소통 공간인 공론장의 회복을 주장했다.

하버마스가 주장했던 공론장의 특징은 간략히 세 가지로 정리할 수 있는데, 첫 번째는 공론장이 사회의 문제를 제기하고 해결방안을 찾는 '비평적 문의'(critical inquiry)의 장이라는 점이다. 그는 일상세

---

[30] Habermas 2001, 292

계가 합리적 소통을 통해 비판적으로 국가 및 시장에 관여할 수 있는 공개토론의 장으로서의 공론장을 제시한다.

두 번째는 공론장이 '보편적 참여'(universal access)의 장, 즉 보편성과 개방성을 갖는다는 점이다. 하버마스가 근대 인류의 문제로 주목하고 지적한 것이 '근대사회의 정치 경제 체계로 인해 생활세계가 정치와 경제의 커뮤니케이션에서 소외되고 고립되어 지배받게 된 점'이기 때문에, 그에게는 보편적이고 개방된 커뮤니케이션 공간인 공론장의 창출이 곧 생활세계의 해방을 의미하는 것이었다. 이는 일상세계에 의해, 그리고 일상생활을 위해 존재해야 하는 정치와 시장경제가 일상세계를 지배하는 구조적 문제에 대한 대안으로서, 보편적으로 접근 가능하고 토론에 개방된 공론장의 존재 자체가 지니는 해방적 의미를 강조한 것이라 하겠다.

공론장의 세 번째 특징, 특별히 선교적 커뮤니케이션과 관련되어 중요한 특징은 '이중언어(二重言語)와 번역'이다. 공론장을 통해 공동의 합의를 끌어내는 합리적인 의사소통을 위해서는 '사실성과 타당성'을 논할 수 있는 공동의 보편 언어가 필수적 선제조건이기 때문이다. 이러한 보편 언어에 번역이라는 개념이 들어오게 된 배경은 종교의 타당성이 공론장의 영역에 들어오면서부터다. 즉, "신자나 비신자나 공론장에서 논의한 내용은 반드시 모두가 접근할 수 있는 세속적인 언어로 번역되어야만 한다"[31]라는 의미에서 번역의 개념이 차용된 것이다. 이러한 논의를 확장해보면, 개인의 모든 신념과 종교적 언어도 번역이라는 과정을 통과하면 공론장에 참여하기가 가능하다는 의미가 된다. 이를 발화(發話)자의 관점에서 설명하면, 공론장의 형성을 위해서는 자신의 신념과 종교의 테두리 안에서 사용되는 언어와 문법이 아니라, 합리적 의사소통을 하기에 타당한 보편 언어로 번역해서 사용할 수 있도록, 이중언어를 구사해야 한다는 의미로 해석할 수 있다.

온라인 살롱 문화의 부상

그렇다면 이제 "산업화 시대에 등장한 하버마스의 공론장이 온라인 세상에 대한 이해를 가진 맥루한적 비판, 혹은 정보사회적 비판을 만나면 어떻게 진화하게 되는가" 하는 물음이 생긴다. 즉, '온라인 공론장의 특징'에 대한 질문이다. 이와 관련된 산업사회 비판이론에 기반하여 커뮤니케이션 중심적인 정보사회 비판이론을 전개하는 한국의 사회학자 정진홍이 주목하는 시대전환적 변화의 특징은 '공론장의 해체와 위치감각의 상실'이다.

---

31 Ibid, 112

정진홍은 공론장 연구의 축이 '하버마스의 공론장과 구조변동'에서 '공공영역의 해체와 새로운 소통영역의 형성'으로 이동된 것에 주목해야 한다고 강조한다.[32] 그의 분석에 따르면, '컴퓨터와 매개 - 결합 - 융합된 커뮤니케이션 양식이 증대되면 될수록 전통적인 공론장은 해체되고 이에 대비되는 사적 영역(private sphere)은 활성화될 것이기 때문'에, 사적 영역[33]이 강조된 새로운 소통영역이 요청된다는 주장이 나오는 것이다.[34]

정진홍이 말하는 공론장의 해체는 그 자체의 해체라기보다 채널의 해체를 의미한다. 즉, '살롱, 카페, 마당, 공연장 등과 같이 매스미디어를 매개하지 않은 전통적인 의미의 공공영역은 해체 혹은 붕괴되고, 매스미디어가 매개하고 개입하는 공공영역은 전자적 커뮤니케이션의 네트워크 안으로 계속 편입될 것'이라는 예측과 관찰이나.[35] 또한 그는 "온라인 커뮤니케이션의 빠른 속도는 다섭섬(multipoint-to-multipoint) 커뮤니케이션을 강화하여 '위치 감각 상실'(no sence of place)을 초래하고, 이를 가속화한다"고 강조한다.[36] 이것은 공론장이 온라인 세계에서는 고정된 것이 아니라 이동하는 것[37]이다. 즉, 어디에나 존재하는 공론장으로 진화하고 있으며, 그 공

---

32 정진홍 1995, 195
33 공론장과 대비된 사론장, 私論場
34 정진홍 1995, 195
35 정진홍 1996, 87
36 정진홍 1995, 196
37 정진홍 1996, 87

론장의 구성원 또한 특정된 구성원이 아니라 전세계에 흩어진 익명의 다수가 될 수 있다는 점을 암시한다고 하겠다. 놀랍게도 30년 전의 그의 예상처럼, 온라인 네트워크는 공론장의 소통방식이나 권역(미디어)을 넘어 정치와 시장 경제, 시민사회와 교육, 종교에 이르는 모든 일상의 현실 문제에 깊이 관여하여, 새로운 삶의 자리로서 온라인 공론장을 형성해가고 있다. 이처럼 온라인 공론장은 사론과 공론을 융합하고, 모든 공론장의 권역(body)에 체화된 복합적 공간이다.

이러한 특징과 관련하여 한 가지 주목할 현상은 21세기형 '살롱 문화'다. '2020년 대한민국 트렌드 보고'에 의하면 한국 사회에는 느슨한 관계 속에서 각자의 취향과 취미를 추구하는 새로운 형태의 살롱 문화가 유행하고 있다.[38] 이 살롱 문화 유행의 기저에는 동창(同窓)처럼 내 인생에 주어진 관계가 아니라 내가 스스로 선택한 소수의 관계를 더 선호하고, 나를 매우 잘 아는 사람과의 관계보다 취미와 관심사를 위한 느슨한 관계를 선호하는 심리가 작용한다. 이는 교회의 소그룹에 대한 소속감의 욕구는 여전히 높지만 만족도는 하락한 것을 통해서도 드러나는데, 21세기형 한국의 살롱 문화에서 다원성에 대한 존중과 더불어 자기주도성이 얼마나 중요한 가치가 되었는지를 또한 반영하고 있다.

60년대 하버마스의 공론장이었던 살롱 문화가 21세기에는 보다

---

38 목회데이터연구소, 2020

다원적이고 다층적으로, 그리고 삶에 더욱 깊이 침투한 형태로서 존재하고 있다는 것은 공론장 선교를 향한 청신호가 아닐 수 없다. 게다가 이런 살롱 문화가 주로 온라인에서 교류하는 가운데서도 꾸준히 온라인과 오프라인 모임을 아우르는 하이브리드 형태로 존재한다는 점에서, 또한 COVID-19를 통해 비대면이 일상화되면서, 온라인 살롱 문화는 더욱더 강력한 공론장으로 부상하게 되었다.

열린 결말 : 무질서에서 질서로

"개방적이고 보편적이며, 비선형적이고 다원적인 온라인 공론장에서 진리의 추구는 과연 어떤 형식으로 구현될 수 있는가" 하는 질문에 대한 이론적 바탕은 러시아 태생의 벨기에 화학사로 1977년 노벨 화학상을 수상했고 미국 텍사스대학(오스틴 소재) 물리/화학공학 교수 및 통계역학/열역학/복잡계 연구센터 소장으로 오래 재직했던 일리아 프리고진(Ilya Prigogine)의 사상, 특히 그의 복잡계(Complex System) 이론에서 찾아볼 수 있다. 왜냐하면 그의 복잡계 개념이 하버마스와 마찬가지로 '개방적 세계관'을 추구하는 동시에 맥루한의 탈뉴튼적인 비선형적이고 비결정론적인 '과정론적 진리'를 추구하기 때문이다.

　프리고진은 그의 대표적인 책 〈혼돈으로부터의 질서〉(Order out of

Chaos : Man's New Dialogue with Nature)에서 뉴튼적인 절대 이성의 세계관과 절대 진리를 추구하는 방법론을 비판한다. 그는 뉴튼이 그의 과학 법칙들로 인해 인류에게는 모세 같은 존재가 되었으나,[39] 뉴튼적 이성으로 해결되지 않는 현상들을 마주하면서 이성의 한계가 드러났다고 평가하였다.[40] 그러면서 이성과 과학이 만든 결과물은 결국 비인간화된 세상[41]이었음을 지적한다.

프리고진은 "뉴튼적인 전통 과학이 이성과 지성의 창조자인 하나님이 세상에 부여한 완벽한 질서를 찾으려는 인간의 반응이었지만,[42] 이와 같은 결정론적인 절대 진리와 법칙으로 해석되지 않는 정치적, 경제적, 사회적 현상에 적용되는 새로운 과학적 이해가 필요하다"[43] 라고 역설하며 "무질서와 혼돈을 통해 질서가 생성된다"라는 그의 이론을 전개해나간다. 프리고진에게 혼돈은 질서의 시작점이다. 그는 혼돈을 바라보며 "자, 이 일(질서)이 일어나도록 소망해보자"라고 선포했을 법한 창조주 하나님의 '혼돈'에 대한 소망[44]을 믿는다. 따라서 프리고진의 복잡계에서는 창조도 하나님의 기계적이고 계산적인 행위라기보다 유기적이고 자율적인 반응을 소망하는 열린 결말이라는 의미다.

---

39 Prigogine and Stengers 1884, 27
40 Ibid, 29
41 Ibid, 30
42 Ibid, 51
43 Ibid, 53
44 Ibid, 313

따라서 프리고진이 주장한 '혼돈에서 질서 창조를 위한 신적 소망'은 복잡계로 존재하는 온라인 공론장에서 유효한 진리 증언의 방법론이 된다. 비록 온라인 공론장은 매뉴얼적 시스템이 아니라 알고리즘을 통해 운영되고 확장되는 개방적이고 다원적이며 불안정한 복잡계이지만, 이 점은 엔트로피(entropy)의 법칙처럼 진리 추구에 있어서 무질서도(無秩序度)의 증가만을 의미하지는 않는다. 비록 이곳에서 발생되는 다양한 만남과 대화와 증언을 통해 미시적으로는 기독교 진리가 반발과 거절 속에서 요동이 일어날 수는 있지만, 거시적으로는 변증적인 성숙과 안정적인 구조화를 통해 진리에 한 걸음 더 가까이 갈 수 있기 때문이다. 이는 초대교회에서 이단을 통해 복음의 진리가 더욱 구체화되어 정립된 것과 동일한 이치다.

따라서 온라인 공론장 선교를 위해, 진리의 추구는 '결정론적으로 정해신 규칙의 발견'이 아니다. "복잡계 자체의 혼논을 통과하면 진리가 나온다"라는 인본주의적이고 낙관적인 진화론적 진리 추구도 아니다. '혼돈을 통해 드러날 진리에 대한 하나님의 소망'에 근거한 비결정론적이고 과정론적인 방법론을 차용해야 한다. 오직 '하나님의 낙관'으로 복잡계를 바라볼 때, 프리고진의 복잡계와 혼돈 이론은 '이미와 아직 사이'라는 복잡계 가운데에서 하나님 나라를 증언하는 온라인 공론장 선교의 방향계가 될 수 있을 것이다.

03
사람들의 행동과
관계가 존재하는 새로운 자리

네트워크의 창조력과 파괴력

온라인 공론장의 또 다른 특징으로 '네트워크의 사이버 액션'(cyber action)을 들 수 있다. 앞에서 살펴본 바와 같이 온라인 네트워크는 미디어의 영역과 방법이라는 협의적 개념을 초월하여 삶의 소통의 공간이나 방법으로 진화하였고, 이제는 삶의 새로운 차원(dimension)이라는 광의적 개념으로 자리잡고 있다. 따라서 온라인 네트워크는 공론장의 소통의 방법에서 진화하기 시작하여, 미디어의 시스템을 넘어 완전히 다른 차원의 네트워크적 공동체, 즉 사람들의 행동과 관계가 존재하는 삶의 자리를 형성하고 있다.

이처럼 온라인상에 구축된 삶의 공간으로서의 네트워크는 시공간의 제약을 초월하여 공론장의 개방성과 보편성을 극대화하면서 공론을 형성하고, 다수의 행동으로 구체화하여 다양한 사회변화를 이끌어 내고 있다. 게다가 온라인 네트워크의 익명성은 권위주의 사회에서 소리를 내지 못하는 사람들, 즉 나이가 어리고, 가진 것이 없고, 학벌이 낮고, 사회적 지위가 낮은 약자도 누구나 표현할 수 있는 자유를 주었다. 급기야 커뮤니티 게시판이나 뉴스의 댓글 창마다 '키보드 워리어'로 불리는 익명의 반사회적 과격주의자들의 등장도 가능하게 했다. 이는 디지털 인터페이스 기술의 발전에 힘입은 온라인 미디어가 이전에 '매체'라는 단어로 표상되던 '재현 공론장'에서 동시적이고 직접적 소통이 가능한 '표현 공론상'[45]으로 신화했기 때문에 가능해진 현상이다. 이에 대해 정진홍은 "종래의 정치 사회적 운동이 주로 집합행동(collective behavior)에 근거한 것이었다면, 새로운 사회적 운동은 이른바 누름단추식(push button) 민주주의 또는 컴퓨터와 매개/결합/융합된 커뮤니케이션 양식에 근거한 사이버 액션(cyberaction)에 의존하는 것으로 변화하고 있다"고 설명한다.[46]

이와 같은 사이버 액션은 온라인에서의 담론이 사적 영역을 넘어

---

45 박태순 2008, 30-37
46 정진홍 1996, 90

1부 | 온라인 신대륙의 특징과 유튜브 부족의 등장

공적 영역과 융합되는 증거가 된다. 인도의 정치 공론장과 온라인 행동주의(activism)를 연구한 비주(Biju)와 가야드리(Gayathri)는 인도의 그린피스 온라인 소셜 네트워크의 활동을 예로 들면서, "온라인에 공중(public)에 있다고 해서 단순히 온라인 공론장이 되는 것은 아니다"라고 주장한다. 그들은 온라인 소셜 네트워크가 공론장이 되기 위한 기준(criteria)들을 제시하는데, 그 첫 번째가 공론장이 사람들에게 행동주의적 의식을 불러일으키는 담론의 공간(space of discourse)이어야 한다는 것이고, 두 번째는 더 많은 사람이 다양한 이슈에 대해 이야기할 수 있는 넓은 공간을 열어주어야 한다는 점이다.[47] 이들의 의견은 온라인 세계의 비의도적 소통이 자칫 빠지기 쉬운 무의미성을 지적하며 "모든 것이 공론장이라면 어떤 것도 공론장이 아니다"라는 의미의 주장이 된다. 즉, 이들의 주장처럼 온라인 세계의 네트워크가 소통의 의도성과 상관없이 액션을 일으키는 운동성을 추구해야 공론장으로서의 정체성을 갖게 된다는 점을 알 수 있다.

이러한 온라인 네트워크의 사회적 행동은 오늘 한국의 현실에서도 쉽게 찾아볼 수 있다. 대표적인 한국의 온라인 공론장인 포털 사이트 네이버(naver)에서는 2020년 7월, 정부의 부동산 정책에 반발하는 익명의 다수집단이 검색어 순위 1위를 선점하기 위해 특정 항의 문구를 동시다발적으로 검색하는 방식으로 집단행동을 하

---

47 Biju P. R., Gayathri, 2011, 484-486

였다.[48] 청와대도 온라인 공론장을 활성화하기 위해 청와대 국민청원 게시판[49]을 운영했는데, 2020년 7월 26일 현재 가장 많이 참여한 청원 주제는 "응급환자가 있는 구급차를 막아 세운 택시 기사를 처벌해 주세요"로 무려 72만이 넘는 사람들이 청원에 참여하였다.[50] COVID-19가 가져다준 비대면 문화는 집합적 모임에서 사이버 액션으로의 전환을 전방위적으로 가속화하고 있으며, 이는 시공간의 제약을 받지 않고 사람들의 참여와 행동을 확산시키고 있다.

사이버 액션의 위험성

이처럼 사이버 액션이라는 온라인 공론장의 특징은 양날의 검과 같아서, 정의를 세우기도 하지만 오히려 악을 부추기기도 한다. 대표적으로는 반(反)공공성을 가진 배타적이고 폭력적인 사이버 액션의 문제가 있다. 이와 관련해, 데이비스(Mark Davis)는 온라인 반공론장 (The online anti-public sphere)에 대한 연구를 통해 민주적 담론의 윤리성과 합리적 규범을 비난하고 저항하는 온라인 사회 정치 작용에 대해 설명하면서, 백인우월주의, 반기후과학포럼, 여성 혐오와 게이

---

48 김은경 2020
49 청와대 2017
50 국민청원은 2022년 5월 9일 서비스 종료 후 2022년 12월 현재 국민제안으로 변경되어 운영중이다.

증오, 반이민, 반유대주의, 각종 음모 사이트 등을 통해 공론장의 보편성과 규범을 거부하고 위반하는 온라인 세력들의 문제를 제시한다.[51]

이와 같은 온라인 공론장의 혐오와 양극화와 그로 인한 공격성 이슈는 기독교와도 무관하지 않다. 오히려 기독교에 대한 심각한 혐오와 기독교 내부의 양극화 갈등으로 드러나기도 한다. 대표적인 예가 낙태권과 관련된 대법원 판결 이슈가 생긴 지난 2022년, 미국의 극좌 성향 단체들이 '위기의 여성을 상담하고 낙태 대신 돌봄을 제공하는 단체'(the Crisis Pregnancy Center)에 대해 '좌표찍기'로 불리는 사이버 액션으로 공격했던 일이다.[52] 그 반대 경우인 극우 기독교 단체도 마찬가지로, 낙태를 지지하는 이들을 공격하는 사이버 액션을 통해 배제와 혐오를 부추기고 있다.

한국 기독교와 관련한 사이버 액션의 또 다른 위험성은 모바일 기술과 소셜 네트워크를 통해 기독교와 관련된 가짜뉴스를 양산하고 기독교 혐오와 분열과 갈등을 조장하는 데 있다. 2018년 기독교윤리실천운동, 성서한국, 기독교언론포럼이 공동으로 주최한 '가짜뉴스와 기독교'라는 포럼은 극단적 보수정치와 결합된 형태의 가짜뉴스의 위험성을 지적하였다. 이 포럼은 진보 기독교계를 향한 용공 시비가 가짜뉴스의 시초였고 그 결과 장로교 분열이라는 결과를 초래

---

51 M. Davis 2020, 1
52 Fox News 2022

했다는 역사를 인용하면서, "한국교회가 보수 정권과 결탁해 거짓 정보를 전달하며 약자들을 억압하고 사회의 진보를 가로막았던 사례는 40년 전부터 있었다. 사실 한국교회는 오래전부터 가짜뉴스의 생산지였다"라고 고발하였다.[53]

이처럼 온라인 공론장은 모바일과 소셜 네트워크를 통해 공론을 형성하고 사회변혁을 일으키는 운동성을 가진다는 장점이 있는 반면, 가짜뉴스를 더 빠르고 넓게 확산시키고 혐오와 갈등을 조장하는 사이버 액션을 부추기는 부작용도 가지고 있다. 하버마스도 공론장의 구조변동을 이야기하면서 이미 우려했던 것이, 공론장의 주체가 부르주아에서 국민 대중으로 전환되면서, 이들이 '체계적인 선전'에 호도당할 수 있다는 점이었다. 그는 체계가 의도하고 고안한 선전이 "계몽과 지도, 정보와 광고, 교육과 조작이라는 야누스적인 얼굴을 하고 있다"고 고발한 바 있다.[54] 즉, 불순한 세력이 공론장의 운영 시스템인 알고리즘을 이용하여 선동과 조작을 한다면 사회 시스템 전체에 위기를 가져올 수 있다는, 이른바 '공론장 거버넌스에 대한 구조적 취약점'에 대한 우려였던 것이다. 그의 지적 사항들은 현재의 온라인 공론장에도 드러나고 있어서 현실적 위협 요소가 되고 있다.

따라서 비록 온라인 공론장이 민주적이고 자율적이라고 하지만, "공동의 선이 과연 규제나 지침 없이 공론장 안에서 자연스럽게 이루

---

53 장명성 2018
54 Habermas 2001, 363, 364

어질 수 있는가? 그렇지 않다면, 그 공동선(共同善) 혹은 공공 규범을 정의하는 주도권과 거버넌스는 어떻게 형성되어야 하는가?" 하는 질문에 대한 고민은 온라인 공론장의 숙제로 부상하고 있다. 왜냐하면 온라인 공론장은 담론의 장으로 끝나는 것이 아니라 행동으로 이어지고, 정치와 경제뿐 아닌 삶의 모든 영역에서 결과물을 만들어내는 실존적 운동성이 있기 때문이다.

세상을 움직이는 대표적 영상 아고라

그렇다면 세상을 움직이는 대표 온라인 공론장은 어디일까? 현재 가장 많은 참여자가 존재하는 온라인 플랫폼은 유튜브(YouTube)다. 동영상 미디어 플랫폼인 유튜브는 다음과 같은 특징들을 가지고 있어서, 온라인 공론장의 표본이라고 할 수 있다.

첫 번째, 온라인 공론장으로서 유튜브의 특징은 '광장성'(agora)이다. 유튜브가 정보의 생산, 교환, 유통이 이루어지는 온라인 아고라의 보편성이 보장된 곳이라는 의미다. 특히 동영상 플랫폼인 유튜브가 텍스트 중심의 구글을 넘어서서 공론장을 대체하는 역할을 수행하고 있다는 점을 주목해야 한다.

2004년부터 매년 인터넷 이용자에 대한 리포트를 발간하는 'Nasmedia'의 2020년과 2021년 '인터넷 이용자 조사'에 따르면,

2020년에는 모바일 위주의 미디어 이용 트렌드가 고착화되었으며,[55] 2021년에는 스마트폰에서 이용하는 앱(모바일 어플리케이션) 가운데 동영상 관련 앱이 급격히 성장했다는 특징을 확인할 수 있었다.[56] 팬데믹의 영향이 반영된 2021년의 리포트에서는 모든 연령대에서 온라인 동영상 이용률이 96.7%(2020년은 94.6%)로 나타나 거의 모든 사람이 동영상 시청을 즐기고 있으며, 일평균 동영상 시청 시간은 전년 대비 20% 증가(94.9분에서 113.8분)하여 팬데믹의 영향을 직접적으로 확인할 수 있었다. 그중 독보적인 시청채널(플랫폼)이 바로 유튜브(91.8%)이며, 유튜브의 주요 이용 목적인 동영상과 음악 감상 외에 정보를 검색하는 데 쓰는 이용률도 2020년에는 55.3%, 2021년에는 57.4%로 늘어나, 유튜브에 검색 채널로서의 기능이 점차 확대되고 있다는 특징을 보였다. 이는 2019년의 44.9%에 비하면 급격히 증가한 것이며, 특히 검색 서비스 이용률에서는 구글(48.6%)보다 높아졌다.

　온라인 공론장으로서 유튜브의 두 번째 특징으로 '일상성'을 들 수 있다. 팬데믹 기간에 유튜브를 통한 검색과 이용이 급증한 이유에 대해 2021년 유튜브의 모회사인 구글(구글코리아)의 리포트는 "유튜브가 세대별로 '변화된 라이프 스타일에 맞는 콘텐츠(contents)를 가장 많이 제공'(33%)하고, 유튜브에서 '새로 생긴 관심사나 취미와 관련

---

[55] Nasmedia 2020
[56] Nasmedia 2021

1부 | 온라인 신대륙의 특징과 유튜브 부족의 등장

된 양질의 콘텐츠를 접할 수 있으며'(40%), '새로운 관심사와 취미를 발견할 수 있었기 때문'(36%)이라고 발표했다.[57]

세 번째 특징은 '다중심성'으로, 유튜브에는 크리에이터로 대표되는 정보 생산자가 일상의 전문성을 기반으로 자유롭게 진입할 수 있는 개방성이 있다. 유튜브는 다양한 크리에이터들이 별다른 진입장벽 없이 자유롭게 콘텐츠를 생산하고 공급하며 유통하기에 가장 적합한 플랫폼으로 자리 잡았다. 실시간으로 수많은 콘텐츠가 생산되어도 집단지능과 빅데이터의 알고리즘을 통해 검증되는 과정을 거쳐 순도 높고 가치 있는 정보가 되어, 소비자에게 쉽게 검색되고 유통되고 있다는 것이다. 이러한 방식으로, 무한히 생성되는 정보는 물론 새롭게 등장하는 크리에이터들에 대해서도 자정 기능을 보여주는데, 이는 유튜브가 보편성과 개방성, 다중심성과 공동성이 보장된 온라인 공론장으로서 이상적인 환경을 제공하고 있다는 의미로 해석할 수 있다. 결과적으로 방송국이 제작하고 시청자가 소비하는 전통적 형태의 방송의 틀을 깬 유튜브는 '콘텐츠 크리에이터'(Contents Creator)라는 직업군을 창조하였다.[58]

---

57 장정아, 김도희 2021
58 킨슬, 페이반 and 신 2018, 47

설교가 아닌 답을 듣기 원한다

모든 사람이 소비자인 동시에 생산자가 될 수 있는 세상이 온라인 공론장이다. 온라인 세계에서 사람들은 검색을 통해 자신이 얻고 싶은 지식을 찾고 얻는다. 이것은 만약 온라인 세상의 대중이 기독교와 대화하기 원한다면, 그들은 교회의 설교를 듣고 싶은 것이 아니라 자신의 질문에 대한 답을 듣고 싶어한다는 의미이다. 따라서 기독교의 진리는 검색(이라는 질문)이 가능한 형태로 제시되어야 하고, 그것은 철저하게 온라인 공론장의 참여자들의 언어로 제작되고 제공되어야 한다. 즉, 번역되어야 한다는 말인데, 특히 이를 위해 설교의 성육신적 번역이 요구된다. 또한 각양의 은사와 전문성을 통해 복음이 다양하게 표현될 수 있도록 하는 콘텐츠의 개발이 요구된다.

들려지지 않는 설교가 공허한 외침인 것처럼, 대중의 삶과 괴리된 복음은 생명력을 상실했다고 볼 수 있다. 따라서 교회는 온라인 공론장을 찾아오는 '온라인 이주자'[59]들과의 소통을 위해 온라인 플랫폼을 통한, 온라인 플랫폼에 맞는 콘텐츠의 개발과 생산에 주력해야 한다. 이 책은 특히 유튜브라는 플랫폼에 집중하여 이 주제를 다룰 것이다.

이 책의 말미에는 다양한 유튜브 콘텐츠 중에서 참고할 만한 몇 개

---

59 오프라인에서 온라인으로 옮겨간 사람

의 성공적인 유튜브 채널을 소개한다. 그들의 공통적인 성공비결은
철저하게 대중의, 대중에 의한, 대중을 위한 방송을 지향했다는 점이
다. 유튜브를 활용하는 설교자나 기독교 크리에이터들은 이 점에 주
목해야 한다.

04
돌아오지 않는 성도들이
사는 세상

성도들이 교회로 돌아오지 않는다

2020년 전세계를 강타한 팬데믹으로 인해 비대면 온라인 세계로의 이주 현상이 가속화되었다. 대다수의 교회도 예배를 온라인으로 드리게 되었고, 교회 모임은 '줌'(zoom)으로 대표되는 화상 미팅 방식으로 진행되었다. 심지어 건물이 없는 온라인 교회가 등장했고, 팬데믹 상황이 종료된 이후에도 온라인 예배는 여전히 신앙생활의 한 형태로 자리잡고 있다. 그 사이에 "예배의 본질은 무엇인가? 교회라는 공동체는 무엇인가?"라는 질문이 신학자와 목회자뿐 아니라 성도들에게도 공공연히 회자되고 논의되었다. 역사란 도전과 응전의 연속이고, 기독교의 진리는 거짓과 이단에 대한 변증에서 더 분명해지듯, 위의 질문은 숨가쁘게 달려온 성장주의 신앙의 고점(高點) 어디에서인가 머물러 있던 교회에게 팬데믹이라는 시간이 던진 교회 공동체의 본질에 대한 질문이 되었다.

하지만 많은 교회가 여기서, 이 질문 앞에서 길을 잃고 있다. 성도들이 다시 교회로 돌아오지 않는다는 점에 대해 적잖은 목회자들과 교회 리더들이 당황하고 있다. '온라인 예배도 예배'라고 하면서 참여를 유도하던 메시지가 돌변해, "이제는 다시 교회 현장에 모여야 한다"며 "온라인 예배는 신앙생활의 나태"라고 경고하기 시작한다. 온라인 예배 활성화를 위해 영상 사역자를 귀하게 모시고 방송국 수준의 시설을 만들던 교회가, 이제 교회에 성도들을 다시 모으기 위해 부흥회와 초청집회로 시동을 건다. 하지만 성도들은 교회 사역으로 분주했던 주일의 일과에서 벗어나 안식과 가족과 함께하는 시간을 누렸기에, 이전으로 돌아가는 것에 대해 "왜?"라는 질문을 던지기 시작한다.

그런데 모든 교회가 그런 것은 아니다. 어떤 교회는 팬데믹 기간에도 여전했지만, 이후에도 숫자나 재정(헌금)의 변화 없이 오히려 부흥하는 경우도 존재하기 때문이다. 그것은 단지 스타 담임목사의 설교나 온라인의 마케팅적 홍보 때문만은 아니다. 이러한 극명한 대조는, 어떤 교회는 본질과 시대정신에 부합하는 공동체성을 가지고 있었고, 어떤 교회는 구호와 숫자와 프로젝트만 있었던 교회였기 때문에 나타난 격차와 결과다.

앞에서 살펴본 '온라인 신대륙의 특징'에 이어, 이번 장에서는 '온라인 세상을 살아가는 사람들의 특징'을 시대의 정신과 연결하여 이해해 보고자 한다. 성도들이 살아가는 온라인 세상은 무엇이며, 사람들이 그 안에서 무엇을 찾고 구하고 두드리고 있는지를 이해하지 못한다면, 교회가 아무리 성도들에게 구애하고 때로는 협박해도 아무 소용이 없고 반감만 커질 것이다. 그들은 이미 모이는 교회를 위해 분주한 신앙생활이 아니라 일상으로 흩어져서 성도의 삶을 찾아가는 새로운 구도자가 되어 있기 때문이다.

온라인 구도자들이 찾는 진리는 다른 진리가 아니다. 기존에 찾던 것과 마찬가지다. 온라인 신대륙도 하나님이 창조하신 세계요, 피조물인 인간이 일상을 영위하며 하나님의 구속을 기다리는 공간이기 때문이다. 따라서 본질로 돌아가라는 하나님의 음성에 귀를 기울인다면, 온라인 세상에서도 하나님의 공동체를 통해, 하나님의 구원 역사는 계속될 것이다.

세 가지 질문 : 정체성, 소속감, 진정성

**온라인 네트워크 세상을 살아가는 사람들이 구도자로서 묻는
첫 번째 질문은 '정체성'이다.**

온라인 세상의 익명성과 어디서든 접근 가능한 개방성, 심지어 자막 번역까지 실시간으로 가능해진 기술의 진보는 한 개인이 특정 사회에 묶이지 않고, 자신의 경제적 형편, 사회적 위치, 생물학적 한계와 상관없이, 편견으로부터도 자유로운 정체성을 갖게 해준다. 보이는 세계에서의 학벌, 집안, 직업이나 장애 여부와 상관없이, 온라인에서 새로운 정체성을 갖게 되었다는 말이다.

예를 들어 장애인도 온라인 세상에서는 비장애인과 다를 바 없는 인격체로 존재한다. 남성인지 여성인지, 노인인지 소년인지는 중요하지 않고, 알 수도 없다. 그저 그 사람의 메타데이터를 통해 그 존재 자체를 인식할 뿐이다. 이러한 문화는 권위자와의 관계, 특히 교회의 문화와 관계에도 영향을 준다. 사회적 권위보다 실제의 인격이 더 중요해지기 때문에, 목사와 성도의 관계도 더 이상 권위자와 순종해야 하는 자의 관계가 아니라 하나님의 뜻을 함께 발견해가는 동일한 길 위의 구도자 관계가 되었다는 의미다. 이러한 변화는 어설픈 성경해석으로 권위를 내세워 성도를 자기의 비전으로 이끌고 가려던 일부 목회자들에게는 당혹스러운 일이 아닐 수 없다. 이와 같은 온라인의 정체성은 사회적 편견과 한계를 뛰어넘는 순기능도 있지만, 다중 정

체성의 혼란스러움과 현실도피와 반권위적/반사회적 공격성 등의 문제도 노출하고 있다.

두 번째 질문은 '소속감'이다.

지금은 초연결사회이기 때문에 소속은 자기의 선택을 통해 얼마든지 늘어날 수 있다. 더구나 익명이며 관계성과 강제성도 낮아서 언제든 탈퇴도 가능한 관계와 소속이 많아졌다. 하지만 홍수 속에서 마실 물이 없는 것처럼, 보여주고 싶은 것만 보여주고 맺고 싶은 관계만 맺는 얕은 관계성 속에서 진짜 공동체와 소속감을 느끼기는 더 어려워졌다. 공동체란 계약이 아니라 시간을 공유하는 관계가 만들어주는 인격적 열매이기 때문이다.

세 번째 질문은 '신성성'이다.

온라인 기술의 발전은 증강 현실(Augmented Reality), 라이프로깅(Lifeloging), 거울세계(Mirror Worlds), 가상세계(Virtual Worlds)라는 4가지 유형의 메타버스(Metaverse)로 발전하여 인간의 오감(五感)으로 체험 가능한 세계를 구현한다. 메타버스의 기술은 극사실주의를 추구하며, 동시에 온라인 세상을 통한 구현은 초현실주의다. 여기서 "무엇이 진짜인가"라는 질문은 심각한 주제가 된다. "내가 또렷하게 보고, 생생하게 듣고 경험하는 것이 과연 그 존재인가? 그 존재가 맞는가?" 하는 질문이다.

온라인 세계가 오프라인 현실 세계를 향해 부메랑처럼 되던지는 질문도 동일하게 "무엇이 진짜인가?"다. 가상으로 구현된 세계에 익명 또는 온라인상의 가명으로 만나는 관계와 소속이 늘어날수록 진짜에 대한 갈망은 더욱 커져간다. 이는 진리의 공동체를 자부하는 교회에서도 동일한 주제가 되고 있다.

모이는 교회의 공동체성이 도시화의 인간소외를 해결하던 시대가 한때 있었다. 하지만 교회가 공동체적 운동성(movement)보다 기관(institution)으로 변모하면서, '한 영혼에 대한 깊은 관심과 진정성 있는 대화가 상실된 것은 아닌가' 하는 비판이 제기된 지는 오래다. 게다가 폭발적인 교회 성장을 주도한 성경공부와 각종 훈련이 아이러니하게도 한 영혼에 대한 진정한 관심을 가리는 현실을 만들고 있다.

어떤 성도는 관리 차원에서 심방 온 목회자에게 이렇게 말한다.

"목사님은 우리 교회의 목사님이지 나의 목사님은 아닌 것 같습니다."

이 말은 나를 알아주고 인격적인 관계를 맺기 원하는 가장 근원적인 갈망, 바로 진정성에 대한 목마름을 표현하는 것이다.

온라인 세상의 사회적 현상, 신부족주의의 세 가지 특징

앞에서 살펴본 바와 같이, 온라인 세상에 드러난 시대정신을 간략하게 요약하면 '공동체성과 진정성 추구를 통한 일상과 인간성의 회복'이라고 할 수 있다. 이와 관련하여 온라인 세상의 공동체와 일상성 회복을 연구한 대표적인 사람이 프랑스 소르본 대학의 사회학 교수인 미셸 마페졸리(Michel Maffesoli)다. 마페졸리는 포스트모던의 사회성을 중심으로 원초적이고 일상적인 삶을 관찰하여 '부족주의'라는 개념을 이끌어냈고, 이 부족주의가 과학기술의 발전과 함께 강화된다는 점을 강조하면서 온라인 세상과 부족주의를 긴밀하게 연결했다. 온라인 구도자들이 던진 앞의 세 가지 질문에 대한 마페졸리의 답인 부족주의(신부족주의)의 특성을 설명함으로써, 온라인 세계의 사람들에 대한 공동체의 의미와 선교적 요청을 다루어 보고자 한다.

관계와 소속을 찾아나서는 갈망과 노력

온라인 세상의 사회적 현상인 신부족주의의 첫 번째 특징은 '사회성'(sociality)이다.

온라인 세계의 사람들은 공동체적 이상을 추구한다. 기술의 진보를 통해 초연결사회가 되어 개인이 온라인 세상에 남기는 모든 흔적인 메타데이터 차원까지 인식하는 수준의 정보 공유가 가능하게 되었다. 하지만 여기에는 치명적 한계가 있는데, 그것은 공유된 정보에 인격적인 관계가 결여돼 있다는 점이다. 즉, 과학기술을 통해 서로를 더 알게 되면서 촌락과 같은 공동체가 형성될 것 같았지만, 실제로는 아무 관계성 없이 선택적으로 노출된 정보만 공유하게 되어, 더 공허한 관계만 양산하는 결과를 낳았다는 말이다. 결국 온라인 세상에서는 상호관계가 깊어지지 않고, 피상적으로 정보만 아는 네트워크가 늘어나게 되었다. 결국 관계가 매우 많아졌어도 내가 소속감을 가지는 관계는 정작 더 줄어들었다. 이러한 위기감은 사회적으로 깊은 관계를 맺을 수 있는 선택적 네트워크를 향한 생존적 갈망을 만들었으며, 이것이 마페졸리가 주장하는 '신부족주의 사회성'의 근간이다.

마페졸리는 근대화를 통해 발전된 대도시의 삶에서 소외되고 비인격화된 인간이 자신을 방어하고 열정과 감정을 회복하기 위한 생존적 모임으로서 신부족(neo-tribe)을 구성한다고 주장한다.[60] 즉, 대도시 어디에선가 부품처럼 살아가고 있는 개인이 자신의 정체성을 찾기 위해 열정과 감정을 나눌 수 있는 부족과 같은 동질 집단을 갈망하고, 그 결과 새로운 형태의 부족을 형성한다는 의미다. 동일한 맥락에서, 온라인 세상의 부족주의란 사실은 아무 관계 없는 정보 네트워크 안에서 소외된 인간성의 회복을 위해, 광활한 온라인 세계에

---

60 Maffesoli 2016, 739

서 의미 있는 관계와 소속을 찾아 나서는 갈망과 노력으로서의 사회성이라고 할 수 있다.

그런데 여기서 중요한 점은 온라인 세상의 사회성과 부족의 형성이 모더니티의 논리에 의한 합리적 계약을 따르지 않는다는 것이다. 마페졸리의 포스트모던 부족은 '공감을 중요시하는 감정적 공동체'[61]의 특징을 가진다. 따라서 마페졸리가 주장하는 신부족은 공감을 중요시하는 관계적이고 감정적인 공동체의 특징을 가지며 그 부족만의 미학적 존재 방식을 갖게 되는데, 이는 신부족이 태생적으로 미학적 선호를 가진 집단이라는 의미다. 그 결과 신부족주의에는 '선택적 사회성'(elective sociality)이 생기는데,[62] 이로 인한 인력(Attractive force, 引力)과 척력(repulsive force, 斥力)의 작용은 자신들이 추종하는 문화 취향 및 경향에 대해서는 과도한 애착을 드러내고 자신들이 속한 집단 안의 사람들과의 결속을 강화하는 동시에, 반대급부로 집단 밖의 사람들에 대한 혐오와 배제도 강화한다. 그 결과 부족주의가 공론장을 주도할 경우 각 부족간의 입장 차이만 확인하거나 갈등만 부각될 뿐, 의견의 합의보다 집단의 양극화 현상이 생기고 강화된다.

김성수의 연구인 '한국 TV 토론 프로그램에 대한 온라인 댓글 분석'에 의하면 비난과 논쟁, 편 가르기와 이해관계 주장이 주를 이루

---

61 장희영 2007, 36
62 Ibid, 15-17, 55

고 있다는 점을 발견할 수 있다.[63] 2022년 대한민국 대통령 선거에서 기존의 진영 갈등과 지역 갈증 구도가 점차 세대 갈등과 남녀 갈등으로까지 극명하게 나뉘진 것도 이러한 부족주의 현상과 무관하지 않다. 여기서 부족주의와 관련해 생각해야 할 교회의 안타까운 현실은 팬데믹 이후에 돌아오지 않는 성도이다. 구체적으로 말하면, 몸은 돌아왔으나 더 이상 교회 사역에 헌신하지 않는 성도들 대다수가 교회를 자신에게 정체성과 소속감을 주는 공동체로 인식하지 못하고 있다는 점이다. 교회가 자신의 부족이라고 느낀다면 자발적 헌신과 참여는 자연스럽게 따라오는 것이기 때문이다.

교회 공동체야말로 인간이 근원적인 존재의 이유를 발견하고, 창조의 목적을 깨닫고 이를 위해 함께 지어져 가는 곳이어야 하는데, 과연 교회가 무엇을 위해 존재해왔는지를 자문하게 된다. 솔직하고도 안타까운 말이지만, 빵이 없는 빵집에 드나드는 발길이 멈추는 것은 당연하다. 교회는 누군가 정해놓은 비전이라는 목표를 향해 다수가 희생되는 곳이 아니라 철저하게 예수 그리스도의 몸의 각 지체가 연결되고, 이를 통해 각 개인이 각자의 은사와 일상을 누리면서 존재의 이유를 찾을 수 있는 사회적 공동체로서 존재해야 한다. 따라서 온라인 세계를 향한 교회 사역의 방향도 본질적으로는 일상의 제자들이 만드는 부족 공동체를 형성하는 것이어야 한다. 만약 교회가 돌

---

63 김성수 2006, 134

아오지 않는 성도들의 음성에 귀를 기울이고 예수님의 몸의 각 지체의 다양성과 공동체의 하나됨을 회복할 수 있다면, 이 세상에 더 이상 가나안 교인[64]은 존재하지 않게 될 것이다. 그뿐 아니라 소속을 찾아 방황하는 이 시대의 사람들에게, 교회가 길과 진리와 생명이 되시는 예수님의 몸으로서 모든 인류의 정체성과 소속감의 문제를 해결하는 하나님 나라 부족의 영광도 드러낼 수 있을 것이다.

느슨한 관계와 다중 정체성

**온라인 신부족주의의 두 번째 특징은
다양성과 유동성이 특징인 유목성을 가지는 것이다.**

마페졸리에 의하면, 포스트모더니티는 이성적이고 합리적인 개인이 만드는 사회와 개인주의에서 벗어나 상호 감성과 임시적이고 유동적인 감정적 공동체를 형성하는 심미적 패러다임을 지향한다.[65] 그에 의하면 개인은 여러 가지 중복된 그룹의 임시 회원이 될 것이고, 그 개인이 수행하는 역할과 더불어 임시적이고 유동적인 그룹에서 착용하는 마스크(가면)가 자신의 정체성이 된다고 역설한다.[66] 결국 마페졸리가 말하는 신부족은 취향과 스타일을 공유하는 소속감

---

64 '안 나가 교회'를 거꾸로 읽은 줄임말로, 교회를 출석하지 않는 그리스도인을 통칭하는 말
65 Dawes 2016, 735
66 Ibid, 736

을 기반으로 형성되는 것이다. 그리고 과학의 발전을 통한 인터넷의 상호소통을 통해 성, 음악, 운동, 종교, 소비 등 공동의 특정 취향을 공유하는 새롭고 작은 부족 집단의 출현이 가속화되었다.[67] 누구나 다양한 부족에 동시에 소속될 수 있으며, 그 소속의 결정권이 개인에게 있다는 점에서는 전통적인 부족의 개념, 즉 지리적이고 혈연적인 관계를 맺으며 서로를 깊이 알지만 동시에 구속적이었던 것과 차별화된 부족 집단의 등장이라고 할 수 있다.

하지만 신부족주의가 스스로 선택해서 다수의 공동체와 느슨한 관계를 맺는다는 점에서는 이기적이고 유아적인 특징을 나타내기도 한다. 관계를 깊어지게 하고 인격을 성숙시키는 것은 공동체 안에서 타자를 통해 자아를 인식할 때 가능한 것이고, 이는 필연적으로 불편이 동반되는데, 신부족의 구성원들은 입탈퇴가 스스로의 선택이고 관계 맺음도 철저히 자기의 필요와 기호에 기반하기 때문에 깊은 관계와 성숙한 인격을 맺는 것이 어려워지고 있다는 의미다.

실제로 교회라는 공동체 안에서도 예수 그리스도를 머리로 하는 몸의 지체라는 공동체 인식보다 각자의 영성 생활을 위한 예배 모임으로 인식하는 경향이 더욱 짙어지고 있으며, 불편을 통과해서 친밀해지기보다 거리두기를 통해 적당히 괜찮은 관계로 지내는 것을 선호하는 개인주의적 현상도 많아지고 있다.

---

67 Michael 2013, 112

이러한 현상은 팬데믹 이후 온라인 예배와 모임들을 통해 더욱 강화되고 있다. 예배는 다른 교회 목사의 설교를 들으면서 소그룹 활동은 원래 소속된 교회에서 하는 것, 즉 더 세련되고 은혜로운 예배를 찾아 다른 교회에도 소속하는 동시에, 팬데믹 이전에 맺어왔던 인간관계를 유지하기 위해 다니던 교회의 소그룹에는 여전히 소속되는 사람들도 늘어나고 있다. 교회 생활을 통해 영적으로 성숙한다는 의미는 나를 십자가에 못 박고 예수로 사는 것을 의미하지만, 실상은 교회 생활에서 설교는 내 귀에 들리는 것을 선택하고, 관계는 내 맘에 편한 사람들로 맺어 나를 채우는 방식이다. 나를 더욱 강화하고 지지하는 방식으로 변해가고 있다고 지적할 수 있다. 안타깝게도 팬데믹 이후 온라인 세계에서의 신부족주의적 유목성은 이런 특징을 더욱 강화하고 있다.

오늘이 마지막인 것처럼, 내일은 없는 것처럼

온라인 신부족주의의 세 번째 특징은 '디오니소스적인 유희성'이다.
마페졸리에 의하면 "부족의 사회성은 결코 합리성이나 유익성이 아니라 '함께'의 느낌, 곧 강렬하게 현재를 사는 감정의 과도함을 필요로 한다. 그리하여 공동의 열정과 공동의 감정을 통해 현재 중심으

로 살아간다."[68] 장희영은 마페졸리의 디오니소스적인 부족 이해를
다음과 같이 설명하고 있다.

니체의 디오니소스가 전해주는 삶의 비결 역시 영혼의 소리를 들으려 하
지 말고 몸의 소리를 들으려 해야 하며, 아울러 천상의 소리를 들으려 하지
말고 대지의 소리를 들으려 해야 한다는 것이었다. 이러한 디오니소스의
세계는 시대정신 혹은 개인들이 사회적, 자연적 환경의 '주인'이 되거나 그
것을 지배하고자 하는 야망을 더 이상 지니지 않을 때 나타나는 '놀이로서
의 세상'이다. 부족주의의 순환적 시간관에 따라, 포스트모던 부족주의는
미래에 의해 지배되지 않고, 강렬함과 때로는 과도함으로, 그때 그때 현재
에 현현하는 것들을 체험하는 '비극적 즐거움'을 바탕으로 하고 있다. 또한
동물로서의 인간도 인정하는 포스트모던 부족주의는 맛에 대한 취향을
되살린다. 여러 종류의 쾌락주의가 그것의 좋은 지표들이다.[69]

이처럼 신부족의 구성원은 이상적 세계를 구상하고, 그 이상을 향
해 사회를 변화시키려 하거나 사회적 목표를 성취하는 것에는 관심
이 없다. 오히려 공동의 현재를 만족하고 누리려는 대중적 유희성을
보인다. 하지만 하늘보다는 땅, 정신보다는 몸의 소리에 귀 기울이
며, 보편적 미래 기획을 부정하고 유희적 현재에 충실한 신부족적인

---

68 장희영 2007, 31
69 Ibid, 69

자본주의 및 소비주의와 만나면서 탈역사적이고 탈목적적인 삶으로 나아가게 되었고, 결과적으로 탈인격화를 초래하고 있다. 즉, 유희적인 신부족주의가 삶의 목적이나 방향보다는 현재의 즐거움과 만족을 추구하다 보니, 마치 삭개오(눅 19)와 부자 청년(마 19)이 경험했을 인생의 무상과 공허로 치닫게 되었다는 의미다.

켄다 딘(Kenda Dean)은 2005년에 발행한 그의 책 〈Almost Christian〉에서 미국의 청소년들의 종교 생활을 관찰하고 분석한 'National Study of Youth and Religion'(NSYR)의 연구 결과를 인용하여, 이러한 젊은이들의 기독교를 '도덕주의적 치료 이신론'(Moralistic Therapeutic Deism)이라고 정의하며 걱정을 토로한 바 있다. 예수님의 제자가 되기보다는 적당히 도덕적으로 살면서, 나의 치유와 회복을 위한 개인적인 종교생활로 만족하고 사는 크리스천이 늘어나고 있다는 염려였다. 기독교가 다음 세대에게는 미래보나 현재의 나의 안위만을 위한 종교로 전락하고 있다는 우려다.

하지만 성경이 말하는 복음은 '이미와 아직'이라는 하나님 나라의 시간표를 살아가는 인류를 향해 미래의 관점에서 현재를 살아가기를 주문하고 있는 것이 분명하다. 따라서 하늘의 소리를 땅에 전하는 것, 그리고 현재의 유희의 의미를 미래의 관점에서 찾게 해주는 것, 바로 여기에 온라인 공론장의 부족들을 향한 예수와 복음, 그리고 선교적 요청이 있다.

· 2부 ·

유튜브 세상으로
하나님 나라가
침투할 수 있는가?

05
알고리즘의 필터를 통과하여 전달하라

알고리즘을 모르면 혼잣말과 다름없으며

대표적인 온라인 공론장인 유튜브에는 앞에서 언급한 신부족주의 성향이 매우 뚜렷하게 드러나는데, 각 채널을 중심으로 부족을 구성하는 방법인 '검색과 추천 알고리즘'의 작용이 큰 역할을 한다. 유튜브에는 인간의 인지 능력으로는 필터링(거르고 고르기)할 수 없는 대량의 정보가 생산되기 때문에, 사용자들이 원하는 콘텐츠를 찾을 수 있도록 검색과 추천의 알고리즘을 통해 콘텐츠들을 필터링한다.[70] 따라서 유튜브 세상에서 콘텐츠는 알고리즘을 통하지 않으면 고립될 수밖에 없다. 이것이 바로 많은 교회들이 인력과 자원을 동원해 매주 예배 영상을 포함한 수많은 콘텐츠를 생산하고 업로드하고 있지만, 정작 온라인 세상에는 전달되지 않고 심지어 교인들도 보지 않는 콘텐츠로 묻혀버리는 이유다. 유튜브 안에서 추천되지 않고 공유되지 않는 콘텐츠는 그리스도인이 세상 속에서 혼잣말을 하고 있는 것과 별 차이가 없다.

앞의 글에서 강조한 바와 같이 온라인 세상이 하나님이 통치하셔야 하는 구원의 영역이라면, 그곳에도 예수의 진리와 복음이 반드시 증거되어야 한다. 하지만 유튜브의 문법과 언어인 알고리즘을 통과하지 않으면 모든 메시지(콘텐츠)는 울리는 꽹과리가 될 뿐이다. 본 장에서는 유튜브 알고리즘의 명암과, 이를 통해 증거되어야 할 영역, 그리고 그 영역을 향한 하나님 나라의 복음에 대해 살펴보고자 한다.

알고리즘이 강화하는 양극화와 혐오

유튜브의 영상 추천 시스템을 구축하고 있는 대표적 알고리즘은 '협

---

70 오세욱 2019. 10. 11

업 필터링'과 '콘텐츠 필터링'이다. 김인식과 김지미는 협업 필터링과 콘텐츠 기반 필터링을 다음과 같이 설명한다.

> 협업 필터링이란 이용자들로부터 얻은 데이터를 기반으로 선호를 예측하는 기법이다. 즉, 대규모의 사용자 행동 정보를 분석하여 비슷한 성향의 사용자들이 기존에 좋아했던 항목을 추천하는 기술인 것이다. 협업 필터링은 개인의 취향을 고려하여, 그 사람이 관심을 가질 가능성이 큰 동영상을 추천할 수 있다는 장점이 있다. 특히 해당 그룹의 데이터가 많을수록, 데이터가 쌓이면서 추천의 정확도와 신뢰도가 상승한다는 장점이 있다. 하지만 데이터에 의존도가 높기 때문에, 사용자가 시청한 영상에 대한 데이터가 없을 경우, 그리고 그 영상을 처음 본 사람이거나 해당 영상이 새로 업로드되었을 때는 추천에 어려움이 발생한다. 이러한 경향으로 인해 쏠림 현상이 나타나기도 한다. … 콘텐츠 기반 필터링은 이용자가 시청한 콘텐츠를 분석하여 해당 콘텐츠와 유사한 특성을 갖는 콘텐츠를 추천하는 것이다. 이런 콘텐츠 기반 필터링을 사용하여, 계산이 오래 걸리고 새로운 영상에 대한 추천이 어려운 협업 필터링의 단점을 해결할 수 있게 되었다.[71]

이어서 김인식과 김지미는 "현재 알고리즘의 발달로 인해 협업 필터링과 콘텐츠 기반 필터링의 장점을 섞은 하이브리드 추천 시스템

---

[71] 김인식, 김지미 2021, 72

이나 여타의 알고리즘을 융합한 머신러닝 추천 시스템이 사용되고 있다"고 소개하는데, 이 머신러닝 추천 시스템이 바로 유튜브에서 적용되고 있는 '추천 알고리즘'이다.

유튜브의 검색과 추천 알고리즘은 외형적으로는 이용자의 만족과 양질의 콘텐츠 유통을 지향하지만, 그 운영 원리에는 심각한 문제가 있다. 유튜브도 사업이다 보니, 그 알고리즘 또한 상업주의에 기인한다는 점이다. 유튜브의 알고리즘이 이용자를 유튜브에 오래 체류시켜 광고 수익을 극대화하려는 크리에이터와와 광고 효과를 노리는 광고주, 그리고 기업으로서 영리를 취하는 것이 목표인 유튜브를 위한 것[72]이라는 의미다. 추천 알고리즘은 이에 따라 이용자 개인의 선호에 알맞는 영상과 다른 이용자들이 관심을 보이는 영상을 추천한다. 하지만 이는 단지 유튜브의 수익을 극대화하기 위함이며, 그 과정에서 추천 알고리즘이 그 영상의 내용, 그 영상이 조회 수를 얻은 배경, 그 영상이 개개인과 사회에 미칠 파급력을 충분히 고려할 수 있는지는 의문으로 남아 있다.[73] 다시 말해 "온라인 동영상 플랫폼에서 적용되는 알고리즘이 사회적으로 바람직한 가치나 규범을 따르지 않고, 무조건 이용자들의 체류 시간을 늘리고 광고 수익의 극대화만 추구한다면, 점차 사회 문화적 문제로 이어질 우려가 높다"는 문

---

72 Ibid, 71
73 오세욱 2019, 15

제[74]가 꾸준히 제기돼왔다. 안타깝게도 이러한 우려는 현실이 되고 있으며, 유튜브 알고리즘은 자극과 중독을 통해 위에서 언급한 온라인 부족주의의 역기능을 더욱 강화하는 방향으로 진화하고 있다.

필터버블과 확증편향

알고리즘으로 인한 대표적인 문제는 '필터버블'(filter bubble)과 '확증편향'이다. 필터버블에서 필터는 추천 알고리즘을 뜻하며, 플랫폼이 개인화된 콘텐츠를 제공하기 위해 사용하는 알고리즘의 추천 정보만 접한 이용자가 관심이 없거나 본인의 의견과 다른 콘텐츠를 보지 못한 채 거품 속에 갇힐 수 있음을 나타낸다.[75] 필터라는 추천 알고리즘은 이용자가 좋아할 만한 콘텐츠만 선별적으로 제공하기 때문에 이용자가 다양한 관점을 접할 수 없고 자신이 옳다고 생각(확증편향)하는 정보만 접하면서, 결과적으로 이용자 스스로의 이념적 성향만 강화할 수 있다는 것이다.

　필터버블은 엘리 프레이저(Eli Pariser)가 2011년에 출간한 동명의 책에서 제시한 개념이다. 그는 "필터버블이 개인적인 차원에서 이념을 강화하는 것을 넘어 다른 정치 성향이나 의견을 가진 사람들이 서

---

74 Lee and Lee 2020, 10
75 오세욱 2019, 18, 19

로의 의견을 접하고 토론할 기회를 없애므로, 사회를 이념적으로 갈라놓아 민주주의를 위협할 수 있다"는 우려를 표했다.[76]

필터버블은 추천 알고리즘이 이용자의 정치적 성향과 관심사 등 이용자가 좋아할 만한 콘텐츠를 제공함으로써 다른 의견을 접하지 못하게 되는 현상으로, "웹사이트 알고리즘이 사용자의 정보에 기반하여 사용자가 어느 정보를 보고 싶어 하는지를 선별적으로 추측하며, 그 결과 사용자들은 강제적으로 정보를 편식하게 되고 문화적 이념적으로 고립되어"[77] 자신이 옳다고 생각하는 정보만 접하게 된다. 결과적으로 이용자 스스로의 이념적 성향만 강화되고, 다른 의견에는 배타적인 부족주의의 양극화(polarization) 현상을 만들어낸다.

하버드대학교 로스쿨 교수인 선스타인(Cass R. Sunstein)이 참여한 연구에 의하면, 동일한 의견을 가진 집단 내에서 토론을 진행할 경우 개인의 다양성이 저하되고 각 집단 내의 정치 성향이 강해지면서, 집단 간의 정치 성향의 차이가 증가하는 양극화(polarization) 현상을 관찰할 수 있었다.[78]

76 Pariser 2011, 18, 19
77 Ibid, 18, 19
78 우리는 왜 극단에 끌리는가, 캐스 R. 선스타인, 이정인 역, 프리뷰

조작된 진실성과 가짜뉴스

유튜브 알고리즘의 또 다른 역기능은 디지털 리터러시(literacy)와 관련된 '가짜뉴스'다. 유튜브에서 정보 제공자가 대량으로 확대되고 콘텐츠도 기하급수적으로 늘어나면서 발생한 노출 경쟁은 진실성과 전문성과 카타르시스까지 조작하여 가짜뉴스를 생산하고 있다.

일부의 진실에 거짓을 융합한 '조작된 진실성'은 정보 수용자에게 익숙함에 대한 신뢰와 낯섦 사이의 궁금증을 유발시키킨다. '비전문적 전문가'의 위선적 탐사보도에 따른 왜곡된 전문성 또한 원천 정보와 진실성에 대한 탐구와 탐색을 하지 않게 만든다. 특히 자극적인 카타르시스 추구를 통해 생성된 가짜뉴스는 인용과 재인용을 거쳐 확산되는 알고리즘 구조를 이루고 있다.[79] 더 큰 문제는 온라인 공론상의 무속늘이 이러한 가짜뉴스를 모바일과 소셜 네트워크를 통해 더 빠르고 넓게 확산시키고 갈등을 조장하여, 혐오와 배제를 강화하는 성향을 보인다는 점이다. 따라서 우리에게는 이와 같은 유튜브 공론장의 역기능을 극복하고 환대와 연대를 이루기 위한 선교적 커뮤니케이터로서의 역할이 요청된다.

보편성에 기반한 공동선이 해체되고 각 부족의 미학과 윤리가 각자의 세계관을 형성하면서, 양극화와 혐오의 정서를 확대시키는 신

---

[79] 이민정 2019, 175

부족주의 세상을 향한 역사적이고 시대적인 요청은 '부족주의적 공동체의 회복'이라고 할 수 있다. 따라서 복잡계로서의 유튜브 공론장에서 가장 강력한 공동선으로서의 복음은 '진짜 공동체의 구현'이 된다. 왜냐하면 부족은 함께하는 존재로서의 사회적 인간이 가진 근원적이고 영적인 갈급에서 비롯된 것이기 때문이다.

예수님이 삭개오의 이름을 불러주신 것처럼, 인격적인 만남과 관계적 경험은 온라인 공론장을 향한 영적 체험이자 복음 경험의 핵심이 된다. 즉, 부족주의에서 복음은 단순히 듣는 복음이 아니라 공동체를 통해 경험되고 체험되는 것이어야 한다는 의미다. 다른 말로 하자면, 그것은 인간미 넘치는 따뜻한 환대와 정의로운 사회를 위한 연대가 있는 공동체 경험을 의미한다.

개인주의의 끝자락에서 부족을 찾아 스스로의 정체성을 회복하려고 하는 인간이기에, 그 갈급함은 삼위일체적 공동체 경험과 복음의 실천적 증언을 통해 구원의 길을 찾게 될 것이다. 요한복음 17장의 예수님의 기도에서 드러나는 '하나 되는 공동체의 구현을 통한 복음 증언'은 유튜브 부족들을 향해 제자들을 파송하시는 예수님의 소망이자 선교 명령이다.

06
네 가지 얼굴의
하나님 나라 선교 방식

온라인 세상을 향한 선교의 네 가지 유형

온라인 세계의 악이 구속되고, 그곳에 하나님 나라가 임해야 한다는 선교적인 부르심에 응답하기 위해, 이제는 '온라인 세상을 향한 선교의 유형들'을 모색해 보고자 한다.

보쉬(David J. Bosch)는 그의 책 〈변화하는 선교〉에서 토마스 쿤의 시대 구분과 패러다임 이론을 차용하여 선교 역사의 유형을 6가지 패러다임으로 구분하였다. 중세와 근대의 교회 중심 선교가 포스트모던 패러다임에서 하나님의 선교(Missio Dei)로 전환되었다는 그의 관찰과 구분은 현대 선교의 유형 구분을 위한 거시적 관점의 틀을 제공해준다. 그러나 그의 선교 패러다임 구분을 그대로 적용해서 온라인 세상, 특히 한국 배경의 독자들과 대상을 향한 선교 유형을 분류하는 작업은 타당하지 않다. 왜냐하면 세계 역사는 쿤의 패러다임과 같은 선형적이고 전환적인 모델로 설명되지 않기 때문이다.[80] 특히 한국은 선교 패러다임의 토양이 되는 시대적 배경과 교회 이해에 있어서 '기독교 사회'(Christendom)를 거쳐온 서구와 크게 다르다.[81]

한국 기독교는 한국 근대사의 진행에 따라 교회 성장 중심의 복음주의 선교와 민주화 중심의 에큐메니컬 선교가 복합적으로 등장했고, 경제 성장이 멈추고 정치적 민주화가 이루어진 후에는 하나님의 선교라는 틀 안에서 선교적 교회 운동과 공적 선교로 발전되어 왔다. 이들 각각의 선교 유형은 토마스 쿤의 패러다임 개념과 마찬가지로 시대적 도전에 대한 선교적 응전으로서 탄생했다. 하지만 한국적 상황에서는 패러다임의 '전환'이라는 개념보다 다양한 유형이 '공존'한다는 개념이 더 정확하다. 왜냐하면 선교의 역사가 짧고 다원주의와 다종교 상황인 한국에서 다양한 유형의 선교가 동시다발적으로 등장했으며, 서로의 한계와 부작용을 비판하는 대안적 유형으로 발전되어 공존하고 있기 때문이다.

---

80 Kim and Kim 2016, 271
81 한국일 2012, 79

한국은 여전히 다문화, 다종교적 상황에서 복음의 울타리와 구원의 방주가 되어주고 새로운 소속감을 제공해주는 교회 중심의 선교, 즉 모이는 교회가 필요하다.[82] 또한 급격한 경제성장과 민주화 이후의 성장통을 지금도 겪고 있고, 사회 곳곳에 정의와 공평의 문제가 여전히 존재하기 때문에 사회 선교도 필요하다. 따라서 한국적 선교는 '패러다임 전환'의 개념이 아닌 '다양한 유형의 공존'으로 설명되어야 하며, 이 유형들은 하나님의 선교를 위한 각자의 선교적 자리와 역할을 분담하는 상호존중과 상호보완적 관계로 정의되어야 한다. 마틴 마티가 지적한 바와 같이 "세상 사람들은 '여러 예수님들'(many Christs)[83]을 증거하는 기독교를 믿으려 하지 않기 때문"이다. 오히려 이 다양한 선교 유형은 '여러 예수님'이 아니라 '예수님의 다양한 모습'을 각자의 관점에서 증명하는 사복음서 저자와 같이 다각화되고 입체적인 증언이 되어야 한다.

따라서 선교의 유형화 작업은 분리적 작업이 아니라 입체성을 강화하는 작업이다. 즉, 인간의 제한적인 인식과 해석 때문에 발생한 진리의 부분 인식들을 모으는 작업이고, 온전한 진리의 증언을 위해 기독교에 속한 모든 구성원들이 서로가 가진 부분적 인식을 존중하며 공동체적 증언을 해야 한다는 당위성에 대한 기술이다.

본 장에서는 유튜브를 향한 선교를 정의하기에 앞서, 우선 한국의

---

82 Ibid, 93-94
83 Marty 2012, 80

2부 | 유튜브 세상으로 하나님 나라가 침투할 수 있는가?

선교 역사와 환경에 기반하여 선교 유형을 다음과 같이 4가지로 구분한다.

① 다문화, 다종교 상황에서 기독교 신앙을 유지 계승하기 위해 교회 중심으로 발전되어 온 복음주의 전통의 '복음 전도'.

② 경제 정치적 민주화를 위해 시작된 에큐메니컬 전통의 '사회 선교'.

③ 하나님의 선교 이후에 교회의 선교적 본질 회복을 추구하는 선교적 교회(Missional Church)와 비제도권 교회의 '정체성 선교'.

④ 기독교의 지혜를 번역하여 공론장에 참여하여 공동선을 추구하는 '공적 선교'(Public-facing Mission).

이와 같이 구분한 것을 기반으로, 온라인 세상을 향한 다양한 선교의 유형과 각각이 추구하는 하나님 나라의 복음에 대해서 논의하고자 한다. 이를 위해 선교 관여 유형을 분석하는 틀로서, 목적론적 선교를 지향하는 조직과 하나님의 선교 이후에 강조되고 있는 존재론적 선교를 추구하는 공동체로 분류하고, 또 하나의 준거인 선교의 방향성을 기준으로 교회 중심적인지 세계 중심적인지를 구분하여, 다음의 '그림 1'과 같이 네 가지로 분류하고자 한다.

[그림 1] 네 가지 선교 유형 분류표

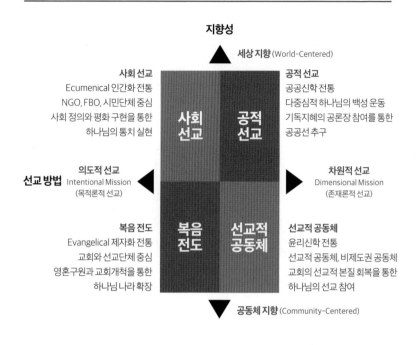

첫째, 복음 전도(사도성)

기독교 문화 속에서 존재하는 유럽이나 북미의 교회와 달리, 다종교 환경의 한국교회는 여전히 방주의 역할을 하는 교회로 모이는 선교가 필요하다. 다만 '가는 구조'와 '오는 구조'의 균형이 필요할 뿐이다. 한국일은 '(한국의) 교회 밖에서는 기독교적 영향을 받을 수 있는 곳이 서구 교회와 달리 없기 때문'에 여전히 '와보라'(come & see)는 선교적 구호가 필요하다고 강조한다.[84] 그러나 이는 단순히 영혼 구원만을 지향하고 방주 속에 머무는 선교를 의미하지는 않는다.

한국교회의 복음 전도는 사회변혁을 동반해왔다. 김성욱은 백락준이 기록한 한국 초기 역사를 분석하며 개인회심과 사회변혁이 통합적 혹은 인과적으로 일어났음을 강조한다.[85] 즉, 역사적으로 한국의 복음 전도 유형은 사회 전반의 변혁이 목적은 아니지만, 교육, 의료, 여성의 사회 지위 등에서 다양한 열매로 드러났다. 한국의 복음 전도 선교 유형은 영혼 구원을 위한 방주로서의 교회와 하나님 나라의 확장을 지향한다.

송인설은 데이비드 보쉬(David J. Bosch)의 〈'Ecumenicals' and 'Evangelicals' : A Growing Relationship?〉을 인용하여 복음주의를 일곱 가지 유형으로 분류하여 설명한다. 그것들은 신앙 고백적(confessional) 복음주의, 경건주의적(pietist) 복음주의, 근본주의적(fundamental) 복음주의, 오순절(Pentecostal) 복음주의, 신복음주의(conservative or neo-evangelical), 에큐메니컬(ecumenical) 복음주의, 급진적(radical) 복음주의 등이다.[86]

송인설은 급진적 복음주의란 "하나님 나라의 복음에 근거하여 현대 세계와 사회 문제를 성경의 원리에 따라 해결하기 위해 노력하고

---

84 한국일 2012, 110
85 김성욱 2016, 83
86 송인설 2017, 254

복음의 빛으로 사회 정의를 추구한다"[87]고 정의한다. 이러한 기준에 비춰보면 한국교회에는 복음주의의 모든 유형이 혼재되어 있지만, 한국의 복음주의 선교는 특히 근대 개화와 전쟁, 산업화와 민주화의 역사와 맞물려 '급진적 복음주의'의 특징을 두드러지게 가지고 있었다고 볼 수 있다. 다만 한국의 다문화와 다종교 상황에서 교회로 오게 하는 '오는 구조'의 선교는 산업화를 겪으면서 다분히 '선교 주둔지'적인 선교와 성장주의로 변질된 모습을 보였다.

레슬리 뉴비긴(Lesslie Newbigin)은 선교 주둔지적인 선교에 대해, 그리스도인들을 "그들이 속한 사회로부터 격리해 선교 주둔지에 거주시키면서 따로 교육하고 생활하게 하는 것에 반대"하면서, "그들이 사는 곳에서 그리스도인 공동체를 만들어 생활할 수 있도록 해야한다"고 강조했다.[88] 즉, 복음 전도를 통해 형성되는 교회 공동체는 세계를 향한 개방성과 사회 변혁성을 남시해야 한나는 의미나.

하지만 박영신과 정재영은 70-80년대의 한국교회가 급성장을 공공성과 맞바꾸고 사회로부터 격리된 주둔지적 특징을 나타낸 점이 농후했음을 고발한다. 그들의 분석에 의하면, 산업화 이후 한국교회는 다종교 상황의 발전에 따라 종교간의 경쟁 속에서 시장 논리의 영향을 받게 되었고, 결국 소비자 기호에 맞추는 '모이는 교회'로 변질

---

87 Ibid, 255
88 허성식 2018, 214, 215

되어 '복음의 상품화'라는 현상을 나타내게 되었다.[89] 그리고 성령은 세속적 물질주의를 강조하는 기능적 역할을 하게 했다고 지적한다 [90] 저자들은 "그 결과 교회는 성장했으나, 기독 신앙은 개인과 사회를 연결하지 못하고, 개인의 신앙은 직장, 교회, 사회생활에서의 변화를 수반하지 않는 자기 내면의 영적 차원의 문제가 되어 버렸다"고 비판한다.[91] 더 심각한 문제는 2000년대 들어 한국교회의 성장이 정체 또는 감소되면서, 최근에는 오히려 교회 자체의 생존을 위해 성장을 추구하는 복음주의 선교 동기가 더 크게 작용하고 있다는 점이다.

지앤컴리서치가 2017년에 실시하여 실천신학대학원과 함께 발표한 미발간 '소형교회 목회실태 및 인식조사 보고서'[92]에 의하면, 한국교회의 93%에 해당하는 교회가 100명 이하의 소형인데,[93] 그 중의 33.5%가 성장 추구 중심이고 66.5%가 건강한 교회를 추구하지만,[94] 가장 큰 공통의 고민은 교인 수의 정체(39.8%), 헌신된 평신도 일꾼의 부족(19.9%), 재정의 부족(19.9%), 교회 공간의 부족(6.3%) 순으로 나타났다.[95] 즉, 교회가 당면한 현실은 교인 수와 재정의 문제가 압도적이라는 말이다. 이 교회들의 목회자 중 46.6%가 목표 교

---

89 박영신, 정재영, 현대 사회와 기독교?, 2007, 218, 221
90 Ibid, 226
91 Ibid, 227
92 김진양, 정재영 2017
93 Ibid, 135
94 Ibid, 7
95 Ibid, 28

인 수를 설정했는데, 이들은 대부분 대도시 교회의 목회자(52.5%)였다. 목표를 설정하지 않은 목회자는 주로 읍면의 교회를 목회하는 경우(65.7%)였다.[96] 또한 교인 감소의 이유를 두 가지 선택하게 한 결과(200% 중) '주변에 큰 교회가 있어서'(56.5%), '부족하고 열악한 교회 시설'(52.2%), '헌금에 대한 부담감'(26.1%), '봉사에 대한 부담감'(17.4%) 등을 이유로 들었다. 이러한 수치는 교회의 전도에 대한 이유와 열망이 건강한 교회 성장보다 인적 자원과 재정을 채우는 생존을 위한 성장[97]에 있다는 점을 여실히 드러내준다. 이러한 복음주의 선교의 명암에도 불구하고, 복음 전도 선교는 포스트모던의 탈권위주의와 반기독교적인 정서가 지배하는 온라인 세상에서도 반드시 필요하다. 특히 이단들의 거짓 교리와 교회와 관련하여 왜곡된 가짜 뉴스, 그리고 사람들의 관심을 끄는 심령술사 같은 거짓 성령 사역 같은 자극적 콘텐츠가 판을 치고 있기 때문이다. 이럴 때일수록 진리가 무엇인지, 성경이 무엇을 말하는지를 바르고 정확하게 증거할 이 시대의 바울 같은 변증가와 복음 콘텐츠가 필요하다.

둘째, 사회 선교(통일성)

한국적 선교 유형에서 세상 지향적이면서 조직과 목적 중심적인 선교는 '사회 선교'다. 이것은 건강과 복지를 위한 사역, 청년의 계획,

---

96 Ibid, 34
97 Ibid, 92

정치적인 이익 집단들의 활동, 경제적이고 사회적인 발전을 위한 계획, 폭력의 건설적인 적용 등을 위한 포괄적 에큐메니컬의 인간화 전통의 선교[98]의 계승이다. 이 유형의 선교는 '샬롬'이라는 하나님의 통치에 대해 개인적이고 인격적인 차원보다 사회변화의 차원에서 우선적으로 접근하기 때문에 세상 지향적인 상황화의 특징을 가지고 있다.

과거의 에큐메니컬의 인간화와 상황화 선교는 교회의 선교에서 제외되고 "복음에서 구원의 깊이를 제거한다"[99]라는 지적을 받기도 했지만, 복음화와 인간화는 한국교회의 선교 역사에서 분리되지 않고 공존하면서, 각각의 영역에서 하나님의 나라의 다양성을 성취하며 발전해왔다. 예컨대 한국컴패션(Compassion)과 같이 교회에서 시작된 NGO가 선교지의 교회를 돕는 사회 선교를 감당하고 있고, 교회에서 시작된 밀알복지재단이 여전히 밀알선교단을 통해 사역의 동력을 얻으며, 교회의 복지사역과 연대하여 복음화를 추구하고 있는 선순환적 사역 구조가 이를 잘 대변하고 있다.

안교성에 의하면 한국교회의 사회 선교 아젠다는 '정의, 평화, 창조질서의 보전, 통일' 그리고 '정치, 경제적 민중을 넘은 장애인, 이주민 등의 새로운 민중에 대한 섬김' 등이다.[100] 특히 한국의 사회 선

---

98 D. J. Bosch 2000, 568
99 Ibid, 566, 571
100 안교성 2011, 27, 28

교 아젠다 중 '통일'은 한국적이면서도 동시에 세계선교 역사에서 의미가 있는 주제다. 조재국에 의하면 통일은 '세계교회협의회에 의해서 제기되고 발전된 세계적인 아젠다'이며, 한국의 통일은 전 세계의 "민족, 지역, 계층 간의 갈등구조를 해결하는 데에 새로운 임팩트(impact)를 줄 수 있다"는 점을 강조한다.[101] 온라인 세상은 이러한 사회 선교의 전 영역을 아우르면서 하나님 나라의 도래, 즉 사회 구원과 정의 회복을 위한 사역이 전 지구적인 운동(movement)으로 발전할 수 있는 무한한 가능성의 공간이 된다.

실시간 네트워크를 통해 전세계의 전쟁과 갈등과 부정과 부패와 인권 유린 등을 중계하는 온라인 세상은 사회 선교를 위한 최적화된 공론장이다. 2022년에 우크라이나의 전쟁 장면이 실시간으로 중계되었고, 2023년의 터키 지진 때는 피해 상황이 영상으로 고스란히 전해졌다. 상대국늘의 자국우선수의가 강화되고 있지만, 온라인 세상에서는 여전히 지구 공동체적인 공론장으로서의 기능이 활발하다. 특히 지구 온난화와 같은 문제는 창조 세계 돌봄과 회복이라는 사회 선교의 영역으로서 전 지구적인 참여와 운동을 요청하고 있다.

셋째, 정체성 선교(진정성)

정체성 선교는 교회의 (진정성있는) 본질 추구(회복)가 곧 다원주의

---

[101] 조재국 2000, 326

사회의 선교적 메시지가 된다는 개념이다. 그래서 조직보다 공동체 중심으로, 직접 세상을 향하기보다 교회의 교회됨을 우선적으로 추구하는 선교 유형이다. 한국에서 정체성 선교는 선교적 교회와 비제도권 교회를 통해 나타나고 있다. 한국일에 의하면, 선교적 교회론에 관한 관심과 연구는 유럽과 북미 같은 기독교 사회(corpus Christianum)에서 복음의 본질적 의미가 쇠퇴하고, '교회가 선교적 역동성을 상실하고 기독교 체제 유지와 보호를 위해 존재하게 된 것'에 대한 경각과 반성으로 인해 생겨났다.[102]

서구 기독교의 붕괴를 가장 민감하게 감지한 사람은 35년간 인도 선교를 한 후에 귀국하여 유럽의 세속사회화에 충격을 받았던 뉴비긴이었다.[103] 그는 〈1984의 이면 : 교회를 향한 질문〉(The Other Side of 1984 : Questions for the Churches)이라는 책을 통해 이 문제를 지적하면서,[104] 유럽의 세속화된 문화를 선교현장으로 인식하여 유럽 교회의 본질 회복을 위해 연구하기 시작했다. 유럽과 유사한 기독교사회(크리스텐덤)를 형성해온 북미교회의 선교신학자들도 뉴비긴의 영향을 받아, 동일한 문제의식으로 선교적 교회론을 발전시켰다.[105]

안희열에 의하면, 한국교회도 2000년대 후반부터 교회의 몰락과 쇠퇴, 교인 수 급감, 선교 지원자 급감이라는 서구 교회의 현상이 동

---

102 한국일 2012, 80
103 D. Guder 1998, 3
104 Ibid, 3
105 한국일 2012, 81

일하게 나타났고, 성장 위주의 사역(doing)에 몰입하여 교회의 본질(being)을 상실한 결과, 기독교의 대사회적 신뢰도의 추락과 사회적 비난과 조롱을 체감하면서 선교적 교회론에 관심을 갖게 되었다.[106]

뉴비긴의 영향을 받아 형성된 'GOCN'(Gospel and Our Culture Network)의 선교적 교회론에 의하면, 선교적 교회에는 건물이 아닌 사람 중심, 해외 선교에서 지역 선교 중심, 성직자에서 평신도 중심, 그리고 탈효율성과 탈방법론적이라는 특징이 있다.[107] 이러한 선교적 교회로의 변화는 특히 그간 한국교회의 교회 성장 만능주의에 가려진 비민주성, 비도덕성, 그리고 공공성의 부재 등에 대한 사회적 반발로 인해 더욱 주목받고 있다.

공동체성이 강조되고 정체성을 통해 선교를 추구하는 또 다른 선교적 현상은 다양한 '비제도권 교회'의 확산이다. 한국교회에는 영국의 '소속 없는 신앙인'(believing without belonging)을 닮은 가나안 성도 현상이 나타났고, 그 규모는 점점 커지고 있다. 하지만 이 둘 사이에는 본질적인 차이가 존재하는데, 채병관은 이를 제도 교회와의 관계성으로 설명한다. 그의 분석에 의하면 영국이라는 기독교 사회에서 '소속 없는 신앙인'은 단지 교회에 소속을 두지 않을 뿐 제도교회에 대한 적대적 반응은 아니다.[108] 그러나 2015년 기준으로 대략

---

106 안희열 2014, 360
107 Ibid, 362-366
108 채병관 2016, 162

200만에 이르는 규모[109]가 된 한국의 가나안 성도는 기존 제도교회에 만연한 강요하는 신앙, 소통의 단절, 신앙과 사회생활의 불일치를 문제로 지적하면서,[110] 자유로운 신앙생활을 추구하고 제도교회에 소속을 두지 않는 신앙인이 되었다.

이러한 현상과 맞물려 등장하게 된 것이 '건물, 성직자, 교단 등 기존의 (제도) 교회 구성의 문법을 따르지 않는 새로운 기독교 공동체들'의 등장이다.[111] 이 교회들은 목회자 없이 평신도들로 구성되거나 직제의 구분이 없으며, 일요일이 아닌 평일에 모이는 주중교회이거나, 모임 때만 건물을 빌려서 사용하는 탈공간적 교회 등으로 나타난다. 이른바 목적 지향에 따라 '대안 추구형, 본질 회복형, 필요 반응형'으로 나타나는 교회들이다.[112]

이에 대해 정재영은 '제도권 교회에서 문화적 기독교인이 되기보다 실제적인 영성의 경험과 인격적 공동체를 추구하는 탈제도적 교회들이 새롭게 늘어나는 것'이라고 주장한다.[113] 이는 "예배 참석 인원이 줄어든 것은 비교회화(entkirichlicht)된 것이지, 그것이 비기독교화(entchristlicht)된 것은 아니다"[114]라고 분석하고 있다. 이처럼 선교적 교회와 비제도권 교회들의 다양한 시도들을 통해 한국교회는

---

109 정재영 2018, 6
110 정재영 2013, 93-100
111 정재영 2020, 116
112 Ibid, 129-136
113 Ibid, 17
114 조성돈, 정재영 2007, 55

본질에 충실한 공동체로 거듭나고 있으며, 그 자체로 공적 영역에 복음의 가치를 드러내면서 선교적 메시지를 전달하고 있다.

온라인 세상은 데이터가 메타데이터가 결합되어 부족 차원으로 대상을 인식하는 곳이기 때문에, 이러한 정체성 선교적 접근과 증언이 더욱 중요해지고 있다. 실제로 특정 교회를 검색하거나 SNS상에서 메타데이터 분류를 위해 고안된 해시테그(#)를 검색어 앞에 붙여두면, 검색을 통해 그 교회와 관련된 수많은 메타데이터를 한눈에 모아볼 수 있다. 이뿐 아니다. 그 교회 목회자와 성도들의 개인 SNS를 통해서도 그들의 말과 글과 행동은 물론이고, 심지어 무엇을 먹고 마시고 누구를 만나 어떤 일을 하는지까지 모두 확인되는 세상이다. 이것을 반대로 보면, 복음을 삶으로 살아내지 않고 교회가 교회답지 않다면, 그들이 생산하는 어떤 복음 메시지도 온라인 세상에서는 외면받는 소리가 되고, 오히려 조롱의 명분만 만들어 복음을 욕되게 할 뿐이라는 의미다. 반대로 그리스도인이 그리스도인다워지고 교회가 교회다워지는 것은 복음 증언의 진정성과 능력을 얻는 선교의 기회가 된다.

또한 온라인 세상은 '소속 없는 신앙인'에게도 소속과 선교적 정체성을 부여해줄 수 있는 공간이 될 수 있다. 정재영의 2018년 연구에 의하면 가나안 성도들이 교회를 나가지 않는 가장 큰 이유인 '자유로운 신앙생활'을 세분화해보면 '틀에 박힌 삶이 싫어서'(77%), '신앙의 다양성을 인정하지 않아서'(8.2%), '교회의 가르침이 내 생각과 맞지 않아서'(5.1%), '교회 제도를 거부해서'(6.3%)로 드러났다.[115] 이들이 이탈하기 전의 교회에서 "신앙에 대한 어떤 질문이든 자유롭게 하(였)느냐"는 질문에 '그렇지 못하(했)다'가 42.5%,[116] "신앙의 다양성을 존중하지 않는(았)다"는 대답은 무려 66.9%에 달했다.[117] 제도교회 안에서는 다양성과 다원성을 포용할 수 없고, 교회의 공동체성을 경험하지 못했기 때문에 떠났다는 말이다.

그럼에도 불구하고 가나안 성도들이 자신을 기독교인으로 생각하는 이유에 대해 정재영은 가장 많은 37.9%가 '하나님의 존재를 믿기 때문'이라고 응답하였고, 12.3%는 '예수님의 대속을 믿기 때문에'라고 응답하였다고 한다. 즉, "50.2%는 교회는 떠났지만 개인적 신앙을 가지고 있는 것을 기독교인으로서 정체성의 근거로 인식하고 있다고 볼 수 있다"라고 설명한다.[118] 특히 가나안 성도 모임에 참석할 의향에 대해 22.8%가 '그렇다'고 답했는데, 이들의 61.2%는 '신앙 유지에 도움이 되기 때문'이고, 19.1%는 '가나안 성도와의 교류', 18.9%는 '기존 교회에 대한 불만 해소'를 그 이유로 들었다. 이처럼 교회는 떠났어도 여전히 신앙 공동체를 필요로 하고 그 공동체를 통한 영적 성숙을 추구하는 사람들이 많다는 것을 알 수 있다. 그들은 교회에 가기 싫다기보다 떠나온 그 제도 교회로 다시 돌아가고 싶지

---

115 정재영 2018, 15
116 Ibid, 18
117 Ibid, 19
118 Ibid, 17

않은 것이고, '나를 존중하고 다양성을 인정하는 공동체'를 찾고 있는 것이다. 이러한 점에서 개방성과 보편성, 다중심성을 지향하는 온라인 공론장은 정체성 선교를 추구하는 선교적 교회나 비제도권 교회가 가나안 성도를 다시 품을 수 있는 재복음화의 장이 된다.

넷째, 공적 선교(보편성)

에큐메니컬 진영의 '통일과 일치'의 기획은 아이러니하게도 복음주의 진영과의 갈등과 분열이라는 비관적 결과를 초래했다. 대립적인 목적을 지향하는 조직 중심의 선교관을 가진 다른 두 진영의 일치(unity)는 본질적으로 불가능했기 때문이다. 이러한 세계선교의 흐름은 선교 초기에 복음 전도와 사회 선교가 조화롭게 시작되었던 한국 교회에도 부정적인 영향을 주었다.

안교성은 "한국 장로교회는 교단 분열이라는 과거를 지녔을 뿐 아니라 그러한 과거에 대한 당파적인 역사 이해를 보여왔고, 분열 담론에서 자기 교단보다 남의 교단에 대한 기술에 더 열중하는 양상을 보였다"[119]고 하면서, 진영 간의 갈등의 소모성과 선교적 폐해에 대해 지적하였다. 그러나 개방성과 보편성이 극대화된 공론장(public sphere)에서 공동체적이고 탈진영, 탈목적적인 선교를 추구하는 공적 선교(public-facing mission or public mission)의 등장은 제3의 장에

---

119 안교성 2011, 13

서 두 진영을 융합하는 연대 선교의 가능성을 다시 열고 있다.

공적 선교는 세상 지향적인 사회 선교와 아젠다를 공유한다. 그러나 공적 선교는 목적 지향적이기보다 존재론적인 선교다. 즉, 복음의 보편성에 기반하여 교리와 개종이 아닌 선교적 존재(being)와 보편 지혜의 증언을 통한 구원과 변혁을 지향한다.

뉴비긴은 영혼 구원이 개신교의 선교 사상을 지배했다는 점을 비판하고 "개개인의 영혼을 멸망에서 구원하는가의 여부가 선교 논리의 중심을 차지해서는 안 된다"[120]라고 주장하면서, 선교 논리의 중심은 보편 지혜의 나눔임을 강조하였다. 그는 "인간 이야기의 참된 의미가 이미 드러났고 … 이것이 진리이기에 보편적으로 나눌 필요가 있다"[121]면서, 선교는 개인뿐 아니라 인류 보편 역사의 참 의미를 드러내는 것임을 강조하여, 보편성의 선교로서 공적 선교의 기초를 놓았다. 이러한 의미에서, 개방성과 보편성을 근간으로 가장 이상적인 공론장을 구현하는 온라인 공론장은 이와 같은 공적 선교의 장에 가장 부합하는 영역이다. 온라인 공론장은 모두에게 공평하게 개방된 공간이고, 모든 사회 영역 전반의 문제가 다뤄지는 광장(agora)이기 때문이다.

조직교회나 단체는 들어갈 수 없는 사적 대화의 장에서부터 정부의 정책을 결정하는 공적 담론의 영역까지, 그 범위와 규모는 매우

---

120 Newbigin 2007, 237
121 Ibid, 238

다양하고 다층적이며 융합적이다. 이 모든 대화와 담론이 모여 사회와 세계를 움직인다.

온라인 공론장에서는 사적인 것과 공적인 것의 구분이 해체되고, 아주 사적인 것이 공적인 결과물로 나오기도 한다. 2020년 미합중국 미네소타 주에서 플로이드(George Floyd)라는 한 흑인이 경찰의 과잉 진압으로 숨지는 순간에 촬영된 사적 영상이 공개되면서, 순식간에 전미국에서 'Black lives matter'라는 인권운동이 확산되었다. 도날드 트럼프 전 대통령과 테슬라 CEO 엘론 머스크의 개인 트윗은 주식시장을 흔든다. 이와 같은 것을 볼 때, 전세계의 일상과 거대 담론을 연결하고 있는 온라인 공론장은 복음이 선포되어야 하는 선교 영역이다. 또한 온라인이 또 하나의 세상이 된 모든 그리스도인의 일상의 삶은 그 자체로 선교가 되어야 한다.

1974년 로산(Lausanne)에서 랄프 윈터(Ralph D. Winter) 박사에 의해 복음의 번역과 전달이 필요한 미전도 종족에 대한 선교가 주창되었고, 그 후 10/40 window(창)가 선교의 전략적 대상으로 정의되었다면, 21세기에는 온라인 공론장이 복음이 증거되어야 하는 선교지가 되었다. 그 전략적 대상은 'www window'(world wide web & window OS)의 신대륙에 거주하는 모든 온라인 이주자들이라고 할 수 있다.

07
온라인 유튜브 세상의
선교적 특징과 가능성

지금까지 온라인 세상을 향한 선교적 부르심과 선교의 유형을 살펴보았다. 이제는 유튜브를 중심으로 하는 온라인 공론장이 어떤 선교적 특징을 가지고 있는지 들여다 보면서, 유튜브 선교를 위한 커뮤니케이션 전략 수립에 한 발짝 더 접근해 보고자 한다.

온라인 세상의 네 가지 특징

온라인 세상은 다음의 네 가지 선교적 특징과 가능성을 가지고 있다.

첫째, 복음의 보편성에 근거한 만남의 장

온라인 세상은 복음의 보편성에 근거한 만남의 장이 될 수 있다. 즉, 복음이 세상의 보편적 문제나 관심과 만나서, 일반 진리의 차원에서 세상과 소통하는 방식으로 증거될 수 있는 곳이라는 의미다.

뉴비긴에게 선교적 커뮤니케이션의 주요한 개념은 '만남'과 '대화'다.[122] 왜냐하면 뉴비긴이 로마서 8장 주석을 통해 강조한 바와 같이, '교회는 처음부터 개인만을 위한 것이 아니라 인류의 공적인 삶 속으로 던져진 세상을 위한 존재이기 때문'이고[123] '복음은 단순히 종교적 측면에만 관련된 것이 아니라 인간의 총체적인 상황에 대한 것이기 때문'이다.

뉴비긴은 복음이란 단순히 새로운 종교적 교리에 관한 소식도 아니고 새로운 세속적 프로그램의 개시도 아니며, '인간 개인의 실존이 아니라 총체적으로 고려되는 모든 것들을 향한 의문에 대한 이야기'라며 복음의 총체성과 보편성을 역설하였다.[124] 그리고 이를 '전체로

---

122 조해룡 2016, 432-434
123 허성식 2018, 222
124 Newbigin 2016, 51

서의 인류와 전체로서의 인간 역사와 창조 전체의 만남'이라고 표현한다.[125] 이러한 복음의 보편성 때문에 선교적 관점에서 공론장(온라인 공론장 포함)은 선교적인 만남과 대화의 장이 된다.

하버마스(Habermas)는 공론장을 회복하는 혁명적 원리로 '공개성'을 주장하는데, 이 공개성의 통해 거대 담론의 지배는 무력화되고 일상세계의 공론장이 회복된다고 하였다.[126]

스택하우스(Max Stackhouse) 또한 신학이 다른 학문에 의해서도 공유되는 일종의 횡단적 합리성(transversal rationality)을 갖고 있기에 [127] 기독교와 세상 사이에 존재하는 공통의 언어를 발견하여 그 언어로 신학의 언어를 번역하는 번역의 신학을 지향한다.[128]

최경환은 스택하우스를 분석하면서 그의 공공신학이 추구하는 보편 지향성과 번역을 강조하는데, 스택하우스의 공공신학은 "기독교의 진리가 모든 사람들에게 보편적으로 접근 가능하다"[129]라는 확신 속에서 '모든 사람이 이해할 수 있고 수긍할 수 있는 보편적 형식'[130]을 강조한다고 주장한다. 다만, 최경환은 시카고의 데이비드 트레이시(David Tracy)의 주장을 인용하여 보편언어로 번역하는 것에 대한 우려를 가지고 민감성과 공공성을 강조하는데, 트레이시는 "신학의

---

125 Ibid, 52
126 Habermas 2001, 109
127 김현수 2012, 279
128 Ibid, 280
129 최경환 2019, 76
130 Ibid, 76

공공성은 신념에 대한 호소가 아니라 철학적인 논증 형식, 즉 비판적인 기준을 가지고 보편성을 추구해야 한다"고 주장한다는 것이다.[131]

이처럼 공개된 공간, 즉 공론장 안에서는 '배타적이지 않으면서도 포용적이고 다원적인'[132] 태도가 필요하다. 따라서 기독교가 복음의 보편성을 가지고 공론장을 통한 대화를 시도할 때 유의미한 협력과 공공의 선을 이루는 일들이 일어나게 된다. 이것이 광의적 개념의 하나님 나라 추구이며 하나님의 선교(missio Dei)다.

보쉬(David J. Bosch)가 "하나님은 선교하는 하나님[133]이시다"라고 선포하면서 설명한 바와 같이, 하나님의 선교적 성품은 우월주의나 절대주의나 배타주의와 함께 갈 수 없기 때문에, 하나님의 선교는 정복과 지배가 아니라 성육신적으로 수행되어야 하고, 그 근본적인 요소는 대화와 개방성을 통한 성육신적 상황화다.

글라서(Arthur F. Glasser)는 이스라엘의 배타주의를 비판하면서 "이스라엘이 하나님의 선택을 편애로 착각해왔다"고 지적한다.[134] 즉, 선민(選民)은 만민(萬民)을 위한 것이기 때문에, 그리스도인의 선택받음은 배타주의가 아닌 보편적 구원사역에 대한 동참으로의 부르심이다. 따라서 하나님의 구원의 대상인 세상과 만나지 않고 대화하지도 않는 기독교 영성은 기독교 존재의 근거를 상실하게 된다.

---

131 Ibid, 71
132 조해룡 2016, 437
133 D. Bosch 1991, 390
134 Glasser, Van Engen and Redford 2003, 134

물론 세상과의 만남은 변질이나 타협과 같은 위험이 도처에 존재한다. 뉴비긴 또한 모든 영역에서 복음을 공적인 진리로 선포하기 위해서는 이에 따르는 모든 위험을 기꺼이 감수할 준비가 되어야 함을 인식하고 있다.[135] 하지만 그럼에도 불구하고, 그 과정을 통과해서 "정치, 경제, 문화, 정부 등 모든 공적인 영역에서 기독교 복음이 공적인 진리로서 영향을 발휘해야 한다"고 역설한다.[136] 이것이 다원주의적 대화가 복음의 증언을 약화시킨다는 우려에 대한 뉴비긴식의 답이다.

뉴비긴의 말처럼, 온라인 공론장이라는 다원주의 환경에서 대화는 증언을 약화시키지 않는다. 프레고진의 복잡계의 이론에서 언급한 바와 같이, 온라인의 복잡계의 혼돈은 새로운 질서를 잉태하는 장이 된다. 즉, 다원주의적 대화와 증언은 선교를 위한 변증법적인 성숙을 지향한다는 의미다.

한국일에 의하면 타 문화나 타 종교와의 대화의 과정에서 교회는 관점의 개방과 전환을 통해 '복음 이해의 확장'이라는 해석학적인 경험을 하게 되는데,[137] 이렇게 대화를 통한 상호 이해와 상호 배움의 과정을 통해 기독교 복음을 증거하기 위한 선교적 변증과 커뮤니케이션은 성숙하게 되는 것이다. 즉, 공론장에서의 다원주의적 대화는

---

135 허성식 2018, 222
136 Ibid, 223
137 한국일 2004, 219

더욱 강력한 증언의 자양분이 된다는 역설이 가능해진다. 이와 같이 다원주의 환경에서의 선교적 대화는 증언의 역량을 강화한다. 이러한 이유로 교회의 본질적 위기는 세상과의 만남과 대화 때문에 초래되는 것이 아니라 오히려 그것의 부재로 인해 발생한다고 말할 수 있다. 즉, 외부의 문제라기보다 내부의 문제라는 지적이다.

한국 기독교의 위기의 이유에 대해 장신근은 김경재의 "한국 기독교 역사에서 공공의 신학과 사적인 신앙이 어떻게 상호 작용했는가"에 대한 연구 결과를 인용하여, 한국 기독교의 위기는 "신앙의 사사화, 권력화, 물량화, 기복화를 추구했기 때문"이라고 주장한다.[138] 다시 말해 한국교회는 신앙의 내면화(interiorization)를 사사화(privatization)로 왜곡해 버림으로써 세상과의 만남과 대화의 장을 상실했다는 의미가 된다.

이와 관련해서 문시영은 "신앙의 사사화는 개인에게만 해당하는 것이 아니라 '집단적인 사사로움'이 되기도 한다"는 점을 들어 교회의 사사화 문제를 지적하면서, 교회가 시민사회로의 참여를 통해 게토나 소종파로 머무는 것을 방지할 수 있음을 강조한다.[139]

세상을 향한 교회의 선교적 대화에 대해 성석환은 '경청'과 '이웃되기'라고 표현한다.[140] 그는 "경청은 타인의 존재를 인정하는 사회

---

138 이형기, 외. 2010, 69
139 문시영 2013, 140, 141
140 성석환 2018, 99

적 행위이다"[141]라고 정의하면서, 공론장에서의 대화를 위해 존중을 동반한 경청의 중요성을 강조하고 있다. 또한 그는 "경청은 그것에 대해 배움으로써 참여할 수 있는 것이 아니라, 자신의 견고한 경계를 무너뜨리는 자기부인의 가능성을 수용함으로써 가능하다"라고 하면서, 공적 대화를 위해 자기 지식과 경험을 부인할 수 있는 열린 태도를 강조하고 있다.[142]

이상의 내용들을 종합하면, 교회가 세상과 만나고 대화할 때 세상에 공공의 선이 이루어질 뿐 아니라 교회가 자신의 틀을 넘어 성장할 수 있다는 의미가 된다. 결국, 교회의 선교적 대화가 세상을 살리고, 세상과 교회의 만남은 교회를 성장시킨다고 말할 수 있다.

이미 살펴본 바와 같이 온라인 세계, 특히 유튜브 공론장은 삶의 자리와 영역이 되었고, 인종과 종교, 성별과 나이를 초월하여 비교적 평등한 만남과 대화의 장을 제공한다. 그리고 거기에서 선교하는 하나님은 이미 일하고 계신다. 따라서 유튜브 공론장은 성육신적 하나님의 선교에 동참하는 만남과 대화, 경청과 이웃되기의 장으로서 열려 있다고 보아야 한다.

둘째, 인격적 헌신을 통한 지혜 증언의 장

하지만 온라인 공론장을 통한 만남과 대화가 선교의 충분조건은 아

---

141 Ibid, 99
142 Ibid, 99, 100

니다. 선교적 커뮤니케이션을 위해 온라인 공론장은 대화의 장인 동시에 증언의 장이기도 하다.

'사이버 공간에서의 숙의(熟議) 민주주의의 조건'에 대해 연구한 김종길은 "대안적 공론장으로서 인터넷의 가능성은 그것의 코멘트와 트랙백[143]을 통한 탈중심적이고 개방적인 커뮤니케이션 구조, 시공간 제약으로부터의 탈피, 익명성과 쌍방향성 등으로 인해 누구나 동등한 입장에서 사이버 공간에 참여하여 자신의 목소리를 내고 다양한 현안에 대해 숙의할 수 있다는 데 있다"[144]고 하여 온라인 공론장의 숙의적 기능을 긍정하고 있다. 하지만 한편으로는 "질적 성숙이 이루어지지 않고 양적 팽창만 범람하고 있는 대중들이 일방적으로 자신의 목소리를 내는 상황에서는 사이버 공간이 숙의 민주주의 대신 오히려 중우 민주주의를 조장할 수 있다"는 점을 들어, 건강한 온라인 공론장을 위한 선제조건들이 필요하다는 점도 강조한다. 이를 기독교적인 관점에서 해석해보면, 온라인 공론장은 참여자의 죄성을 포함한 인격이 그대로 반영되기 때문에 진리로서의 복음과 구원이 필요한 영역이기도 한 것이다.

그렇다면 온라인 공론장의 다중심성과 다원성, 탈목적성으로 인한 왜곡과 무의미성을 어떻게 극복하고 공론장을 진리 증언의 장으로 만들 수 있을까? 이는 진리에 대한 인격적 헌신이 포함된 증언, 그

---

143 trackback, 댓글과 덧글의 확장판
144 김종길 2005, 41

리고 예수의 유일성에 근거한 확신을 통해서 가능하다.

조해룡은 예수의 유일성에 대한 뉴비긴과 커크(Kirk)의 주장들을 종합하여 "예수 그리스도의 유일성은 모든 문화를 초월해서, 모든 종교적 갈등과 대립을 넘어, 그리고 정치적이고 이념적인 논쟁을 넘어 초월적이고 보편적으로 존재한다"[145]고 강조하며 공론장에서 선교적 증언의 가능성을 주장하고 있다.

뉴비긴에게 있어 복음은 '예수 그리스도의 삶과 사역, 죽음과 부활을 중심으로 일어난 일련의 사건들'을 통해 인간의 삶과 인류의 공적 문제에 대해 관여했기에 공적 진리로서 타당성을 가진다.[146] 동시에 뉴비긴은 다원주의 사회에서의 복음을 통해 "그리스도가 온 세상의 주인이라는 것, 모든 권세가 그분께 주어졌다는 것이 무엇인지를 깨닫고 교회 스스로가 복음의 길을 걸어가며 복음을 따라 삶을 살아내야 한다"[147]고 강조하면서, 공적 복음의 타당성과 함께 삶을 통한 증언으로서의 선교를 피력하고 있다.

이와 관련하여 류태선은 "뉴비긴이 추구하고 건설하려 했던 기독교 사회는 중세의 기독교 세계(Christendom)적 개념이 아니라, 폴라니(Michael Polanyi)의 헌신적 다원주의(Committed Pluralism) 개념에 입각하여, 삶으로 살아내며 발견한 진리를 공적으로 선포하는 '인격

---

145 조해룡 2016, 442
146 Newbigin 2005, 12
147 조해룡, 445

적 헌신'을 통해 이루어가는 기독교 사회였다"고 평가한다.[148] 공론장의 선교적 증언을 위해 이러한 인격적 헌신이 중요한 이유는 공론장에서 지혜의 보편 소통을 위해 요구되는 타당성을 얻기 위함이다.

뉴비긴은 공론장의 보편성이 성경의 타당성을 검증하게 하는 것이 아니라 "성경이 타당성 구조를 제공하도록 우리가 그 안에 온전히 거하면서 세상을 바라보아야 한다"[149]고 역설하는데, 이에 대해 류태선은 "뉴비긴의 복음적 진리의 타당성 기획은 인격적 헌신을 통해 가능할 수 있게 된다"고 해석한다.[150] 이것이 바로 보쉬가 열망했던 '절대성에 대한 주장과 독단적인 다원주의 사이의 선택을 넘어서는 창조적인 긴장'[151]의 선교적 소통이다. 특정 대상에 대한 정보를 메타데이터까지 인식하는 부족적 관계성을 가진 온라인 공론장에서 이러한 인격적인 헌신을 통한 증언은 특히 메시지의 참과 거짓에까지 영향을 수는 결정적 요소가 된다.

유튜브 공론장의 경우, 크리에이터의 사생활이나 언행으로 인해 채널의 존립에 영향을 주는 경우를 자주 볼 수 있다. 사생활이나 언행의 문제로 인해 채널 구독자들이 외면하게 되는 경우가 있고, 반대로 알려지지 않았던 선행이나 성실성과 전문성이 드러나면서 가입자가 급격히 증가하게 되는 일도 발생하는 곳이 유튜브 공론장이다.

148 류태선 2011, 26, 66
149 Newbigin 2007, 191
150 류태선, 81
151 D. J. Bosch 2000, 711

실제로 '승우아빠'라는 크리에이터는 특급 호텔 요리사 출신으로서 재미와 전문성을 동시에 추구하는 채널을 운영하여 크게 인기를 얻어 100만 명이 넘는 구독자를 보유한 유튜버가 되었지만, 2023년 2월 1일 중고 온라인 마켓을 비하하는 발언을 통해 물의를 일으켰다. 이후에도 반성하기보다 변명이나 무시로 일관한 결과, 구독자들이 대거 이탈하며 외면받는 어려움을 겪었다. 이후 공식적인 사과를 하고 활동을 잠정 중단했다가 2023년 7월 유튜브에 복귀하였으나, 해당 사건 이전 조회수의 절반에도 못 미치는 저조한 활동을 이어가고 있다. 이와 반대로 꾸준히 진실하게 콘텐츠를 제작하고 운영하는 유튜브 크리에이터들은 자신의 채널을 중심으로 공동체를 이루어, 부정적인 댓글이나 논란을 겪을 때 충성된 구독자들이 크리에이터를 보호하고 감싸고 위로하는 것을 쉽게 확인할 수 있다. 이를 볼 때, 콘텐츠는 그 자체가 정보로만 존재하지 않고 크리에이터의 인격, 즉 삶과 연결되어 있으며, 구독자와의 공동체적 신뢰 관계를 기반으로 콘텐츠의 메시지가 전달되고 있다는 점을 확인할 수 있다.

셋째, 다중심적인 하나님의 백성 공동체 운동

몰트만은(J. Moltmann)은 1963년 멕시코시티의 선교협의회에서 '6대륙에서의 선교'(Mission in six continents)를 선포하면서 "한 지역에서 다른 지역으로 향하는 선교는 종식을 고했고, 1973년의 방콕 선교협의회는 일방적인 서구 주도의 선교의 종말과 '세계선교'의 시작을 선언했다"고 평가한다.[152] 그렇게 하여 세계 모든 지역에서 누구나 하나님의 선교에 동참하는 시대로 전환되었다. 그리고 온라인 세계라는 신대륙의 등장으로 인해, 이제는 6대륙이 아닌 '7대륙에서의 선교' 시대가 도래했다. 멕시코 선교대회 이후 모든 지역에서 모든 교회들이 함께 참여하는 쌍방통행 방식의 선교가 본격화되었다면,[153] 온라인 세계의 선교는 더욱 다중심적(polycentric)이고 다방향적(multi-directional)인 선교라고 할 수 있다.

다중심적인 하나님의 선교에서 동참자는 하나님의 백성 공동체[154]인 것처럼, 온라인 공론장의 선교에서도 하나님의 백성 공동체는 온라인 세계를 구성하는 모든 그리스도인의 선교적 네트워크가 된다. 즉, 성직자와 조직 교회 중심, 전문 선교사와 선교단체 중심의 선교에서 탈피하여 다중심적인 선교로의 급진적인 전환을 의미한다. 이와 같은 다중심적 선교의 첫 번째 특징은 삼위일체적 선교 생태계를 통한 연대 선교(co-mission)이다.

뉴비긴도 남인도교회의 연합문제와 관련하여 "갈등하는 교회가 차라리 분열된 교회보다 낫다"라는 주장을 하면서, 선교적 상황에서 교회의 분열을 가장 큰 문제로 지적한다.[155] 뉴비긴은 심지어 "교회의 분열은 그리스도의 사죄사역(the atonement)의 충족성에 대한 공

152 Moltmann 2003, 24
153 한국일 2012, 84
154 D. J. Bosch 2000, 688
155 허성식 2018, 223, 224

적인 부인이다"라며 강한 어조로 교회 분열을 비판했다.[156] 그럼에도 불구하고 에큐메니컬 일치 기획이 진영의 분리라는 실패를 통해 드러난 바와 같이, 조직적이고 물리적인 형태의 연합은 삼위일체적 연합과는 거리가 있다. 오히려 보편적이고 다중심적인 온라인 공론장은 일치적 연합이 아닌 삼위일체적 연대의 선교적 가능성을 열어주고 있다.

다중심적인 삼위일체 하나님의 본성은 그 자체로 다중심적 선교의 모델이 된다. 구더(Guder)는 이러한 삼위일체 하나님의 선교적 성품을 '상호 자신을 내어주는 사랑'(mutual self-giving love)[157]으로 묘사하면서 선교 동참자의 상호 개방성을 강조한다. 그는 현대 지구촌 세계에는 지구 한쪽의 교회에서 일어난 일이 지구 반대편에 영향을 주는 연결된 세상이기 때문에, 일방향적인 선교가 아니라 동반자적인 선교가 요청된다고 주장한다.[158] 이러한 관점은 온라인 공론장에 극명하게 적용된다. 즉, 맥루한(McLuhan)이 예언한 지구촌의 다중심적인 세계에서 선교는 하나님의 백성의 연대적 운동이라는 의미로 확장될 수 있다. 이에 더하여 헤이스팅스(Ross Hastings)는 하나님께서 대위임명령을 통해 인간을 선교 파트너로 초대하신 것처럼, 연대 선교를 수행할 때 주는 자와 받는 자의 경계와 구분이 사라지고 선

---

156 류태선 2011, 143
157 D. Guder 1998, 34
158 Ibid, 35

교적인 운동이 일어날 수 있는 선교 생태계가 형성될 수 있다는 점을 강조한다.[159]

⟨The Changing Face of World Missions⟩에서 저자들은 20세기 후반 이후 변화된 선교 환경의 특징으로서 공동 작업(working together)을 꼽으면서, 개인적인 노력이 아니라 협업의 네트워크(networks of collaboration) 시대가 도래했음을 주장한다.[160] 그리고 이 시대의 트렌드를 삶의 연결이라고 보면서 사회적인 네트워크의 중요성을 강조한다.[161] 이 책의 저자들은 이러한 시대적인 변화를 선교에 적용하여 선교 사역적인 협업(collaboration)을 위한 네트워크를 만들어야 한다고 주장한다.[162] 즉, 선교는 더 이상 선교단체나 목회자들이 주도하는 사역이 아니라 선교 생태계 네트워크를 통한 사역이 되어야 한다는 것이다.

이에 대해 프레이(Ernie H. Frey)는 "과거에는 선교단체가 선교 동원을 이끌고 교회는 이 과정을 선교단체들에 위임했다. 하지만 이제는 교회가 교단 안에서나 초교파적이거나 선교에 대한 자신들의 헌신과 책임에 대해 스스로 결정권과 주도권을 가지려 하고 있다"[163]고 하는데, 이는 지금까지 교회와 선교단체의 관계가 일방향적이어서

---

159 Hastings 2012, 81
160 McConnell, Rheenen and Pocock 2005, 247
161 Ibid, 248-251
162 Ibid, 271-278
163 Frey 2005, 174

교회가 재정과 사람을 공급하고 선교단체가 이를 운영했지만, 이제는 양방향 관계, 즉 공동선교로 변화되어야 한다는 점을 시사한다고 볼 수 있다.

선키스트(Scott W. Sunquist) 교수도 작금의 선교는 선교 전문가의 선교가 아니라는 점을 강조한다. 그는 "선교는 선교 전문가나 목회자만의 선교가 아닌 전교회적 선교가 되었다. '교회가 교회 되게 하라'는 말은 모든 성도들이 온 세상을 향한 하나님의 선교에 동참하게 하는 것을 의미한다"[164]고 주장한다. 이를 위해 선교는 성도들의 삶과 연결되어야 하며, 그들의 전문 영역 및 삶의 자리와 긴밀하게 상호 작용을 해야 한다. 이처럼 공동의 선교를 위한 선교 생태계를 만들기 위한 온라인 플랫폼의 역할이 바로 '네트워크 효과'다. 맥코넬과 르넨과 포코크는 새로운 과학기술의 특징으로 연결성 향상을 언급하면서, 이것이 선교에 적용될 수 있음을 주장한다. 그들은 "연결된다는 것은 선교사와 선교 후원자 모두를 위한 선교적 실천이다"[165]라고 강조한다.

〈The Journal of the International Society for Frontier Missiology〉에서 김에녹은 "쌍방향적 커뮤니케이션 기능으로 인해 지역적 한계를 극복했기 때문에, 온라인상의 선교 공동체 모델은 창조적 선교 접근 지역에서 효과적인 선교의 대안으로서 엄청난 잠재

---

164 Sunquist and Noll 2015, 113
165 McConnell, Rheenen and Pocock 2005, 301

력을 가지고 있다"고 평가한다.[166] 이렇게 온라인 플랫폼은 그리스도인들이 선교 전반에 동참할 수 있도록 네트워킹을 하여 온라인 세상 안에 선교 생태계를 형성하도록 돕는다. 따라서 다중심적인 온라인 공론장 선교의 두 번째 특징은 선교적 주체로서의 평신도의 존재와 그들의 일상이 더욱 강조된다는 점이다. 프랭클린(Kirk Franklin)은 〈하나님의 선교의 다중심성〉(Polycentrism in the missio Dei)에서 연대 선교의 개념으로 선교하는 '삼위일체적 공동체성의 다중심성'과 이로 인한 '위계질서의 해체'로 발전시켜 설명하고 있다. 그는 미로슬라브 볼프(Miroslav Volf)의 〈After Our Likeness : The Church as the Image of the Trinity〉에서 삼위일체와 다중심적인 교회의 관계에 대한 언급을 인용하며 "삼위일체적 관계는 피라미드식 지배구조나 위계질서의 특징을 가지고 있지 않다. 오히려 다중심적이고 내칭적인 호혜(symmetrical reciprocity)의 관계를 의미한다"[167]고 주장한다. 즉, "삼위일체 하나님의 선교에 참여한다는 것은 본질적으로 다중심적인 관계성에 참여하는 것이고, 이를 통해 성직자와 평신도의 경계가 무너지고 모두에게 동일한 권위가 부여되는 다중심적 선교모델을 통해 온전한 공동체와 하나됨을 이룰 수 있다"고 강조한다.[168] 이는 에큐메니컬과 복음주의 진영 모두에게 동일하게 나타나

---

166 E. J. Kim 2010, 183
167 Franklin and Niemandt 2016, 4
168 Ibid, 5

2부 | 유튜브 세상으로 하나님 나라가 침투할 수 있는가?

는 시대적 흐름이다.

송인설은 에큐메니컬 운동의 평신도 사역에 대해 "평신도 사역은 교회 전체가 세상에서 그리스도의 사역에 함께 참여하는 특권을 가리키는 말이다. 평신도는 그들이 어디에 있든지 교회의 대표자(representatives)다. 일과 예배를 결합하는 이, 교회와 세상 사이의 틈에 다리를 놓는 이, 시간과 에너지와 수고를 요구하는 세상에서 그리스도의 주권을 말과 행동으로 드러내는 이는 평신도이다"[169]라고 주장한다. 그는 또한 로잔 운동의 마닐라 선언을 인용하며 복음주의 진영에서도 선교를 위한 평신도의 사역을 강조해야 한다고 주장하는데, 그가 인용한 마닐라 선언은 "우리는 하나님이 모든 교회와 모든 성도들에게 그리스도를 온 세상에 알리는 과제를 부여하셨음을 믿기 때문에 평신도나 성직자나 모두 이 일을 위해 동원되고 훈련되어야 함을 단언한다"고 한 것이다.[170] 이처럼 두 진영 모두 선교를 위한 평신도의 역할을 강조한 점은 주목할 만하지만, 안수받은 성직자가 '평신도를 훈련하고 감독하고 이끄는' 관계로 설정했다[171]는 점에서 온라인 공론장 선교를 위한 평신도 참여의 모델이 될 수는 없다. 여전히 성직자 중심 기반이기 때문이다. 이처럼 진영과 영역을 막론하고 한국적 상황에서 교회 중심, 목회자 중심의 사역구조를 극복하는

---

[169] 송인설 2017, 114
[170] Ibid, 122
[171] Ibid, 115, 122

것은 더 어려운 과제다. 앞에서 한국적 선교 상황의 특수성을 설명하면서 언급한 바와 같이, 다문화, 다종교적인 한국의 환경은 교회 중심적 문화를 만들기 때문이다.

이에 더하여 한국일은 한국교회의 짧은 교회 역사는 필연적으로 말씀과 예전을 주도하는 목회자 중심적이며 목회자 의존적인 교회 구조와 사역구조를 형성했고, 특히 "한국교회의 직분 이해는 다분히 유교의 권위주의와 계층 구조에서 영향을 받았다"는 점도 지적한다.[172] 그 결과 이러한 교회 중심성과 목회자 의존성은 평신도 사역의 교회 집중성과 세계 배타성으로 이어져, 결국 '지역 사회 및 세상에서 하나님의 나라를 실현하는 직업적 소명을 약화시키는 결과'를 초래했다.[173] 그럼에도 불구하고 한국교회가 온라인 공론장에서 하나님의 선교를 수행하기 위해서는 성직자와 평신도의 경계를 해체하고 교회와 교단을 초월하는 공동제직 연내 선교가 질실히 요청된나. 하나님 안에서 한 팀이라는 연대감과 평등의식에 대한 존중이 있을 때 서로에게 복종하는 연대 선교가 가능해지기 때문이다.

또한 이에 대해 헤이스팅스는 "상호 복종은 본질(essence)이나 존재(being)의 열등(inferiority)을 의미하지 않는다"고 하면서, "삼위일체 안에 내재되어 있는 '상호침투'(perichoresis)의 특징과 '다른 역할 같은 영광의 원리'(different role-equal glory principle)를 따라간다면

---

172 한국일 2012, 97, 98
173 Ibid, 98, 99

기꺼운 마음으로 상호복종하며 하나님 나라의 일꾼으로서 선교적 사역에 동참할 수 있다"고 역설한다.[174] 온라인 공론장이 성직자와 평신도의 구분을 해체한다는 점은 이런 삼위일체적이고 공동체적인 관계와 동역을 시도하기 위한 최적화된 환경이다. 온라인 공론장에서는 안수의 여부가 누구를 이끄는 권위를 부여하지 않기 때문이다.

지금까지 언급한 다중심적인 온라인 세계의 선교, 즉 하나님 백성의 공동체적 연대와 평신도의 참여는 온라인 세상의 크라우드소싱 (Crowdsourcing)을 통해 극대화될 수 있다. 크라우드소싱은 두 단어로 구성되어 있는데, 크라우드는 주도(主導)에 참여하는 사람들을 의미하고, 소싱은 재화와 서비스를 공급하며 평가하고 참여시키기 위한 조달 관행을 의미한다.[175] 이는 그룹이나 개인에게 맞춤화된 콘텐츠를 대중에게 일방이 아닌 상호작용 속에서 공급하는 방식으로 변화되었다.[176] 위키피디아(Wikipedia)가 대표적인 크라우드소싱 방식의 온라인 플랫폼이다. 이와 관련하여 〈Machine, Platform, Crowd : Harnessing Our Digital Future〉의 저자들은 "많은 대중의 공동 기여가 축적되고 집약되면 순식간에 새로운 종류의 지식이 생겨난다. 이것은 마법과 같이 일어난다"며 크라우드소싱을 극찬한다.[177] 크라우드소싱은 온라인 공론장 선교를 위해서도 개발되지 않고 활성

---

174 Hastings 2012, 255

175 Estelles-Arolas and Gonzalez-Ladron-De-Guevara 2012, 189

176 Dankasa 2010, 3

177 McAfee 2017, 235

화되지 않은 개인의 능력을 극대화한다.

또한 크라우드소싱 플랫폼은 온라인 공론장 선교를 위해 어른 세대와 젊은 세대를 하나로 묶어주는 기능을 할 수 있다. 우드워드(JR Woodward)는 "세상의 미디어 및 철학과 과학과 종교에 있어서 전통적인 수직 계층적 구조가 다면화된 방식의 구조로 변화할 것"[178]이라고 주장하는데, 이는 크라우드소싱이라는 온라인 플랫폼에서 극명하게 현실화된다.

크라우드소싱 플랫폼에서는 나이와 인종과 성별에 상관없이 평등하다. 이는 온라인 공론장 안에서는 남성과 여성, 노인과 청년, 부자와 가난한 자, 권력자와 사회적 약자를 초월해 누구든 선교적 활동에 참여할 수 있는 장이 마련될 수 있다는 의미가 될 수 있다. 주요 교단이 회원(교인) 수가 줄어들고 있는 현실 속에서 교회가 그 문화적 정치적 영향력을 상실하고 있다는 점[179]을 볼 때, 온라인 플랫폼의 크라우드소싱은 온라인에 흩어져 있는 잠재적 선교 후원자와 유무형의 선교 리소스들을 순식간에 네트워크하고 동원할 수 있다는 잠재력의 측면에서 더욱 중요한 선교 커뮤니케이션 전략으로 부상하게 될 것이다.

온라인 크라우드소싱을 통한 대표적인 선교 동원의 예는 재정 플랫폼이다. 그 전형적인 예로 크라우드 펀딩 플랫폼을 들 수 있는데,

---

[178] Woodward 2012, 65
[179] D. L. Guder 2015, 35

2부 | 유튜브 세상으로 하나님 나라가 침투할 수 있는가?

고펀드미(gofundme.com)이나 미션펀드(missionfund.org) 플랫폼은
이미 후원 모집과 관리에 획기적인 편의성을 제공함으로써 재정적
어려움을 겪고 있는 선교 현장에 큰 힘이 되고 있다. 이는 온라인상
에서 선교지의 필요를 공유하고 소액 후원자들을 결집시키는 효과
를 통해 선교단체나 파송 교회의 후원을 대체할 것이다.

또한 크라우드소싱은 후원을 극대화하는 용도로만 사용되는 것
이 아니라 비활성화된 유무형의 자산들을 나눔에 동원하기 위해서
도 유용한 플랫폼이다. 〈Peers Inc : How People and Platforms
Are Inventing the Collaborative Economy and Reinventing
Capitalism〉의 저자인 체이스(Robin Chase)는 자신의 자산과 시간과
전문성과 창조성을 가지고 다른 사람을 돕는 데 제약(制弱)을 느끼던
사람들이 온라인 플랫폼을 통해 그 제약을 뛰어넘을 수 있게 해준다
는 점을 지적하면서, 온라인 플랫폼을 통해 사람들의 잉여 능력을 나
눔에 활용할 수 있게 되었다고 주장한다.[180] 이처럼 나눔의 플랫폼은
비활성화된 자산을 나눔이라는 방식으로 활성화하여 가치를 창조
한다. 가치를 창조하기 위해 에어비앤비(Airb&b)는 방을, 우버(Uber)
는 자동차를 나누는 방식으로 일하고 있다. 그 회사들은 호텔업과 운
수업의 모든 패러다임과 사업 지형을 바꾸고 있다. 이처럼 공론장에
서의 선교적 커뮤니케이션에서 공론을 이끌어가기 위해서도 온라인

---

180 Chase 2015, 47

플랫폼의 크라우드소싱과 공유(sharing)는 필수적이다.

　이제 기독교인의 연합, 교회와 기독교 단체의 연합과 연대는 온라인 플랫폼을 통해 가능해지고, 그 영향력도 상상을 초월하는 수준이 될 것이다. 그런데 온라인 플랫폼을 통한 크라우드소싱과 선교 동원이 사역의 공공성이나 효율성만을 위한 것이 아님을 주목해야 한다. 삼위일체 하나님의 선교적 공동체를 이루고 사도행전의 초대교회와 같은 성령 공동체의 선교를 구현하는 통로가 된다는 점에서, 온라인 세상을 향한 성경적 선교 방법론이 될 수 있기 때문이다.

　구더에 의하면 삼위일체 하나님은 개방된 공동의 사명을 추구하며 공동체적인 선교를 수행하는데, 이는 삼위일체 하나님의 '상호 자기부인적 사랑의 성품'에 기인한 개방성을 의미한다.[181] 헤이스팅스는 이와 같은 삼위일체 하나님의 개방성이 교회의 탄생을 가능하게 했다고 주장한다.[182] 이러한 하나님의 상호 나눔과 환대는 사도행전 4장에 묘사된 초대교회의 성격과 동일함을 발견하게 된다(행 4:32). 헤이스팅스는 하나님의 성품과 하나님의 선교에 근거하여 '예수님의 지상명령은 공동선교(co-mission)로의 명령'이라고 주장한다.[183] 우드워드는 〈Creating a Missional Culture : Equipping the Church for the Sake of the World〉에서 '선교적 환경을 조성하

---

181 D. Guder 1998, 34
182 Hastings 2012, 81
183 Ibid, 82

기'(cultivating missional environment)에 대해 기술하면서, 이러한 삼위일체적 선교 공동체로서의 참여와 공동의 선교는 '치열하리만치 이기적인 세상에서 삶을 나누도록 격려하는 리듬'이고, '나의 에너지와 리소스를 동원하여, 나의 구체적인 현장에서 예수님의 복음을 전하도록 안내하는 리듬'이라고 강조한다.[184] 이처럼 온라인 플랫폼의 네트워크 효과는 선교 생태계 형성과 공동 선교를 통해 교회의 교회됨을 회복하는 일에 유용하게 쓰일 수 있다.

유튜브 플랫폼의 경우에도 일상과 취향을 중심으로 하는 각 채널을 중심으로 부족적 네트워크가 만들어진다. 이런 네트워크를 통하여 온라인에서 운동과 행동이 일어난다는 점에서 유튜브와 같은 플랫폼이 사회 변화와 선교 동원을 위한 선교 플랫폼으로 사용될 가능성은 무한하다. 또한 앞에서 온라인 공론장에서의 4가지 선교 유형을 언급한 바와 같이, 성직자는 말씀과 교리의 전문가로서 진리를 증언하고, 사회 운동가는 세상에 하나님의 공의를 이루기 위한 증언을 하며, 일상의 제자들은 각자의 삶의 영역과 전문성과 취향을 바탕으로 운영하는 자기 채널 안에서도 사랑과 공의를 이뤄가는 공동체를 이루는 부족장으로서 영적 리더십을 발휘할 수 있다. 이런 점에서, 우리는 공동의 선교를 지향하고 선교 생태계를 만들어가는 유튜브의 선교적 가능성을 소망할 수 있다.

---

184 Woodward 2012, 148, 149

넷째, 누룩적 변혁의 장

보편성과 개방성이 극대화된 온라인 공론장에서 선교적 커뮤니케이션은 살아있는 유기체처럼 시시각각 변하기 때문에, 특정 대상을 향해 의도한 주제에 따라 기획된 대화와 증언을 통해 통제된 변혁을 추구하는 것은 불가능하다. 오히려 온라인 공론장에서 선교는 탈의도적이고 현장 중심적인 대화와 증언을 통한 누룩적 변혁을 추구한다. 즉, 물리적인 변화라기보다 화학적인 변화에 가깝다는 의미다. 이처럼 선교적 커뮤니케이션의 과정에서 인간의 역할은 복음을 뿌리고 물을 주는 것이고, 열매를 거두는 것은 성령의 역사에 달려 있다(고전 3:6). 대표적 화학 변화인 누룩도 온도와 환경에 따라 그 화학반응의 결과물에서 큰 차이가 나는 것처럼, 온라인 공론장에서는 증언하는 이의 의도와 기획보다 복음 그 자체의 누룩적 변혁 능력과 성령으로 인한 신적(divine) 간섭이 핵심이다.

보쉬(Bosch)는 인간의 선교적 소통에 있어서 "놀람과 미해결의 수수께끼를 위한 여지를 남겨두어야 한다"고 표현하면서, 이미 정답을 가지고 들어가는 대화가 아니라 열린 결론을 가지고서, 확실성과 의심의 역설을 통해 얻어질 진리를 기대하는 대화를 요청하고 있다.[185] 그래서 온라인 공론장에서 대화의 아젠다와 결론은 메신저가 의도적으로 구상하는 것이 아니라 공론장 그 자체에서 자연스럽게 나와

---

[185] D. J. Bosch 2000, 711

야 한다.

안교성은 하나님의 선교 시대에 지역 선교를 위한 교회의 선교과 제는 교회가 일방적으로 정하는 것이 아니라 "현장인 지역 사회에서 나오도록 해야 한다"고 주장하는데,[186] 이러한 관점의 소통 주제와 태도는 온라인 공론장 선교의 커뮤니케이션과 결을 같이 한다고 하겠다. 이와 같이 누룩적 증언과 변화를 위해 열린 태도와 소통으로 공론장에 참여하는 것은 반복음적인 공론화에 대한 방어인 동시에 선제적인 선교의 의미에서 선택이 아닌 필수적인 부르심이 된다.

세바스찬 김(Sebastian C.H. Kim)은 〈The Global Church Project〉와의 인터뷰에서 이슬람의 반인권적인 샤리아법(Sharia Law)과 영국법이 대립하는 이슈의 공론화와 관련된 주교의 강연에 대해 설명하면서, '종교가 공론장에 참여하여 정치권에 영향을 준다는 것'과 '종교가 공론장에 개방성을 가지고 참여할 때 그 자체로 건강성을 지킬 수 있다는 점'을 들어 기독교의 공론장 참여의 필요성에 대해 강조한다. 그는 극단주의나 군사주의적인 종교가 배타적인 종교 집단에 스며들어(permeate) 악한 영향을 줄 수 있다는 우려를 지적하면서,[187] 공론장 참여자의 태도에 따라 샬롬을 세우기도 하고 무너뜨릴 수도 있다는 점을 강조한 바 있다. 즉, 어떤 종교라도 이미 정답을 가지고 설득하고 싸워 이기려는 태도는 공론장에서 해악 행위가 되는 것이고,

---

186 안교성 2011, 59
187 Kim 2017

그런 태도로는 선교적 소통이 요원하다는 의미다.

이처럼 다중심적인 온라인 공론장에서는 어떤 참여자도 대화를 기획하고 주도할 수 없지만, 다른 한편으로는 그 개방성과 보편성으로 인해 누구든 작당하여 왜곡된 공론을 제안하고 주도해갈 수 있는 위험성이 있기 때문에, 온라인 공론장에서 대화와 증언을 통한 누룩적 변혁은 연대 증언을 위한 '협업'이 요청된다. 또한 대화와 증언의 탈목적성에도 불구하고 온라인 공론장에서 대화의 윤리 도덕적 한계선을 정해 그 긴장을 유지하고, 대화의 지혜를 모으기 위한 공동체적인 협업도 요청된다. 안교성은 교회의 지역 선교를 위해서 '지역별로 전반적인 조망(mapping)을 위한 모임을 상설화'하고, 총회나 노회 단위의 조망과 정보 및 자원을 공유하고 분배하는 정보센터(clearing house)의 운영을 제안하는데,[188] 이는 온라인 공론장에 적용할 중요한 통찰이 된다. 왜냐하면 온라인 공론장의 관계성 자체가 크라우드 소싱을 기본으로 하는 협업의 관계고, 데이터의 조직화를 통한 정보 생산의 특징이 있기 때문이다.

정보 공유 온라인 공론장의 대표적인 예로 서문에서 소개한 미국 한인 최대 규모의 온라인 한인타운 'MissyUSA'[189]를 들 수 있다. 1999년 포털사이트의 온라인 동호회에 개설된 주부들의 나눔 공간에서 쌓이고 확장되기 시작한 데이터가 2002년에 본격적인 커뮤니

---

188 안교성 2015, 62
189 MissyUSA.com, 1999

티 웹사이트로 발전한 것이다. 이제는 미국 최대의 한인 커뮤니티 사이트로 군림하고 있으며, 미주 한인들의 삶에서 분리할 수 없는 정보의 원천이자 여론 조성의 장이 되었다. 중고 거래와 주택까지 사고파는 쇼핑몰까지 운영하면서 막대한 영향을 미치고 있다. 이 공론장의 운영진은 법적, 윤리적 문제를 방지하고 차단하는 최소한의 거버넌스를 통해 사적 관심사들이 어떻게 정보와 공론을 형성하기 위해 협업하며 발전하게 할 수 있는지를 보여주는 좋은 예가 된다.

따라서 위에서 언급한 논의들을 종합하면, 온라인 공론장에서의 선교는 만남과 대화와 증언이라는 형태의 선교적 커뮤니케이션이 필요하다. 이를 위해서는 아래로부터의 열린 주제 설정과 대화, 그리고 그 주제에 맞는 기독 지혜를 보편언어로 번역하는 상황화가 필수적으로 요청되며, 공동체적 협업을 통해 이러한 지혜 증언이 더욱 활성화될 수 있다고 정리할 수 있다. 즉, 아래로부터의(from below) 개방성과 접근성을 기반으로 하는 온라인 공론장은 본질적으로 다원주의적 만남의 장이기 때문에, 기독교의 보편성으로 대화하는 동시에 기독교의 특수성과 협업으로 증언하는, 성숙한 선교적 소통이 요구되는 것이다.

유튜브 공론장의 경우도 알고리즘을 통해 추천되려면 나의 정답에서 출발하는 콘텐츠가 아니라 사람들의 일상과 관심, 필요와 문제에서 출발하는 콘텐츠 기획이 필수적이며, 공동의 선과 복음의 보편성 사이의 교집합을 통해 누룩적인 변화를 추구하는 채널들이 늘어나야 한다. 이를 위해 각 채널 부족을 이끌어갈 크리에이터들이 유튜브 채널 운영의 전문성을 가질 뿐 아니라 세상을 변화시킬 부족장으로서, 영적 리더로 양성되고 세워질 수 있도록 하는 '유튜브 선교 리더십 훈련'도 필요하다. 유튜브 공론장 속의 크리스천 부족장들의 네트워크와 협업을 통해 그 선교적 영향력을 더욱 극대화하는 노력도 필요하다.

세상에는 이미 유튜브 크리에이터들을 위한 전문 기획사가 있다. 100만 명 이상의 구독자를 보유한 크리에이터는 그 자체로 중소기업 이상의 매출을 올리기 때문에 전문적으로 관리되고 있다. 소속된 기획사 안의 크리에이터들 사이에서 네트워킹과 협업이 이뤄지는 것은 물론이고, 파생 산업을 통한 다양한 수익모델 개발 같은 비즈니스가 치열하게 펼쳐지고 있다. 유튜브 플랫폼 안에서는 이와 같은 비즈니스의 규모가 곧 영향력이기 때문이다. 유튜브 선교를 위한 영향력 강화를 위해서도 일반의 기획사와 같은 수준의 전문적인 네트워크와 협업은 선교적 숙제로 남아 있다.

·3부·

유튜브 알고리즘에
복음을 심는
네 가지 전략

08
선교 소통의 주체를
평신도까지로 다양화하라

평신도를 깨워 유튜브 선교의 주체가 되게 하라

알고리즘이 강화하는 유튜브 부족주의의 역기능을 극복하고 온라인
세상에 하나님의 나라를 회복하는 선교적 증언을 위해, 유튜브 알고
리즘에 적합한 선교적 소통 패러다임의 전환이 필요하다는 것은 앞
에서 누차 설명한 바 있다. 근대 공론장 선교에서는 중요한 커뮤니케
이션 방법론으로서 '아래로부터'의 소통과 번역을 통한 공론장 선교
의 커뮤니케이션 방법론을 제시하고 있지만, 온라인 공론장의 소통

은 이와 같은 방법론적 변화로는 부족하며 패러다임 차원의 전환을 요청하고 있다는 것 또한 언급하였다.

이제는 패러다임의 전환에 대해 설명할 차례다. 이 장은 커뮤니케이션의 주체, 방법, 방향, 목적에 따라 요청되는 4가지 차원의 패러다임 전환에 대한 설명이다.

선교적 소통을 위해 첫 번째로 요청되는 패러다임 전환은 '선교 소통 주체의 다양화'다.

탈/다중심적인 온라인 선교 환경에서 아래로부터의 선교를 위한 패러다임의 변화는 메신저(크리에이터) 유형의 다각화에서 시작된다. 교회와 간증자, 선교사, 신학 전문가와 같은 전통적인 기독 증언 메신저들뿐 아니라, 사회변혁을 위한 변혁가와 공론장 소통을 위한 일상의 전문가 유형이 필요하다. 이 중에서도 일상의 전문가 유형은 유튜브 알고리즘을 통해 검색과 추천이 되는 일상 영역의 콘텐츠를 다루는 다양한 평신도 전문가들을 의미한다. 유튜브 선교를 위해서는 이들이 유튜브 부족들의 부족장들로 세워져 온라인 공론장에서 영적 리더십을 발휘해야 할 것이다.

일상 전문 선교사로서의 평신도

광장성과 일상성을 기반으로 하는 유튜브 공론장 선교는 선교적 주체로서 평신도의 존재를 더욱 강조한다. 온라인 공론장의 개방성과 보편성은 성직자와 평신도의 경계를 해체하기 때문이다. 평신도가 공론장에서 통용이 가능한 보편언어를 구사하는 '이중언어자'라는 점에서, 온라인 공론장에서 평신도는 성직자에 비해 커뮤니케이션 능력에서 오히려 우위를 점하기도 한다. 이는 타언어권에서의 소통에서 언어 통용(通用)의 가능 여부가 전달하는 내용보다 우선된다는 점을 볼 때 명확히 이해될 수 있다.

유튜브 공론장에서는 성직자가 성경에서 발견한 지혜보다 평신도가 자신의 삶에서 체험한 '기독 지혜'가 증언의 내용으로 적절하고, 기독교 용어로 점철된 강단의 설교보다 평신도가 삶의 자리에서 사용하는 언어가 선교적 증언의 언어로서 더욱 적합하다.

뮬린(Mullin)은 자신의 논문 'Online Church : A Biblical Community'에서 "온라인 교회는 'E-vangelists'(e-전도자)라는 군대를 일으킬 능력이 있다"고 주장하는데, "이 E-vangelists는 과학기술화와 함께 자라온 젊은 세대를 의미하고, 그 과학기술을 하나님 나라를 위해 사용하려는 사람들을 지칭하는 것이다. 또 다른 용어로 'Net Generation'이라고도 불리는 이들은 컴퓨터와 인터넷 환경에서 자라왔다"[190]라고 말한다. 그러면서 그는 온라인 세계에 거주하는 젊은 세대들이 온라인 세상에서 하나님 나라를 이루어가는 'e-전도자'가 되는 가능성을 주목한다. 이처럼 유튜브를 포함한 온라인 세계

---

190 Mullins 2011, 37, 38

3부 | 유튜브 알고리즘에 복음을 심는 네 가지 전략

의 소통 주체가 온라인 소통에 친숙한 일반인, 즉 다음 세대인 점을 주목할 때, 향후 유튜브 선교의 소통 주체는 세상 속의 제자들, 특히 다음 세대의 제자들이 되어야 한다는 것은 자명한 결론이다.

그런데 여기서 명확하게 짚고 가야 하는 것이 하나 있다. 온라인 세상의 선교적 주체가 되어야 하는 그리스도인의 삶의 자리를 크게 '소명'(직업)과 '삶의 환경'으로 나누어 이해해야 한다는 점이다.

그리스도인에게 '모든 직업이 하나님의 부르심'이라는 칼빈적인 고백에 의하면, 모든 일은 선교적 소명과 연결된다. 하지만 이 명제는 많은 오해를 만들어왔다. 평신도의 직업이 선교적 소명이라는 명제가 자칫 내 직업이 선교적 '의도'와 반드시 연결되어야 한다는 강박과 더불어, 직군에 따라서는 선교에 빚진 마음, 혹은 자격지심도 유발해왔기 때문이다. 그러나 보쉬는 이와 관련해서 교회의 선교적 의도(intention)와 차원(dimension)을 분리하여 평신도의 선교적 부르심에 대한 오해를 풀 수 있는 실마리를 제공한다. 그는 "교회가 하는 모든 일은 반드시 선교적 차원에 속해야 한다. 그러나 모든 것이 선교적 의도를 가질 수는 없다. 달리 말하면, 교회의 본성은 선교적이지만 교회의 모든 활동이 세상을 향해 명백한 목적을 갖는 선교적 활동일 수는 없다는 말이다. 교회는 모든 상황에서 선교적이어야 하지만 매 순간 선교 행위를 할 수는 없다"[191]고 주장한다. 그의 말은 선교

---

[191] D. J. Bosch 1980, 198

적 교회가 그러하듯, 선교적 삶 또한 매 순간 선교적 의도를 가지고 선교적 행위를 하며 살아야 한다는 것이 아니라, 그저 선교적 차원으로 살아가야 하는 것이라고 해석할 수 있다.

유튜브 세상에서도 마찬가지다. 자신의 전문성과 직업을 통해, '의도적 선교'가 아닌 '선교적 차원의 삶'을 통해 일상 선교사로서 살아가야 한다. 이를 위해서는 선교사의 다양한 필요를 세분화하고 이를 성도들의 삶과 연결하여, 성도들이 선교지로 떠나지 않고도 자신의 삶의 자리에서 은사와 전문성을 가지고 선교에 참여할 수 있도록 하는 선교 플랫폼의 구축이 필요하다.

이상에서 언급한 소명(직업)과 더불어 선교와 연결되는 성도의 삶의 자리는 온라인 일상이다. 온라인 일상에 구현되고 있는 유튜브의 신부족을 향한 선교를 위해, 각 부족에 관여된 평신도 전문가들의 영적 리더십과 더불어 유튜브 신교 소통 주제들의 헌내도 필요하다. 특히 세대 간의 연대와 협력이 중요하다. 앞에서 'e-전도자'로 언급한 젊은 세대들과 관련된 맥키니(McKinney)의 연구에 의하면 "오늘날 학생들은 '디지털 원어민'이고, 그들은 컴퓨터와 인터넷의 디지털 언어에 능통하다. 태어나면서부터 디지털 세계에 태어난 것은 아니지만, 빨리 받아들이고 익숙해진 사람은 '디지털 이주자'로 분류된다."[192] 유튜브 선교 커뮤니케이션을 위한 선교 생태계를 조성하기

---

[192] McKinney 2014, 5

위해서는 "이런 온라인 원어민과 이주자들을 어떻게 연결하고 동원할 것인가"라는 과제가 발생한다.

결론적으로 이 모든 시대적 과제는 "성직자와 평신도, 다양한 취향과 연령과 배경의 그리스도인들이 어떻게 온라인 세상 속에서 선교적 차원으로 살아가며 연대하여 온라인 선교 생태계를 조성할 수 있을 것인가"에 대한 물음으로 귀결된다. 이에 대한 답은 그리스도의 몸을 세우기 위해 모든 그리스도인에게 부어주신 '성령의 은사'에서 찾아볼 수 있다. 송인설은 에큐메니컬 문서인 '교회의 본성과 선교'에서 "모든 그리스도인은 교회를 세우고 그리스도의 선교에 참여하기 위해 성령의 은사를 받는다. 그리스도인은 성령으로부터 힘을 받아 다양한 섬김의 형태에서 제자도를 실천하도록 부름받았다"라는 주장을 인용하여, 모든 성도의 선교적 사역의 근거가 성령의 은사라는 점을 주장한다.[193] 성령이 임하시면 모든 방언으로 말하지만, 동시에 서로를 이해하게 된다.

복잡계(complex system)인 온라인 세상에서 각자 다른 관심과 취향과 세대와 가치를 한 가지 교리로 통일하여 기독교를 증거하는 일은 불가능하고 적합하지도 않다. 오히려 각자 받은 은사와 삶의 모습에 따라 세상 속의 제자로 살아가며 성령의 하나 되게 하심으로 서로를 존중하고 인정할 때, 각자의 삶을 통해 전해지는 낱개의 증언이

---

193 송인설 2017, 116

아니라 서로 연결되어 입체적으로 구현되는 온전한 복음이 증거될 수 있다. 모든 그리스도인이 각자가 바라보고 경험한 예수 그리스도의 제자와 증인으로서 살아가며 연합할 때, 유튜브 부족 가운데 하나님 나라가 임하는 일이 일어나게 될 것이다.

평범하고 연약한 영웅의 서사 담론

최경환은 '데임스 거스탑슨의 기독교 사회윤리의 네 가지 담론 유형'을 통해 기독교의 특수한 담론이 보편적 공론장으로 확장되는 과정을 설명하고 있는데, 거스탑슨이 말하는 네 가지 유형은 예언적 담론(prophetic discourse), 서사 담론(narrative discourse), 윤리적 또는 기술적 담론(ethical or technical discourse), 그리고 정책 담론(policy discourse)이다.[194] 이는 각각 공론장의 참여자들의 정체성, 그리고 관심과 목적에 따라 시작해서 진체 공론장에 영향을 주는 방식으로, 온라인 공론장에서도 아래로부터의 선교 커뮤니케이션을 위한 방법론으로 동일하게 적용될 수 있다. 즉, 각각의 특수 담론의 영역에서 시작해서 보편적인 공론장으로 확산되는 커뮤니케이션의 흐름을 타면 선교적 소통이 훨씬 수월해진다는 의미다.

그런데 특별히 온라인 공론장에서 강조되는 것은 이 담론 구분에 등장하지 않는 평범한 현재의 개인이 경험한 보편적인 하나님의 지

---

[194] 최경환 2019, 86, 87

혜, 즉 '평범한 사람의 비범한 지혜' 담론이다. 물론 지성과 감성의 융합 공간인 온라인 공론장에서는 그 전달 언어 또한 지적인 논리성과 감성적 스토리텔링이 결합된 형태가 되어야 한다는 점에서 '서사 담론'의 성격을 가져야 한다. 그러나 거스탑슨이 말하는 서사 담론은 '영웅들의 이야기'를 의미한다는 점에서, 온라인 공론장의 선교적 메시지를 구성하는 서사 담론은 거스탑슨의 그것과 전혀 다른 언어와 메시지가 된다. 왜냐하면 예수님을 증거한다는 것은 예수님의 연약함을 포함하고 있으며, 공공의 영역에 참여한다는 것은 그 공개성이 상처받을 가능성을 내재하고 있기 때문이다. 그래서 정용갑은 뉴비긴이 말하는 진정한 선교의 방법은 '상처받기(vulnerability) 쉽고 약한(weakness) 가운데서 이루어지는 선교'라고 강조하고 있다.[195] 뉴비긴이 말하는 그리스도가 보여준 선교적 삶은 강함이 아닌 약함 속에서 복음의 증인이 되는 것이기 때문이다.[196]

이와 같이 개방된 온라인 공론장은 꾸며진 이야기나 승리주의의 이야기가 아니라 평범하고 연약한 우리의 삶을 관통하는 특별한 이야기를 듣기 원한다. 특히 유튜브의 경우 10만 이상의 구독자를 확보한 활성화된 채널이라면, 그 채널의 크리에이터와 구독자 사이에는 공공연한 사적 서사 담론의 공유가 일어나게 된다. 크리에이터는 자신의 삶의 실수와 실패, 사랑과 우정, 삶의 가치관과 재물관 등에

---

195 정용갑 2014, 203
196 Ibid, 202

관한 이야기를 나누기도 하고, 그런 이야기만 나누기 위해 새로운 채널을 별도로 운영하기도 한다. 이러한 경향은 유튜브의 부족(채널)에서 부족장으로서의 크리에이터에게 원하는 리더십이 '전문성'뿐 아니라 있는 그대로의 부족한 모습까지 공유할 수 있는 '인간미가 더해진 진실함'이며, 그런 '사람 냄새 나는 진정성'을 통해 구독자들의 신뢰와 충성이 더욱 강화된다는 점을 확인하게 된다. 다시 말해서 구독자들이 유튜브 활동을 통해 채널에서 단순히 지식과 유흥만을 얻으려는 것이 아니라, 일상과 인생에 대한 통찰과 지혜, 진실한 관계와 소속에 대한 깊은 갈망까지 해소하고 싶어한다는 것을 볼 수 있다.

따라서 유튜브에서 기독 크리에이터가 증언해야 하는 것은 기복주의적이고 성공주의적인 영웅 담론이 아니다. 평범하고, 실수하고, 연약하고 실패한 것처럼 보이나, 결국 승리하는 예수님을 닮은 십자가의 이야기다. 즉, 내가 경험한 하나님의 이야기가 유튜브 안에서 보편언어로 번역되어 진실하게, 그리고 적합하고 타당하게 증거될 때, 그 메시지는 하나님의 임재와 동행을 통한 복음의 능력과 생명력으로 진정성 있게 전달될 수 있을 것이다.

선교적 유튜브 부족장의 두 가지 유형

부족의 시대를 위한 선교적 부족장으로서 유튜브 크리에이터는 '논객'과 '인플루언서'라는 두 가지 유형으로 설명할 수 있다. 논객이란 메시지를 만들어내는 통찰과 식견이 있고, 이를 표현해내는 논리적 지성과 스토리텔링을 통해 사회적 연대를 만들어내는 오피니언 리더로서 온라인 공론장을 이끌어가고 있는 사람이다.

장우영은 논객이 만들어가는 공론장이 보조가 아닌 대체적인 의미에서 대안적이라고 묘사한다.[197] 그 특징은 ① 상호소통(interactivity), ② 연대(partnership), ③ 공동체 중심(community orientation)이라고 주장한다. 이러한 관점에서, 유튜브 선교를 위해서는 세상에 대한 지식과 이해, 보편언어와 문법, 지성과 감성을 겸비한 논리적 스토리텔링으로 기독 지혜를 풀어내 설명할 '논객 크리에이터'가 필요하다. 하지만 그런 논객이 한국교회에 존재하는가?

한국의 초대형 교회인 온누리교회의 고 하용조 목사의 2006년 설교가 지금도 회자되고 있는데, 그 설교에서 하 목사는 "한국교회는 시대 정신을 교회가 끌고 가는가? 못 끌고 가고 있다. 숫자만 많았지, 교회가 시대정신을 대표하지 못하고 있다"고 서두를 열면서, 그 첫째 이유로 "논객이 없다"는 점을 지적했다.[198] 기독교 복음주의 진영에도 공론장에서 학문성과 통찰을 겸비한 변증적 증언이 가능한 논객들이 등장해야 한다는 주장이다. 하지만 하 목사의 예언적 메시지에도 불구하고, 여전히 온라인을 포함한 대한민국 공론장에는 극우

197 Chang 2005, 396
198 이대웅 2019

와 극좌 이외에는 합리적이고 보편타당한 기독 지혜의 진술과 증언이 영향을 미치지 못하고 있다. 대한민국 정치계는 우파와 좌파 논객의 온라인 활동이 조직적으로 정착되어 있고, 이들의 활동은 공론장과 여론에 큰 영향을 미친다. 더구나 알고리즘이 편향성을 강화하는 유튜브에서는 그 양극화의 골이 더더욱 깊어지고 있으며, 교회가 세상에 영향을 주기는커녕, 오히려 이러한 좌우 극단의 크리에이터들의 영향을 받아 선거가 다가올 때마다 긴장감과 적대심의 사정거리 안에 들어가고 있다. 따라서 악의적 유튜브 논객들이 만드는 가짜뉴스와 분열과 갈등을 뛰어넘어, 유튜브 공론장 안에서 누룩과 같은 하나님 나라를 이루기 위해서는 변증언어를 통해 끊임없이 공공의 선을 증거할 기독 논객들이 등장해야 한다는 것이다.

그런데 유튜브 선교를 위해서는 이런 변증법적 언어만으로는 부족하다. 복잡계와 같은 온라인 공론장에서의 진리 추구는 답을 찾아가는 변증법의 영역을 넘어서기 때문이다. 그래서 온라인 공론장에서 증언을 위한 또 다른 언어는 '정체성의 언어'다. 이 언어를 가진 유튜브 크리에이터를 소위 '인플루언서'(influencer)라고 부른다.

원성심과 김경호의 연구에 의하면 "2019년 기준으로 전세계 소셜 미디어 이용자 수는 세계 인구의 45%에 달하고, 한국은 10명 중 6명이 소셜미디어에 가입되어 있으며, 유형별 이용률은 페이스북(86.8%)이 가장 높은 가운데, 그 뒤를 이어 인스타그램(74.5%), 유튜브(71.1%), 카카오스토리(66.6%), 밴드(59.3%), 트위터(47.5%) 등의

순"으로 나타났다.[199] 이에 대해 원성심과 김경호는 "이러한 조사 결과는 참여와 개방, 공유를 핵심 키워드로 하는 인터넷 플랫폼 시대에 소셜미디어가 강세를 보이고 있음을 증명한다"[200]고 평가한다. 이와 같은 소셜미디어에서 기존 방송이나 기성 언론을 능가하는 수준인 수십만에서 수백만에 이르기까지의 팔로워 혹은 구독자로 지칭되는 지지층을 보유한 사람들을 '인플루언서'라고 지칭[201]하는 것이다. 이들은 정치의 여론, 시장의 구매에 지대한 영향을 미치며, 온라인 세상뿐 아니라 현실 정치와 경제, 문화와 사회 전반에 자신들의 영향을 미치고 있다.

논객들이 구사하는 변증법적 언어에 비해 정체성의 언어는 자칫 수동적으로 여겨질 수 있지만, 사실은 전혀 그렇지 않다. 공공신학적 증언이 변증적이라면, 윤리신학적 증언은 오히려 복음과 진리의 승리에 대한 소망과 자신감에 근거한 존재론적 증언이다. 하우어워스는 "성경에서 묘사된 교회는 세상의 공격을 피하는 참호 진지가 되는 방어적인 태도가 아니라 공격적인 태도를 취한다"고 주장하는데, 그에게 교회란 '이동과 침투와 전술을 통해서 승리를 거두는 군대 … 그리고 예수를 따라가고자 애쓰면서 이동하는 백성'이다.[202] 즉, 교회가 교회다워지고 그리스도인이 그리스도인다워지는 것을 통해, 오

---

199 원성심, 김경호 2020, 138
200 Ibid, 138
201 Ibid, 140
202 Hauerwas and Willimon 2018, 80

히려 세상을 향해 가장 공격적이고 파격적인 증언이 이루어질 수 있다는 주장이다.

흥미로운 사실은, 하우어워스가 주장하는 정체성과 정체성의 대결로서의 증언을 실행함에 있어서 교회가 영적 절대자를 탐구하는 비기독교적인 '구도자들의 세상'(world of seekers and thinkers)과 접촉하고 관여할수록, 기독교인이 상호 배움을 통해 기독교의 진리에 대해서 그리고 자신의 정체성에 대해서 더 많이 배우고 얻게 된다는 것이다.[203] 이는 교회가 적대적이거나 무관심한 외부세계와의 만남을 통해 대화와 증언에 참여하는 일이 자신의 정체성을 강화하여 선교적 전투력을 높인다는 의미이다. 따라서 온라인 공론장인 유튜브에서 변증 언어의 필요가 논객을 소환하고 있다면, 정체성의 언어는 기독 인플루언서의 등장을 요청한다.

그런데 인플루언서들은 논객에 비해 결이 다르다. 설득하는 사람이라기보다 그 존재 자체의 진정성으로 자신의 지지자들에게 신뢰와 영향력을 주는 사람이다. 물론 일부 인플루언서가 청소년들에게 잘못된 가치를 심고 악한 영향을 주기도 하며 가짜뉴스를 통해 사회적 문제를 일으키는 부작용을 일으키기도 하지만, 순기능을 하는 경우도 많다. 예를 들어 심리상담 전문가인 오은영 박사의 경우 자녀교육과 관련된 대표적인 인플루언서로, 그의 강의는 연예인과 재벌

---

203 Aaron and Wessman 2017, 62

들도 시청하고 영향을 받을 정도로 유명해졌다. 인플루언서들은 억울한 사람이나 착한 가게를 돕기 위해 수만 명의 사람을 동원하기도 하고, 악한 기업과 거짓 광고 등에 대해서는 단호한 처벌을 받게 하는 등으로 사이버 액션의 진원지가 되고 있다. 이를 볼 때, 유튜브에서 탈목적성을 가지고 존재론적인 증언을 추구하는 정체성 선교를 위해서는 특별히 그 존재 자체로 복음을 드러낼 수 있는 기독 인플루언서의 등장이 간절히 필요하다.

인터랙티브한 공동의 증언

유튜브 공론장 선교를 위해서는 다양한 기독 크리에이터들이 '각자 그리고 함께'라는 공동의 증언을 하는 일이 필요하다. 온라인 공론장은 탈조직적이고 다중심적인 네트워크 소통의 장이기 때문에 온라인 미디어는 '상호'(interactive) 소통을 추구하고, 온라인 미디어에 존재하는 온라인 마켓(시장)은 인터랙티브적인 바이럴(viral) 마케팅을 사용한다.

강태임은 "인터랙션(interaction)이라는 말의 어원은 상호(inter)와 작동(action)의 합성어로 상호간의 동작을 말하고, 이 상호적인 작용의 접점을 인터페이스(interface)라고 한다"고 정리하는데,[204] 이러한 개념에서 온라인 공론장을 형성하는 온라인 소셜 네트워크 플랫폼들이 인터랙티브한 인터페이스, 즉 다중심적인 '상호작용을 위한 상호접점 생성'을 중심으로 유기체적인 네트워크를 형성하도록 디자인되어 있다는 것이다.

인터랙티브 디자인이 온라인 소통에 적용된 예로 '바이럴 마케팅'이 있다. 한국에서는 '입소문 마케팅'으로 번역되는데, 여기서 '바이럴'은 '바이러스에 의한'이라는 뜻을 가지고 있다. 이는 입소문이 온라인 세계에서 바이러스처럼 빠르게 확산되는 특징이 있음을 대표적으로 보여주는 지구촌락적 소통의 예가 된다.[205] 입소문이 온라인 소셜 네트워크를 통해 동시다발적으로 빠르게 전달될 수 있는, 온라인 세계의 '맥루한적 촌락성'을 극대화한 마케팅 전략인 것이다.

한국마케팅연구원의 자료에 의하면 바이럴 마케팅은 연관 검색어, 실시간 검색어, 블로그, 지식in 포스팅에서 주로 볼 수 있고, 최근에는 페이스북, 트위터 등 SNS 매체에서도 많이 찾아볼 수 있으며, 주로 댓글이나 추천 등에 의해 구전되는[206] 특징이 있다.

이상의 인터랙티브 및 바이럴 소통의 특징은 탈조직적이고 다중심적인 관계 네트워크 기반이라는 점이다. 따라서 유튜브 공론장의 선교적 커뮤니케이션은 이와 같은 탈조직적이고 다중심적인 네트워크적 관계, 즉 인터랙티브한 공동의 증거가 되어야 한다. 그런

204 강태임 2013, 421
205 한국마케팅연구원 편집부 2015, 60, 61
206 Ibid, 61

데 그동안엔 여기서의 '공동'이 'common'이냐[207] 혹은 'common Christian'이냐에 따라,[208] 그리고 증거의 내용이 '예수의 유일성'이냐 '하나님의 나라'냐를 두고 진영 간의 대결과 갈등의 역사가 지속되어 왔다. 하지만 이제 온라인 공론장 선교는 '공동'의 의미를 조직과 집합의 의미로 사용하지 않고, 증언의 메시지를 특정한 의도로 규정하지도 않는다. 온라인 공론장에서 커뮤니케이션의 주체는 하나님 나라 백성으로서 '공동'이지만, 이는 기관이나 집합이 아닌 공동체적 운동을 의미한다. 그 메시지도 삶의 전반에 걸쳐 요청되는 보편적 기독교 지혜의 증언이다. 따라서 온라인 공론장은 교조적 통일성(unity)이 아니라 탈획일화, 탈조직화된 공동체성과 운동성을 기반으로 조화의 보편성(harmony)을 추구하는 공동의 증언이라는 선교 커뮤니케이션을 요청하고 있다.

마틴 마티(Martin Marty)는 공적 교회의 하나됨과 공동체성을 설명하면서, "공동체들의 공동체(community of communities)로서 충분한 다원성(diversiry)을 포용하며 세워질 수 있기 때문에, 공격성을 통해 그리스도인들을 하나되게(unite) 해야 한다는 유혹을 거부한다"라고 주장한다.[209] 즉, '공동'이 전략적이고 조직적인 진영간의 통합이 아니라 공동체적 공동성이라는 의미다. 이와 같은 '공동성'을 위해 필

---

207 D. J. Bosch 2000, 674
208 이용원 2002, 14
209 Marty 2012, 79

수적으로 요청되는 것이 바로 '탈중심성'과 '존중'이다. 왜냐하면 온라인 공론장에는 설교 강단의 권위나 선교 전문성에서 시작되는 중심성이 아니라 일상의 삶의 자리라는 다양한 컨텍스트의 광장이 존재하기 때문이다. 따라서 온라인 공론장에서 선교적 커뮤니케이션을 위한 '공동의 증언'은 단일체가 아닌 공동체적 연합체로서의 공동이 '존중'과 더불어 '조화'(harmony)를 추구하며, 보편적 공동선을 증언하는 파편화된 기독 지혜의 동시다발적 소통, 즉 인터랙티브한 입소문이 되어야 한다.

09
전달하는 복음에서
식별되는 복음으로 전환하라

콘텐츠와 언어의 성육신

**두 번째로 요청되는 것은 '전달하는(delivery) 복음'에서
'식별(identification)되는 복음'으로 패러다임을 전환하는 것이다.**

복음의 소통을 위해서는 온라인 공론장의 알고리즘이 추천하는
(이용자들이 검색하는) 콘텐츠, 그리고 공론장에서 사용하는 보편 언어
로 성육신해야 한다는 의미다. 이를 위해서는 선교적 소통 주체의 공
공신학적인 소양이 요구된다.

마틴 마티(Martin E. Marty)는 2차 세계대전 이후 사회적 영향력을 상실한 교회의 공공성을 역설하고 사회적 책임과 행보를 제시했다는 점에서 공적 교회(Public Church)와 관련한 논의를 본격적으로 시작한 학자다. 이를 보다 구체화한 사람이 프린스턴 신학교의 공공신학 연구소장인 맥스 스택하우스(Max Stackhouse)인데, 그는 '기독교 신앙의 공적 특성 구현'을 핵심적 관심사로 다루고 있다.[210] 스택하우스는 "교회에는 공적 삶의 체제와 정책에 대한 안내자 역할을 하고 방향을 제시하는 역할이 부여되어 있다"고 하면서[211] 교회의 공적 소명을 강조하고, 복음의 보편성에 기반하여 교인을 위한 신학이 아닌 세상을 위한 신학으로서의 공공신학을 추구한다.

작금에도 온라인 세상에서는 기독교와 교회의 분쟁과 비윤리성에 대한 비판과 비난의 수위가 높아지고 있으며, 팬데믹 기간의 대면 예배와 관련된 정부의 지침을 위반하는 기독교의 반공공성 모습은 사회적인 물의를 일으키는 동시에 이기적 집단으로 낙인찍히게 하는 계기가 되었다. 이를 통해 교회는 2차 세계대전 이후와 마찬가지로 사회적 영향력을 상실하고, 가려진 빛, 맛을 잃은 소금이 되어 버렸다. 따라서 공공신학적 관점에서 온라인 공론장이라는 공적 영역에서 선교적 소통을 하기 위해서는 기독교가 공공의 눈높이로 내려가서 공공의 관심과 주제에 대해 말하고, 무엇보다 공용의 언어와 그

---

210 문시영 2013, 213
211 Ibid, 214-215

문법을 구사하는 것으로 다가가야 한다. 특히 유튜브 공론장의 경우, 이러한 성육신적 소통이 아니고서는 아무도 접근하지 않는 고립된 콘텐츠가 되어버리기 십상이다.

앞에서도 살펴본 바와 같이, 온라인 세상은 그 본성 자체가 오프라인 세상에 비해 상대적으로 높은 수준의 공개성(openness)과 접근성(accessibility)을 가지고 있기 때문에 존재론적으로 공론장이 된다. 공개성과 접근성에 기반한 '아래로부터'의 커뮤니케이션으로 형성되고 움직이는 온라인 공론장에서는 온라인만의 언어와 문법이 존재한다. 특히 유튜브의 검색 알고리즘 가운데 콘텐츠 기반 필터링은 이용자가 검색하는 키워드에 맞춰 콘텐츠를 걸러내 추천해주는 알고리즘이다. 이 알고리즘의 조건에 맞는 콘텐츠만 유튜브 공론장의 검색과 추천에 노출될 수 있다. 선교적 소통을 위한 콘텐츠의 주제는 이런 알고리즘을 고려하지 않을 수 없다. 따라서 유튜브에 콘텐츠를 등록할 때, 메타데이터로 기록하는 키워드와 제목은 반드시 검색 빈도와 중요성 등을 고려하여 작성되어야 한다. 정보의 홍수와 같은 유튜브 공론장에서 알고리즘을 통해 검색과 추천이 되지 않는 정보는 혼잣말과 다름없기 때문이다. 그러기 위해서는 그 주제도 일상에 뿌리를 둔 관심사, 즉 현 시대의 사람들에게 필요한 정보 혹은 유희를 담고 있어야 한다.

유튜브와 같은 온라인 공론장에서 복음이 식별(identification)되기 위해서는 이와 같은 온라인 상황화가 필요하고, 선교적 커뮤니케이션을 위해서는 특히 다음과 같은 언어 사용 능력이 요구된다.

첫째, 세상의 언어를 습득하고 구사하라

우리는 온라인 세상의 언어를 습득하고 구사하는 것이 필요하다. 이를 위해 익혀야 하는 것이 UX(User Experience, 사용자 경험)와 UI(User Interface, 사용자 인터페이스)라는 온라인 상황화의 개념이다. 복음이라는 콘텐츠의 상황화에 대해서는 많은 신학적 연구들이 있었지만, 온라인에서는 콘텐츠만큼 중요한 것이 미디어를 통해 전달되는 '사용자 경험'이기 때문이다.

김시정과 조도은에 의하면 "현재 우리는 생활 속에서 거의 모든 서비스를 스마트 기기를 통한 스마트 콘텐츠로 접하게 되는데, 사용자와 콘텐츠가 대면하게 되는 스마트 기기 안에서의 사용자 경험, 즉 UX와 UI 디자인의 중요성이 날로 승가하고 있다"[212]고 시석한나. 예를 들어 온라인이 미디어 도구와 네트워크로만 존재하던 90년대에 교회는 홈페이지(Home Page)를 개발하여 교회를 소개했다. 그 내용은 교역자와 장로 등의 조직도를 포함하는 교회 소개와 교회 활동을 기록한 사진이 주를 이루었다. 그래서 교회 주보에는 교회 홈페이지 주소가 들어가기 시작했고, 그 주소를 인터넷 브라우저에 정확하게 입력해야 접속할 수 있었다. 하지만 모바일 온라인 세상으로 진화한

---

212 김시정, 조도은 2016, 29

3부 | 유튜브 알고리즘에 복음을 심는 네 가지 전략

이후, 사용자들은 더 이상 홈페이지 주소로 교회에 접속하지 않고 포털 사이트의 검색을 통해 접속하게 되었다. 더구나 IT 개발과 적응에 빨랐던 한국 사람들은 그 콘텐츠를 단기간에 휴대폰이나 태블릿 기기의 화면에서 검색하고 접할 수 있게 되었다. 교회가 원하든 원치 않든 교회의 홈페이지 주소는 포털이라는 온라인 공론장의 한 파편으로 존재하게 되었고, 스마트폰의 작은 화면에서 교회를 경험하는 상황이 된 것이다. 이렇듯 이제 교회는 온라인 세계의 문법체계 안에서만 소통이 가능하게 되었다. 따라서 교회가 온라인 공론장 선교를 하기 위해서는 온라인 상황화를 통한 합리적 소통의 방법을 배워야 한다.

장명학에 의하면 "하버마스가 추구하는 공론장을 가능하게 하는 민주적 시민사회는 오로지 이미 합리화된 생활세계에서만 전개될 수 있다"[213]고 주장하면서, 합리적인 의사소통을 위한 방법으로 일상 언어를 통한 의사소통을 강조한다.[214] 즉, 공론장에서의 의사소통은 일상세계에 통용되는 언어를 통해 합리적으로 인식되는 범위 내에서 가능하다는 의미이다. 이것은 새신자가 교회에 와서 겪는 교회 용어와 관련된 문화충격이 성도들이 절에 갔을 때의 충격만큼이나 이질적인 경험이 되는 것과 마찬가지인 것처럼, 교회 용어가 공론장에서의 언어로는 더욱 적절하지 않다는 것이다.

---

213 장명학 2003, 16
214 Ibid, 17

보편적이고 합리적인 소통의 중요성은 온라인 공론장에서 더욱 극명하게 드러난다. 온라인 공론장은 공개성이 극대화된 공간이기 때문에 기독교와 교회에 대한 평가가 매우 공적으로 이루어지기 때문이다. 따라서 교회나 기독교인이 온라인 공론장에서 세상의 언어를 배우기 위해서는 먼저 세상의 언어를 들어야 한다. 언어를 배우는 첫걸음은 듣는 것에서 시작하기 때문이다.

비판이나 비난에 대해서도 익숙해져야 한다. "무작정 싸워 이겨야 한다. 우리는 선이고 저들은 악이다"라는 식의 십자군적 접근이 아니라, 공적 사회를 이루는 동일한 구성원의 입장에서 경청하고, 겸손하고 친절하게 대화를 시도해야 한다. 왜냐하면 교회가 원하든 원치 않든 교회에 대한 다양한 의견들이 온라인 공론장에서 펼쳐지고 있고, 교회의 공적 인상은 이제 그곳에서 결정되기 때문이다.

교회가 복음에 대해 공적인 번역을 하지 않고 이중언어를 구사하지 않는다 하더라도, 이제는 온라인 세상 속에서 섬처럼 조용히 존재하고 있을 수만은 없다. 교회가 먼저 온라인 세상의 언어와 문법을 통해서 합리적으로 자신을 표현하지 않는다면, 또한 공론장의 비판과 비난에 귀를 열어두고 듣지 않는다면, 온라인 공론장은 교회를 그저 섬으로 내버려 두지 않고 온라인 세상으로 꺼내 와 적대적인 평가와 왜곡의 칼을 들이댈 것이기 때문이다. 따라서 교회는 세상의 언어를 앞서 배우고 합리적이고 투명한 소통을 함으로써 온라인 세상에서 복음을 소통하고 전달해야 한다. 특히 유튜브 세상의 알고리즘에서는 복음 전도가 아니라 복음 소통이 정확한 표현인 점도 유념해야 한다. 일방적 전도가 아니라 쌍방적 소통이 우선되어야 하는 것이다.

둘째, 세상을 위한 언어, 공동선으로 소통하라

세상을 위해서는 '공동선'(common good)을 주제로 한 소통이 필요하다. 이는 개인 구원과 성화에 집중해온 한국의 주류 장로교단 전통의 영향을 받은 교회들에게 특히 요청되는 언어다. 사실 이러한 관점은 장로교 교리와 대립한다기보다 보완적인 입장이라고 할 수 있다. 공동선에 대한 공공신학적 접근은 한국 장로교회의 주요 사상인 칼빈의 '세계 형성적 기독교'(world-formative Christianity)에 대해 재해석을 주장하는 신칼빈주의의 사상과 비슷한 공통점과 아울러 차이점을 가지고 있기 때문이다.

네오 칼빈주의자인 월터스토프(Nicholas Wolterstorff)는 1981년 네덜란드 자유대학(Free University)에서 한 'Until Justice and Peace Embrace'라는 제목의 강연을 통해 칼빈이 주장했던 '세계 형성적 기독교'의 원형이 사회의 모든 영역에 적극적으로 침투(insertion)하는 것이었다는 새로운 해석을 주장하였다.[215] 즉, 칼빈의 애초 구상은 자기방어적이고 회피적 차원의 기독교 사회 건설이 아니었는데, 초창기 칼빈주의자들에 의해 그 의미가 축소되어 공공성

---

[215] Wolterstrorff 1987, 3, 4

이 결핍된 신앙을 형성하게 만들었다는 주장이다. 그의 주장은 다분히 파격적이고 과격하지만, 초기 칼빈주의 신학의 영향을 받은 한국 장로교와 주류 교회들이 협의적 개념의 기독교 사회(크리스텐덤) 건설을 추구하며, 공공성이 결여된 평신도 제자화와 교회성장만을 지향하게 되었다는 점에서 한국교회를 향한 적절한 고발성을 가지고 있다. 이는 한국 개신 교회의 갱신을 위해서도 시사하는 바가 크다. 민주화의 역사가 짧고 공정의 문제가 국가적 아젠더가 되는 대한민국 환경에서 해방을 모티브로 하는 선교 접근은 여전히 주효한 방법론이라고 하겠다.

하지만 한국은 이미 민주화 사회로 접어들었다는 점에서 해방신학적 언어는 다소 과격할 수 있다. 똑같이 세상을 위한 언어라 할지라도 공론장의 언어는 민주화를 '성취'하려는 것이기보다 민주화를 '성숙'하게 하는 것으로서 필요하다. 성석환은 공공신학자들의 선교적 목표인 하나님 나라에 가장 근접한 형태의 주제를 공동선으로 제시하면서,[216] 복음주의 학자 겸 활동가인 짐 월리스의 견해를 인용하여 "교회와 그리스도인은 시민사회에서 공동선에 헌신하는 공동체로서 존재해야 한다"[217]고 주장한다. 하나님의 나라를 공동선의 추구를 통해 희망한다고 주장한 것이다.

또한 최경환에 의하면, 시카고의 데이비드 트레이시(David Tracy)

---

[216] 성석환 2019, 375
[217] Ibid, 377

는 '공적 담론으로서의 신학'이라는 글에서 "신학이 공론의 장에 공적인 담론을 제공하기 위해서는 전통이나 도덕성으로 정당화되어서는 안 되고, 비판적인 기준을 가지고 보편성을 추구해야 한다"고 주장했다.[218] 이상의 주장들을 종합해보면, 다원주의가 극대화된 온라인 세상에서 교회는 공동선이라는 보편적인 주제를 가지고 비판적 번역 작업을 거친 복음의 보편적 언어로 공론장에 참여해야 한다는 것을 알 수 있다. 하지만 여기서 어려운 점은 다중심성과 탈결정론적인 특징을 가진 온라인 공론장, 특히 일상과 취향이 콘텐츠의 주제가 되고 채널 단위의 부족주의 현상이 두드러지는 유튜브 공론장 안에서 과연 공공의 가치, 즉 공동선의 구축이 가능한가 하는 것이다. 가능하다면 그것과 복음의 관계는 어떻게 되어야 하는가? 이런 문제들에 대해서는 다양한 소통 주체만큼이나 다양한 관점에서 바라보고 정립해가야 하는 것이므로, 장기간의 시행착오를 거치면서 배우고 풀어가야 하는 숙제가 된다.

셋째, 세상에 의한 언어를 지향하라

우리는 '세상에 의한 언어'를 사용하기를 지향해야 한다. 교회가 온라인 세상의 구성원으로 존재하는 온라인 공론장은 철저히 아래로부터 나온 주제가 주도하는 곳이기 때문이다.

---

[218] 최경환 2019, 71

유튜브의 콘텐츠 크리에이터들은 시청자의 관심과 필요에 철저히 맞춰져 있다. 이것은 공공신학자들의 공론장에서 공동선 추구와 차별화된 방법론이 된 것이기도 하다. 공공신학자들의 공동선 추구는 다분히 기획적이고 의도적이다. 하지만 온라인 공론장은 하나님 나라의 일상성의 극단적인 파편에 존재한다. 그래서 온라인 공론장에서는 대화의 가벼움과 무거움을 구분하지 않고, 모든 온라인 생활과 대화의 장마다 침투하는, 비의도적이고 탈목적적이지만 동시에 선교적인 소통을 철저히 지향해야 한다.

지금까지 언급한 '세상의, 세상을 위한, 세상에 의한 선교적 언어'는 뉴비긴의 상황화 개념에서 수렴한 것이다. 뉴비긴에게 상황화(contextualization)란 토착화(indigenization), 각색(adaption), 적응(accommodation)과 같이 타협적이거나 우월적이지 않고 '복음을 전파할 때 상대방의 필요에 직접 주목함으로써, 그들을 둘러싼 총체적 맥락 가운데에서 하나님의 말씀을 전하는 것'이기 때문이다.[219] 특히 정보의 홍수와 같은 유튜브에서 의미 있는 콘텐츠를 전달하기 위해서는 메타데이터와 디지털 알고리즘이라는 온라인 언어와 언어 구사, 즉 문법에 대한 이해가 필수적으로 요청된다는 점은 재삼 강조해도 부족하지 않다. 거듭 말하지만, 의미가 부여되지 않고 검색되지 않는 정보는 울리는 꽹과리일 뿐이기 때문이다.

---

219 Newbigin 2007, 268, 269

10
일방적 교리 선언에서
일상 경험의 공유로 전환하라

Imago Dei의 정체성

유튜브 선교를 위한 세 번째 패러다임의 전환은 일방향적인 교리 선언에서 일상 공동체 경험의 공유로 선교의 방향을 바꾸는 것이다.

유튜브를 포함한 온라인 공론장에서의 선교는 '세상이 줄 수 없는 공동체의 체험'[220]이 되어야 한다. 왜냐하면 신부족의 형성은 '함께하

---

[220] Hauerwas and Willimon 2018, 121

는 존재'로서의 인간의 근원적이고 영적인 소속감에 대한 갈급에서 비롯된 것이기 때문이다. 다양한 가면을 쓰고 느슨한 관계를 맺는 인본주의적 부족과 달리, 성경적 공동체의 인간관계는 다양한 가면을 쓰는 것이 아니라 가면을 벗는 데서 시작되고, 이웃을 찾는 것이 아니라 이웃이 되는 것이어야 한다. 따라서 기독 크리에이터들은 유튜브 공론장 선교를 위해 세상과 구별되는 진짜 공동체의 정체성을 구현하여, 그 채널에 속한 부족원들에게 따뜻하고 정의로운 공동체를 체험시키려는 선교적 방향성을 견지해야 한다.

온라인 세계의 선교적 특성에서 언급한 바와 같이 데이터와 메타데이터의 결합을 통한 통전적 커뮤니케이션 차원에서의 정체성, 즉 교회의 교회됨과 그리스도인의 그리스도인됨을 통한 증언은 세상을 향한 강력한 복음 메시지가 된다. 특히 기독교 윤리를 기반으로 하는 '스택하우스의 공공신학'에서 '교회는 공공의 영역에서 하나님 나라를 대안으로 제시해주는 전위'이기 때문에 세상을 향해 신앙의 공적인 것들을 신학적으로 풀어내는 '신학센터'의 역할을 하고, 공적 참여를 통해 세상을 섬기는 '섬김의 모델'이 되어야 한다고 믿는다.[221] 하지만 공공신학이 기독교의 공공성에만 집중하다 보면 공적 섬김이나 복음의 번역에만 집착한 나머지 결과적으로 교회의 정체성을 상실할 수 있다는 우려 또한 자아내고 있다.

---

[221] 문시영 2013, 216

특히 하우어워스는 〈하나님의 나그네 된 백성〉에서 '기독교 신학이 씨름해야 할 가장 큰 과제는 번역이 아니라 실행'이라고 주장하면서 "아무리 세련된 신학 사상도 하나님에 관한 언어를 몸으로 살아내는 사람들의 공동체인 교회를 대신할 수 없다"고 강조한다.[222] 말씀을 직접 살아내는 교회의 교회다움이야 말로 세상을 향한 가장 효과적이고 영향력 있는 선교적 커뮤니케이션이라는 의미이다. 즉, 공론장에 가장 효과적인 선교 언어는 세상에 맞춰서 복음을 전달하려는 부자연스러운 번역이 아니라 '그리스도인과 교회 안에 있는 하나님의 형상(Imago Dei)을 온전히 드러내는 것'이라는 의미다.

이와 관련하여 김현수는 스탠리 하우어스의 주장이 "교회가 하나의 사회윤리를 가지는 것이 아니라 교회 자체가 하나의 사회윤리이다"[223]라고 설명하는데, 이는 교회가 세상과 차별화된 '대안의 정치적 공동체 혹은 대조 모델'이 된다는 의미이며,[224] 그 자체로 복음 메시지가 된다는 뜻이다.

지금까지의 논의들을 종합하면, 결국 복음 자체가 공적 창조 세상을 향한 창조주의 메시지이기 때문에, 복음 그 자체를 삶으로 살아내어 드러내는 것이 복음 자체가 가지는 공공성에 대한 믿음이며 능력이라고 요약할 수 있다. 그래서 하우어워스는 자신의 책

---

222 Hauerwas and Willimon 2018, 240
223 김현수 2012, 282
224 Ibid, 284-286

〈교회됨〉을 통해 교회의 정체성, 즉 '교회 그 자체가 되는 것이 교회의 으뜸가는 책무'(the first task of the church is to be the church itself)라고 하면서, 이는 세상으로부터의 고립이 아니라 세상을 섬기는 길이라는 점을 강조한다.[225] 그의 책을 번역한 문시영은 하우어워스의 관점에서 교회의 시급한 과제는 '교회의 공공성을 앞세워 시민사회에 참여하거나, 기독교의 이름으로 시민사회를 위한 정책을 제시하고 사회의 여러 분야와 협력하는 것보다 교회의 정체성 회복이 더 급선무'라고 주장한다.[226] 이를 위해 하우어워스는 '교회가 무엇인가'(what the church is)가 아니라 '교회는 무엇이 되어야 하는가'(what the church ought to be)에 관심을 집중하면서, 교회의 정체성을 성품의 공동체로 규정한다.[227]

하우어워스는 "(교회는) 세상이 사회적 강제력이나 통치 행위를 통해서는 결코 이룰 수 없는 삶의 방식을 통해 세상에 (복음을) 보여준다."[228]고 하는데, 그의 주장은 마치 어둠이 빛과 대화할 수 없고 빛이 어두움을 몰아내는 것과 같이, 교회가 빛으로서 그 정체성을 회복하는 선교적 열망이라고 할 수 있겠다. 즉, 하우어워스에게 세상과 교회의 관계에서 가장 중요한 것은 교회의 교회됨이고, 선교적 커뮤니케이션도 교회됨을 통해 가능하다는 의미이다.

---

225 Hauerwas 2010, 30
226 문시영 2013, 218
227 Ibid, 219
228 Hauerwas and Willimon 2018, 121

한국일은 교회의 정체성을 통한 선교로의 열망을 다음과 같이 기술한다.

교회가 성장 자체에 사로잡혀서 세운 실용주의적 교회관이 아니라 성경에 기록된 교회의 본질을 따라 왜곡하지 않고 건강하게 성장한다면, 교회가 목회자 개인의 목회적 야망이 아니라 교회를 향한 하나님의 약속에 의해 이끌려간다면, 교회가 자신을 목적으로 삼아서 내향적이 아니라 세상을 향한 부르심의 풍성함을 깨닫고 그것에 충실하다면, 교회가 목회자 중심이 아니라 모든 그리스도인에게 주신 다양한 은사를 발견하여 세상 안에서 하나님 나라를 위한 증거자가 된다면, 그리고 하나님과 갈라진 세상과의 화해와 구원의 완성을 위해 하나님이 오늘도 교회를 사용하시며, 개인 구원을 평생의 목표로 삼고 가는 것이 아니라 바울의 고백처럼 복음을 위해 이 땅에 사는 목적을 따라간다면, 그리스도의 남은 고난을 그의 몸된 교회를 위해 기꺼이 내 육체에 채우는 성도들로서 훈련된다면, 이 땅에 교회와 그리스도인의 존재가 얼마나 중요하고 필요한 것인지를 세상이 알게 될 것이다. 이것을 위해 교회 자체가 갱신되고 교회다움을 회복하는 대조 공동체로서 지역 사회에서 존재하는 것 자체가 증언이 된다.[229]

세바스찬 김이 한국 초대형 교회의 문제들과 기독교의 신뢰성에

---

229 한국일 2012, 104

대해 기술한 2019년 연구에서 언급한 명성교회와 소망교회의 변칙 세습 사례에서도 알 수 있듯이, 한국교회의 신뢰도가 추락하는 것은 공공성의 문제인 동시에 정체성의 상실에 기인한 것이기도 하다는 점에서 정체성을 통한 소통의 중요성은 더욱 강조되고 있다.[230] 특히 소통의 파급력이 즉각적이고 전세계적인 온라인 세상에서 이것은 더욱 심각한 과제가 되고 있다. 이런 상황에서, 기독교와 관련된 다양한 시각의 정보가 시공간을 초월해 모두에게 노출되는 유튜브에서 가짜뉴스를 막고 변증 메시지를 내는 것은 거의 무의미하다고 할 수 있다. 오히려 교회와 기독교인들이 진짜 기독교의 모습, 즉 하나님의 형상을 공적인 삶을 통해 드러내는 일을 감당할 때, 이 위기는 시간이라는 과정을 통과하면서 강력한 메시지로 전달되기 시작할 것이다.

유튜브 세상에서 최종 승리에 대한 소망과 확신을 가질 수 있는 까닭은 앞서 계속 다루어온 온라인 공론장이 태생적으로 가지고 있는 영적 갈망 때문이다. 온라인 공론장은 정보가 넘쳐나기 때문에 오히려 진짜(authenticity)에 대한 욕구와 갈증이 크다. COVID19로 인해 예배를 온라인으로 드리기 시작하면서 제기된 질문은 "모이지 못해도 공동체일 수 있는가"였다. 심지어 신천지의 정체가 드러나고 공론화되면서 "교회는 신천지라는 이단과 무엇이 다른가"하는 주제들이

---

230 Downs, Houston-Amstrong and Yong 2021, 87-106

온라인 공론장을 뜨겁게 달구기도 했다. 이 질문들은 로마의 박해 속에서 초대교회가 직면했던 문제들이기도 하다. 초대교회는 이 과정을 통과하면서 교회의 교회다움과 정체성을 확립할 수 있었다. 따라서 지금의 온라인 공론장은 교회로 하여금 초대교회 같은 공동체로서의 교회, 예수 그리스도의 몸으로서 예수의 인격을 보여주는 교회의 정체성을 보이기를 요구받고 있다. 이러한 관점에서 온라인 공론장 선교를 위한 교회의 소통 언어는 교회의 교회다움에 기반한 정체성이어야 한다. 즉, 하나님의 이미지를 있는 그대로 보여주는 차원에서의 정체성이라는 언어이다.

안희열은 "인간은 원래 하나님의 형상(Image of God)을 따라 지으심을 받았기에 교회 역시 삼위일체 하나님의 형상(이미지)을 회복할 때 그 존재 가치가 있는 것이다. 즉, 하나님의 백성들의 삶과 인격 속에서 하나님의 형상이 발견되어야 한다"고 주장하면서, 한국교회가 실추시킨 하나님의 형상을 회복하는 것이 선교적 메시지임을 강조한다.[231] 그리스도인 그 자체가 하나님의 형상을 전하는 메신저이자 메시지이기 때문이다.

뉴비긴은 "복음을 믿고 복음에 따라 사는 회중이 복음의 유일한 해석자다"[232]라고 주장했는데, 이는 온라인 공론장에서 그리스도인이 전 인격적인 데이터와 메타데이터를 통해 그리스도를 보여주는 복

---

231 안희열 2014, 369
232 Newbigin 2007, 419

음의 해석자인 동시에 '복음의 해석' 그 자체로 확대된다고 할 수 있다. 따라서 온라인 세계는 모든 그리스도인에게 복음의 '해석학적 현장'이 된다. 이를 유튜브에 적용해보면, 작금의 유튜브는 마치 로마제국과 같고, 그 안에서 현대의 그리스도인은 마치 로마 시대에 신분을 감추고 예배드리던 초대교회 성도들과 같다고 할 수 있다. 길을 만들어 거대 제국을 이루고 언어를 통일해서 영향력을 극대화했던 로마의 통치 안에서 존재감도 없던 기독교가 결국 로마를 변화시킨 것은 교세의 확장이 아니었다. 그리스도인 한 사람 한 사람이 누룩과 같이 예수님을 닮아가는 제자의 길을 걸어가면서, 하나님의 형상을 세상에 보여주며 세상에 스며들었기 때문이었다.

온라인을 통해 세상을 연결하는 길을 만들고, 알고리즘이라는 통치체제를 통해 콘텐츠를 통제하면서 자본주의와 인본주의 세상을 만들어가는 유튜브 세국에서노 로마 시대와 마찬가지로 기녹교와 그 콘텐츠는 알고리즘을 통과하지 않으면 추천도 되지 않고 고립되고 있으며, 심지어 공공의 적개심 속에서 숨죽이며 존재해야 하는 상황에 처해 있다. 따라서 유튜브의 성도들은 로마제국의 초대교회 성도들과 같은 방식으로 자신의 삶을 통해 하나님의 형상을 드러내고 교회는 교회다운 공동체성을 회복하면서, 누룩과 같이 스며드는 소통으로써 세상을 향해 복음을 증거해야 한다.

진정성 있는 커뮤니케이션을 통한 통전적 메시지

앞에서 복음은 그 자체로 공적이며, 세상이 찾는 길과 진리와 생명은 결국 예수 그리스도의 인격을 통해 드러난 하나님의 형상이다. 그리고 유튜브의 공적 세상에서 이 복음을 드러낼 수 있는 선교적 소통을 하기 위해서는 일상의 삶을 통해 복음을 살아내야 한다는 결론에 이르렀다. 그렇다면 이제는 "그러한 삶은 구체적으로 어떠한 모습이어야 하는가"에 대한 질문이 생긴다. 이 질문에 '진정성'이라고 답하고자 한다.

스킬레벡스(Edward Schillebeeckx)에 의하면 "예수님은 말과 인격과 행동이 일치했기 때문에 공적인 분이셨다"[233] 예수님의 활동은 하나님과의 친밀함에 깊이 연결돼 있었고, 예수님의 인격은 그가 선포하는 말과 사역과 동떨어져 있지 않았다.[234] 따라서 예수의 몸된 교회, 즉 그리스도를 닮아가는 그의 제자들도 공론장에서 공적 존재로 인정받고 소통하기 위해서는 세상 제국에서 말과 행동으로 기독교를 자유롭게 번역하며 구사할 수 있는 이중언어자여야 한다. 동시에 인격은 복음의 정체성에 뿌리 내린 삶의 언어로 소통하는 것이어야 하며, 이 둘이 통전적인 일치를 이루는 커뮤니케이션이 필요하다.

예수의 몸인 교회는 성령의 열매인 인격을 그 공동체성과 조직 구

---

233 Schreiter and Hilkert 1989, 56
234 Ibid, 57

성과 재정 집행, 그리고 의사결정 과정 등에서 보여줄 수 있는 '정체성의 언어'를 구사해야 한다. 동시에 온라인 세상과 소통하기 위해 이중언어를 구사하면서 합리성과 투명성에 기반할 때, 온라인 공론장에서의 선교적 의사소통은 하나님의 나라를 이루는 강력한 선교 활동으로 드러날 것이다. 그래서 온라인 공론장 선교를 위한 커뮤니케이션의 핵심은 '메신저의 삶'이라는 메타데이터와 '선교 메시지'라는 데이터가 일치하는 메시지의 입체적 진정성인 것이다.

한국일은 복음을 전파해서 들려주는 행위가 중요하지만, 우리가 간과하지 말아야 할 것은 '복음을 전하는 말과 함께 말씀을 전하는 사람, 즉 메신저 자신이 곧 메시지가 된다는 점'이라고 하면서, "세상은 우리가 전하는 내용을 들을 뿐 아니라 우리의 삶 자체를 주목하고 있다. 지역 사회에 속한 교회의 존재와 매일 이웃과의 관계 속에서 살아가는 그리스도인의 삶 자체가 선교의 내용이 된다"고 역설한다.[235]

조해룡 또한 뉴비긴의 선교적 상황화를 설명하면서 "기독교가 올바른 상황화를 하기 위해서는 복음에 정당한 우선권을 부여하고, 복음이 각 문화에 침투해서 그 문화의 언어와 상징들을 사용하여 심판과 은혜를 선포해야 한다. 그렇게 되기 위해서는 복음이 실체가 없는 말이 아니라 하나님 이야기를 구현하는 공동체가 보여주는 삶의 모

---

235 한국일 2012, 106

습을 통해 전달되는 복음이 되어야 한다"고 주장한다.[236] 유튜브 세상에서도 이와 같이 복음을 증거하기 위한 입체적이고 귀납적인 메시지의 핵심 문법은 사랑과 공의의 조화, 복음과 삶의 일치가 투명하게 드러나는 진정성이다.

안희열은 2013년 기독교윤리실천운동 본부가 실시한 '한국인의 주요 종교 신뢰도 조사'를 분석하면서 "교회 지도자에게 요구되는 개선점 중 언행 불일치가 14.2%로 가장 높았고, 신앙을 평계로 부를 축적하는 것이 13.9%, 모범이 되지 않는 삶이 13.3%, 도덕적/윤리적 문제가 12.7%로 나타났다"고 지적하면서, '교회 지도자들의 신앙과 삶이 일치하지 않는 것이 세상 사람들로부터 지탄의 대상이 된 것'이라고 평가하며 선교적 삶을 위한 공의의 실천을 강조한다.[237] 또한 그리스도인들에게는 '나' 중심의 소비형 신앙생활이 아닌 타인을 위해 '세상으로 보냄받은 사람'으로서 살아가는 사랑의 실천도 요청한다.[238] 이것은 말씀이 육신이 되어 이 땅에 오시고 십자가에서 공의와 사랑을 완성하신 예수님을 따르는 성육신적 선교의 온전한 실천으로의 초청이다.

유튜브를 포함한 온라인 공론장은 태그, 키워드, 댓글을 포함한 수많은 메타데이터를 알고리즘으로 조합하여 의미 있는 정보로 공론

---

236 조해룡 2016, 429
237 안희열 2014, 371
238 Ibid, 377

장 참여자들에게 전달한다. 즉, 정보 생산자가 하든 공론장이 하든 정보에는 '태깅'(tagging)이라는 메타데이터가 생성되고, 그것들은 알고리즘이라는 조합을 통해 세상의 언어로 평가받고 추천된다는 말이다. 그래서 목회자의 설교가 검색된다 해도 그 교회의 분쟁 뉴스도 동시에 접하게 되고, 목회자와 성도 개인 SNS의 정치적 표현에 이르기까지 모든 것이 전 인격적으로 관찰되고 평가되고 있는 것이다. 따라서 기독교 메신저의 말과 행동에 대한 태그(메타데이터)들이 그리스도의 인격과 진리를 드러내는 복음 증언과 일치할 때 그 증언은 진짜를 갈망하는 유튜브 공론장의 알고리즘 안에서 진정성 있는 복음으로 전달될 것이다.

개방된 삼위일체적 우정으로의 초대

그렇다면 "진실한 삶으로 증거해야 할 기독교의 기독교다움, 교회의 교회다움은 무엇일까?" 또한 "과연 그렇게 진정성을 보여주며 존재하는 것만으로 하나님의 통치를 이 땅에 이루는 하나님의 선교가 이루어지는 것일까?"라는 질문들이 생겨난다. 이 질문들은 "존재론적 증거만으로는 부족하며, 하나님 나라의 회복과 도래를 위한 보다 적극적이고 본격적인 기획이 필요하지 않은가?" 하는 구령의 열정에 관한 빚진 마음과 관련된 불편에서 나오는 토로이기도 하다. 하지만 온라인 공론장 선교를 위한 탈의도적이고 존재론적인 증거는 결코 사회변혁적 선교를 약화시키지 않는다. 오히려 근원적인 회심과 지속 가능한 변화를 추구한다.

한국일도 '회심은 하나님과 이웃과의 관계에서 새롭게 출발하는 새 현실이기 때문에, 이는 개인적 차원만이 아니라 사회적 차원의 변화를 가져오는 것'이라고 주장한다.[239] 그는 "인격적인 전환은 불가피하게 사회적 구조변화와의 결합에서 발생한다"[240]는 점에 주목하면서, 개인이 존재론적이고 차원적 변화를 겪을 때 사회적 변화가 함께 일어난다는 점을 강조한다.

하나님 사랑과 이웃 사랑이 분리될 수 없듯이, 개인의 구원과 사회의 변혁은 분리되지 않는다. 그래서 온라인 공론장의 비의도적이고 보편적인 선교 커뮤니케이션이 자칫 방향성 상실로 귀결될 수 있다는 우려와 비판을 거부한다. 오히려 '선교하시는 하나님'(missio Dei)에 대한 신뢰와 겸손한 순종을 바탕으로 한 탈의도성을 지향한다는 점에서, 이는 '교회의 의도적 선교' 시대에 추구했던 '하나님 나라의 성취와 확장'이 아니라 '선교적 차원으로의 초대'라는 하나님의 선교 기획에 대한 참여를 의미한다. 즉, 삼위 하나님이 관계성 속에서 하나가 되시고 그 하나됨의 관계로 우리를 초청하시는 것처럼, 선교란 그 삼위일체의 환대로의 초대와 참여를 통해 점진적이지만 궁극적

---

239 한국일 2002, 57
240 Ibid, 59

으로 예수를 구주로 영접하게 되고 그 하나됨의 관계 안으로 들어가는 것이며, 그것이 하나님의 창조질서와 구원역사 안에 이미 그려져 있는 하나님의 선교 기획이라는 말이다. 그렇기 때문에 보편성과 개방성을 추구하는 온라인 공론장의 커뮤니케이션의 지향점은 의도가 아닌 차원의 선교, 즉 삼위일체 하나님의 환대와 연대의 선교 기획에 동참하는 선교를 지향한다는 의미가 된다.

이에 대해 몰트만은 기독교적인 사랑을 '친구됨'으로 규정하면서 사랑의 실천을 통한 선교를 강조한다. 그는 "사랑은 인간이 하나님과 맺는 그리고 하나님이 모든 피조물과 맺는 친구됨이다. 이와 같은 포괄적인 의미에서 '사실'과 '우정'은 가장 의로운 것이다. 그래서 개방적인 우정은 우정 있는 세계를 위한 기반을 준비한다"라고 주장한다.[241] 이런 관점에서 하나님의 삼위일체는 개방적인 우정의 관계이며, 선교는 열린 우정의 공동체로의 초대가 된다.

몰트만은 퀘이커 교도의 예를 들면서 "우정으로의 초대는 노예제도의 폐지를 위한 투쟁과 비참한 지역에서의 사회사업을 수반하는 실천하는 사랑이다"라는 점도 강조한다. 즉, 변혁이 목적이 된 사랑이 아니라, 사랑하기 때문에 변혁을 위한 선교에 참여한다는 말이다. 몰트만에게 있어서 선교적 초대는 교회를 향해 개방된 초대(kirchenoffene Einladung)가 아니라 세계를 향하여 개방된 초대

---

241 Moltmann 2003, 181

(weltoffene Einladung)이고,[242] 교회의 성장을 위한 초대가 아니라 세상에 하나님의 통치를 회복하는 변혁으로의 초대를 의미한다.

마틴 마티(Martin E. Marty) 또한 목적론적인 선교가 아니라 존재론적인 선교를 지향한다. 그는 공적 교회의 전도가 얼마나 거룩한 것인지를 비교하고, 상대적 가치에 대해 지적으로 판단하는 계몽 대결 같은 차원을 극복하여, 겸손하고 정직한 태도로 그리스도인의 공동체 안에 있는 흠과 연약함을 고백해야 한다고 말한다. 그리고 "구원은 인간의 노력이 아니라 오직 예수님의 십자가를 통해 얻은 것이기 때문에, 복음화는 하나님의 존재를 증명하거나 악의 문제에 대해 논리 타당한 답을 제시하는 것이 아니다"라고 피력한다. 오히려 "공적 교회의 복음 전도(Evangelizing)란 죽음과 부활, 십자가와 영광의 현장으로의 초대요 삶의 여정의 끝까지 안주하지 않고 걸어가게 하는 초대이다. 즉, 기독교적인 의미와 소속(Christian meaning and belonging)에 대한 탐구로의 초대다"라고 설명한다.[243]

뉴비긴 또한 공론장에서의 증언을 위해 믿음과 겸손한 순종의 중요성을 강조한다. 그는 '선교적 증언은 우리보다 더 큰 존재의 증언이고, 우리의 본분은 단지 신실하게 따라가는 일'[244]이며, 성령을 따라가는 선교란 '교회가 성령께서 이끄시는 대로 순종하며 따라감으

---

242 Ibid 357
243 Marty 2012, 91
244 Newbegin 2020, 120

로써, 하나님 나라의 맛보기인 성령의 임재에 의해 주어진 소망을 행동으로 옮기는 것'[245]이라고 역설한다. 이처럼 '탈의도적 선교'란 무계획적 선교가 아니라 하나님의 구원 계획에 대한 전적인 믿음이고, 성령의 성취에 대한 소망과 순종이다.

이제 우리는 온라인 공론장 선교를 위한 커뮤니케이션이란 탈의도적인 우정 관계로의 겸손하고 정직한 초대이며 사랑에 기반한 실천과 변혁임을 알 수 있게 되었다. 이것은 소속감과 정체성에 대한 욕구로 말미암아 이 시대에 온라인 신부족주의를 만들어내고 있는 인간의 깊은 요청에 대한 복음의 답이라고 할 수 있다. 유튜브에 나타나는 수많은 부족주의 현상과 채널의 공동체성은 이를 대변하는 강력한 증거다. 다만 알고리즘이 만들어내는 배타성과 양극화로 인해 깨어진 우주적 공동체성을 어떻게 회복하고, 소속은 되어 있으나 언제는 변경 가능한 거래 관계의 사회성을 돌이켜서 상호 헌신하고 공유하는 초대교회 공동체로의 회복, 즉 성령이 만드시는 창조 세계의 공동체성을 회복하는 것이 유튜브 세상을 향한 창조주 하나님의 선교 패러다임의 방향성이라고 할 수 있다.

---

245 Ibid, 124

11

개종이 아니라
신뢰 얻기를 목적으로 삼으라

신뢰에서 오는 증언의 힘을 믿으라

**유튜브 세계를 향한 증언에 필요한 네 번째 패러다임 전환은
'개종자를 얻는 대화'가 아니라 '신뢰를 얻는 대화'로
대화의 목적을 바꾸는 것이다.**

공론장에서의 선교가 보편성과 개방성을 추구하고 있으나, 이것
이 다원주의를 허용하거나 그저 서로를 알아가는 대화에 그치는 것
을 의미하지는 않는다.

뉴비긴은 에큐메니컬 진영의 다원주의자들과 치열하게 논쟁하면서, 예수가 유일한 그리스도라는 믿음의 기초 위에 세워진 대화여야 하고, "대화 자체가 선교를 대체할 수 없고, 종교 간의 대화는 반드시 복음을 어떻게 선포할 것인가라는 주제와 연결되어야 한다"는 점을 강조하여 선교에 대한 지침을 명확하게 세웠다.[246] 온라인 공론장에서의 선교적 커뮤니케이션에서 회심이란 뉴비긴이 안내하는 다원주의 사회에서의 선교와 마찬가지로 회심 자체를 목표로 보지 않고 열매로 인식해야 한다. 그래서 유튜브 공론장에서 회심이라는 열매를 얻기 위해 가장 중요한 것이 신뢰를 형성하여 공적 영향력을 얻는 것이다.

온라인 플랫폼의 특징은 개방성과 투명성이다. 아마존과 이베이를 비롯한 온라인 오픈마켓의 경우 모든 구매 경험은 리뷰로 남아 개방된 형태로 공유된다. 이는 온라인 플랫폼을 통한 비즈니스 전반의 운영 원리이다. 리뷰를 통한 투명성과 정확한 정보를 기반으로 온라인 플랫폼의 신뢰도가 커지고, 이는 더 많은 이용자를 네트워크하는 효과를 일으켜 더 큰 힘을 발휘하는 형태로 진화한다. 이승훈은 "구글의 경우 검색이라는 도구 하나를 두고서, 사용자들의 실제 검색 그대로를 조정하거나 조작하지 않음으로 신뢰를 쌓아 지금의 위치에 올라갈 수 있었다"고 분석하였다.[247]

---

246 허성식 2018, 221, 222
247 이승훈 2019, 1장

이승훈은 페이스북에 대해서는 "개방은 일종의 운명이었다"고 평가한다.[248] 페이스북은 알고리즘을 통한 '고도화된 개방'으로 불필요한 콘텐츠의 노출을 막고 의미있는 연결을 강화하였는데, 그 결과 "페이스북은 친구들의 네트워크에서 미디어 네트워크로 성장했다"고 주장한다.[249] 아마존의 경우도 '고도화된 개방을 통한 서비스 신뢰 구축'이라는 특별한 철학이 존재한다.[250] 제품(정보)은 철저히 고객의 리뷰를 통해 평가되지만, 리뷰의 오용을 막기 위한 절제된 개방을 통해 더욱 신뢰를 쌓았다는 것이다.[251] 이와 같이 온라인에서 고도화되고 제대로 관리된 개방성은 신뢰의 바탕이 되고 플랫폼의 폭발적 성장을 주도한 핵심 이유가 된다.

온라인 커뮤니케이션에서 개방과 투명성은 사용자의 신뢰에 큰 영향을 준다. 연세대학교의 이정훈과 그의 팀에 연구에 의하면 "인지된 투명성(perceived transparency)은 사용자들의 추천 시스템에서 발생하는 개인화 서비스의 유익성과 프라이버시 위험과 관계가 있다. 추천 콘텐츠와 함께 텍스트 형태로 부가적인 설명이 제공되어 투명성을 높이는데, 이러한 인지된 투명성은 추천 시스템의 내부 작업을 지식적 요소로서 이해할 수 있도록 하여, 사용자가 추천 시스템을 활

---

248 Ibid, 3장
249 Ibid, 3장
250 Ibid, 4장
251 Ibid, 4장

용하는 데 정당성을 부여하며 신뢰를 증진시킨다"[252]고 하였다. 투명성의 향상이 신뢰 향상에 영향을 준다는 점을 강조한 것이다. 이처럼 온라인 플랫폼은 진실하고 의미 있는 것을 추구하는 개방성과 투명성 속에서 자라간다. 이를 교회에 적용해보면, 온라인 플랫폼은 이에 참여하는 교회로 하여금 온라인 세상에서 요구하는 투명성과 정직한 리뷰를 받아들이고, 자신의 모습을 있는 그대로 진정성 있게 드러내도록 요청한다. 이것은 교회에는 비판과 공격으로 비쳐지겠지만, 교회를 더욱 정결하게 하여 거룩성을 회복할 수 있게 한다.

KBS의 김기화 기자는 "댓글을 무시하는 언론사에 미래는 없다"라는 글을 통해 KBS 유튜브의 '댓글 읽어주는 기자들'을 소개하면서, 기자들이 자신에 대한 비판을 받아들이고 시청자들과 진솔하게 소통할 때 발생하는 신뢰의 중요성을 강조한 바 있다.[253] 아이러니이지만, 온라인 플랫폼은 이러한 방식으로 교회의 파수꾼과 코치가 될 수 있다.

원하든 원치 않든 구글 지도에 교회가 등록되면, 구글 지도를 이용하는 사람들은 이미 그 아래에 교회에 대한 평가를 남기고 있기도 하다. 포털에서 교회를 검색하면 그 교회와 관련된 기사들이 검색되고, 그 기사 아래마다 댓글이 남겨진다. 이 댓글의 자리가 바로 온라인 공론장이다. 교회가 교회됨을 회복하면 그 댓글이 변화되는 (혹은 댓

---

252 유영하, 외. 2020, 173
253 김기화 2019, 30-32

글의 아이디로 대변되는 '온라인 세상의 시민'이 변화되는) 선교적 회심 사건이 일어날 것이다. 따라서 유튜브 공론장에서도 마찬가지로 교회가 선교적 커뮤니케이션을 위해서는 정직한 리뷰를 받아들이고, 자신을 진정성 있게 드러내면서 소통하는 방식으로 '자기와 동일한 부족(유튜브 채널)에 소속된 멤버들의 신뢰'를 얻는 대화가 필요하다.

다층적 다면적 회심을 위한 지혜 증언

보편성과 상대 존중이 강조되는 온라인 공론장에서 '회심을 일회적 선택과 변화라고 정의하고 시도하는 의도적인 선교'는 사실상 시도조차 어렵다. 알고리즘에 의해 추천되지도 않고, 상대의 의지에 의해 영원히 차단되기도 하기 때문이다. 그렇다고 해서 다원주의적 입장에서 기독교로의 회심을 위한 커뮤니케이션이 불필요하다는 입장을 주장하는 것도 아니다. 결국 온라인 공론장에서의 선교를 위한 회심의 재정의가 필요하고, 그것은 단회적이기보다 연속성의 차원으로 접근하여 생각할 때 가능해진다.

한국일은 회심의 본질적인 특성을 설명하는 두 요소를 '떠남'(Wegwenden)과 새로운 '향함'(Hinwenden)이라고 말하면서 "회심은 자기 중심으로 살던 과거의 삶으로부터 떠나는 소극적 차원과 예수 그리스도 안에서 시작하는 새로운 삶을 향한 결단의 적극적 차원을 담고 있다"[254]고 설명한다. 이러한 회심의 개념을 다층적이고 다면적인 공론장의 특수성에 대입해보면, 회심이 온라인 공론장에서 단층적이고 일회적이라기보다 공론장 관여와 접촉에 의한 '여러 번의 떠남'과 '여러 차원으로 향함'이라는 개념이 되고, 결론적으로 선교적 커뮤니케이션이란 '다층적 다면적 회심을 위한 연속적인 초대'라고 정의할 수 있다. 이는 일리야 프리고진의 복잡계(complex system)에서 발견했던 질서 추구와 결을 같이한다. 즉, 복잡계의 온라인 공론장을 통해 비결정론적이고 과정주의적인 회심으로 초대하기 위해서는 "혼돈을 통해 드러날 진리에 대해 소망해보자"라는 식의 소망을 가진 열린 소통으로 증언해야 한다는 말이다.

이러한 비의도적이고 다층적이고 다면적인 회심으로의 초대를 위해 가장 효과적인 소통 방법으로 기독 지혜를 통한 '진리의 낯설게 하기'(defamiliarization)를 들 수 있다. 이는 마치 하늘은 파란색이라고 믿는 사람에게 우주의 사진을 보여주며 다른 관점에서 볼 수 있게 해주는 작업과 같다. 눈에 보이는 세계에서는 하늘이 파란색일 수 있지만 보이지 않는 세계에서는 어떤 모습인지, 기독 증언은 망원경이 되기도 하고 우주에 떠워진 위성이 되기도 하면서, 공론장의 일상을 낯설게 하는 기독 지혜를 통해 본질과 진리에 더 가까이 가게 하는 기능을 한다.

---

254 한국일 2002, 52

뉴비긴은 '앎'을 '사물에 대한 앎'과 '사람에 대한 앎', 즉 인과론적 앎과 목적론적인 앎이라는 두 영역으로 구분하고, 기독교의 지혜는 목적론적인 질문에 대해 유일하게 대답할 수 있는 지식의 근원이라는 점을 역설하였다.[255] 이는 기독교 지혜의 '낯설게 하기'가 인과론적인 앎의 차원을 목적론적인 앎의 차원으로 바꾸는 특징이 있음을 시사한다. 이러한 목적론적인 앎으로의 지혜 증언은 존재론적으로 수행되어야 한다.

박영신은 기독교 공동체의 낯설게 하기를 구별과 존재의 거룩함과 관련시키며 다음과 같이 설명한다.

믿음의 공동체는 자체의 믿음에 기초하여 다른 집단과 다르게 세상을 보고 사물을 다르게 풀이하며 살아가고자 한다. 곧 다른 집단이 값있다고 여기는 것과 다른 것을 값있다고 하고, 다른 집단이 바라는 것과 다른 것을 바라고, 다른 집단이 살아가는 방식과 다른 방식으로 살아가는 길을 제시한다.[256]

따라서 유튜브 세계에서 복음이 증거되는 방식은 세상과 다른 방식으로 살아가는 것이다. 초대교회에서 '그리스도인'이라는 용어는 안디옥에서 불신자들이 예수를 따르는 사람들에게 붙여준 이름(행

---

255 Newbigin 2016, 235-242
256 조성돈, 정재영 2007, 14

11:25,26)이었고, 그것의 의미하는 바는 '경이롭고 자유롭고 매력적인 사람들'이었다. 이런 역사를 볼 때, 온라인 세상에서도 그리스도인이라는 단어가 그 본래의 의미를 다시 회복할 수 있다면, 로마제국을 변화시킨 것과 같은 복음의 능력이 우리를 통해 증거되는 일은 더욱 가까워질 것이다.

십자가 중심의 진리 대결

온라인 공론장은 "진리가 무엇인가"에 대한 무한경쟁으로 우리를 초대한다. 교회는 그 안에서 진리의 공동체이며, 그리스도인은 복음의 대사로서 다른 사상들과 치열하게 경쟁하며 복음을 증거하게 된다. 즉, 온라인 공론상에서는 크게 보편 언어와 번역의 문법을 기반으로 하는 공공신학적인 증언과 정체성의 문법으로 기술되는 윤리신학적인 정체성의 언어를 통해 보편적이고 개방적인 다원적 링(ring : 경기장) 안에서 다른 신념들과 진리 대결을 하게 된다.

일반적으로 공론장에서 '대결'이라는 개념은 윤리신학보다 공공신학적 선교에서 강조되는 개념이다. 최초의 공공신학저널인 〈International Journal of Public Theology〉의 2007년 창간호 사설(editorial)에서 초대 편집장이었던 세바스챤 김은 "기독교 증언으로서의 공공신학은 자기비판과 다른 관점들에 대한 민감성을 가지고 행동과 논쟁의 형식을 통해 공론장에 참여하는 것을 의미한다."[257] 고 주장한다. 동일한 저널에서 케이프타운대 교수인 그루치(John W De Gruchy)는 'Public Theology as Christian Witness'라는 글을 통해 증언으로서의 공공신학은 '논쟁의 행위'이며, 이에 참여하는 것은 마라톤이라는 경주와 같다고 비유하면서, 공공신학이 이러한 경쟁(contest)에 참여하는 것을 통해 공적 이해와 공동선의 발전에 기여할 수 있다고 주장한다.[258]

공론장에서의 보편성과 개방성에 기반한 다각적인 소통과 논쟁을 통한 생존은 온라인 세계 안의 독립 저널리즘의 발전과 진일보를 통해 더욱 극명하게 드러난다. 장우영은 'The Internet, Alternative Public Sphere and Political Dynamism : Korea's Non-gaek(polemist) Websites'라는 연구를 통해, 한국의 집집마다 1부씩 구독하던 신문의 75-80%가 4대 일간지였고 그런 주류 매체만이 공론장 기능을 했지만, 홈페이지라는 온라인 미디어의 등장은 일반인의 의사 생성과 참여에 자유로운 장을 제공하였다고 주장한다. 특히 한국의 경우는 일방 소통식의 외국 홈페이지와 달리 쌍방향적이고 참여적인 '게시판'이라는 기능이 있다는 점을 강조한다.[259] 즉, 이제 온라인 공론장 안에서 게시판과 댓글과 같은 열린 소통 공간을 통

---

257 S. C. Kim 2007, 1, 2
258 Gruchy 2007, 40, 41
259 Chang 2005, 394, 395

해 누구나 여론을 형성하고 매개하고 감시하고 교정하는 역할을 수행하게 되면서, '때를 얻든지 못 얻든지' 어떤 컨텍스트에서라도, 세상 지혜와의 논쟁 속에서 복음의 지혜를 증거해야 하는 선교 환경이 열린 것이다.

그렇다면 이러한 대결 안에서 복음의 지혜는 어떻게 차별성과 경쟁 우위를 가질 수 있을까? 그 답은 기독 지혜에 담긴 종말론적 관점에 있다. 하우어워스는 예수님의 산상수훈과 팔복 메시지를 예로 들어 세상의 복과의 차이를 종말론적 관점의 차이로 설명한다.[260] 이처럼 기독교 진리는 보이는 세상을 살아가는 처세술이나 효율적인 경영원리가 아니라 종말의 관점에서 현재를 해석하고 잘 살아내는 지혜다. 즉, 죽음 이후 인간의 존재와 의미에 대한 지혜가 된다.

그리스도인들에게 주어진 성경과 그에 대한 성령의 해석은 우주와 인생의 본질에 대한 근원적인 진리다. 그래서 공론장 선교를 위한 그리스도인들의 커뮤니케이션은 공론장에 부합하는 타당성의 기준으로 성경을 검증하고 그 기준에 따른 보편성을 찾아내는 것이 아니라, 성경의 진리와 지혜가 공론장의 보편성과 타당성의 기준을 만들어갈 수 있도록 소통하는 것이어야 할 것이다.

이러한 복음의 특수성을 온라인 공론장에 적용해보면 더욱 강력한 힘을 갖고 있음을 확신할 수 있다. 특히 오늘에만 충실하고 내일

을 계획하지 않는 유희(game)적인 신부족주의 성향을 가진 온라인 이주민들은 아무리 유희를 통해 가리려 해도 미래에 대한 불확실성이 주는 두려움, 특히 죽음과 그 이후에 대한 두려움을 많이 가지고 있다. 따라서 현실적이면서도 종말론적인 관점을 가진 기독교 복음은 신부족주의 온라인 세대의 오늘과 내일을 향한 강력한 메시지가 될 수 있다. 개방적인 온라인 공론장에서의 보편 언어로 복음과 진리를 증거하는 것은 진리의 진검승부 같은 것이다. 다만 그 대결에서 이길 검과 검술은 논리나 증거(proof)만으로는 부족하다. 보편적 언어와 변증법이 필요한 이유는 예수님의 성육신적 소통 때문이지 논리적인 승리를 위함이 아니기 때문이다.

결국 유튜브를 포함한 온라인 세상 안의 진리 대결에서 우리의 역할은 본질적으로 십자가 중심적인 포용과 환대의 공동체를 이루고 성육신적 삶으로 헌신하며, 내 자아가 아닌 예수님의 십자가와 하나님의 형상을 드러내는 일이다. 즉, 나의 전쟁이 아니라 하나님의 전쟁이 되게 하는 것이다. 데이비드 보쉬는 이와 같은 선교적 증언을 위해 모든 선교적 교회와 성도들의 삶의 자리에서 드러나는 공동체적 환대의 능력과 중요성을 강조한다. 그는 "변화하는 선교에서 지역 교회의 삶의 선교적인 차원은 그것이 참으로 예배하는 공동체일 때 특히 나타난다. 즉, 교회가 외부인을 환영하고 그들에게 따뜻함을 느끼게 할 수 있을 때이다. 목회자가 독재하지 않고 신자들이 단지 목회의 대상이지 않은 교회일 때이다. 신자들이 사회에서 자신들의 소명에 준비되어 있을 때이다. 교회가 구조적으로 혁신적일 때이다. 그리고 그것이 선별된 집단의 특권을 변호하지 않을 때이다"라고 역설하면서, 다소 수동적으로 보일 수 있는 선교적 차원의 교회가 충분히 강력한 선교적 언어이고, 결국 능동적이고 의도적인 선교까지 불러일으킨다는 점을 강조한다.[261]

누룩적 변혁을 추구하는 증언

부족주의가 지배하는 유튜브 공론장은 의도성을 가진 복음 메시지가 접근하기 어려운 알고리즘을 통과해야 하며, 공적 증언을 위한 지혜의 번역이 필수적이다. 또 강조하지만, 유튜브에서는 콘텐츠 유통 구조 자체가 검색과 추천 시스템으로 운영되기 때문이다.

영혼의 변화와 하나님 나라의 도래를 위한 선교적 증언을 위해서는 지혜의 번역과 소통만으로는 부족하다. 하나님의 선교는 하나님 나라의 통치를 지향하기 때문이고, 이는 반드시 변혁을 동반하기 때문이다. 여기서 분명하게 짚고 넘어가야 하는 것이 있는데, 온라인 공론장에서 추구해야 하는 '변혁'이란 의도적이고 물리적인 변화라기보다 누룩의 영향과 같은 비의도적 영향력이 가져오는 예측할 수

---

261 D. J. Bosch 2000, 553, 554

3부 | 유튜브 알고리즘에 복음을 심는 네 가지 전략

없는 변화에 가깝다는 사실이다. 이에 대해 '필름포럼'이라는 영화관의 대표인 성현 목사는 기독교인의 유튜브 참여와 기독교 채널에 대한 개인의 의견을 묻는 인터뷰에서 이렇게 설명했다.

"그것은 마치 공원에서 어느 화가가 그림을 그리는 것과 같아요. 세상을 그리고 세상을 재구성하지요. 그 주제는 다른 예술가들과 다르지 않아요. 다만 그 그림을 그리는 사람이 기독교인이라는 것이 다르겠죠. 그게 유튜브라는 공적 세상에 존재해야 할 기독교 채널의 방향성이라고 생각합니다."

즉, 이제는 복음의 변증적 논리보다 그것을 그리스도인의 삶으로 살아내어, 그 인격과 만남을 통해 의도치 않은 작은 변화들을 만들어내는 것이 더 중요한 세상이 되었다는 의미가 된다. 여기서 소망이 되는 것은, 이러한 접근이 가장 수동적이고 기약이 없는 증언 같지만, 사실 이런 접근이야말로 오히려 성령 하나님 입장에서는 가장 능동적이고 성령의 즉각적인 역사에 열려 있다는 점이다.

결론적으로 부족주의의 공동체성과 유목성과 유희성을 고려할 때, 같은 부족으로서의 동질감, 전문성에 대한 신뢰감, 그리고 말과 행동이 일치하는 진정성이 없이는 유튜브 세상 안에서 변혁을 일으킬 만한 공적 영향력을 발휘할 수 없는 선교 환경이 도래하였다. 그래서 유튜브 공론장에서의 선교는 회심자를 얻는 목적론적 선교가 아니라, 신뢰를 얻으며 공적 영향력을 만들어가는 과정론적 선교, 즉 선교적 의도(회심자 또는 개종자를 얻으려는 의도적 선교)가 아닌 선교적 차원의 인격적 증언이 주된 소통의 지침이 되어야 한다는 것이다. 이 결론의 의미는 삶과 인격을 통해 쌓인 신뢰를 바탕으로 누룩적 변혁을 일으키는 복음의 증언이 가능해졌다는 것이다. 왜냐하면 유튜브 부족의 변화는 부족원들이 믿고 따를 수 있는 부족장이 있을 때만 가능하기 때문이다.

3부 | 유튜브 알고리즘에 복음을 심는 네 가지 전략

· 4부 ·

유튜브 선교를 위한
커뮤니케이션 전략

12
식별되고 구별되며
공적 영향력을 가지라

지금까지 살펴본 것처럼, 유튜브 세상에서 선교적 소통 패러다임의 전환은 새로운 선교 커뮤니케이션 전략을 요청한다. 이것은 알고리즘 안에서 검색과 추천을 가능하게 하는 식별(identification), 증인과 증언의 정체성을 갖추게 하는 구별(sanctification), 그리고 하나님의 나라와 하나님의 통치를 구현하는 공적 영향력(public influence) 등의 세 가지로 정의할 수 있다.

첫째 단계, 식별 : 검색과 추천이 되게 하라

유튜브 공론장에서 커뮤니케이션은 일방적인 전달이 아니라 알고리즘을 통한 추천과 검색을 통해 가능하다. 따라서 유튜브 공론장에서 선교적 메시지는 검색이 되는 콘텐츠로 제작되어야 한다고 누차 강조하였다. 이와 같이 검색이 가능해지는 것을 '식별'(identification)이라고 정의할 수 있다. 이를 위해서는 알고리즘을 이해하고 전략적으로 활용하기 위한 빅데이터 기반의 분석과 유튜브 정책에 맞는 전문적인 콘텐츠 제작의 노하우가 필요하다.

유튜브의 추천 알고리즘과 재부족화 현상

유튜브 알고리즘은 회사의 영업 기밀이기 때문에 구글이 공개하고 있지는 않지만, 사용자와 연구자들에 의해 드러난 정보에 의하면 알고리즘에 영향을 미치는 가장 중요한 요인은 콘텐츠별의 '시청 시간'(watch time)이다. 이는 단순히 몇 분을 시청했느냐가 아니라 영상의 조회 수(view), 영상을 본 사람들의 평균 시청 시간(average view duration), 유튜브를 이용하기 시작한 이용자들에게 그 영상이 가장 먼저 시청된 경우의 빈도(session starts), 해당 영상을 마지막으로 유튜브 시청을 종료한 경우의 빈도(session ends), 유튜브에서 시간을 보낸 사람이 해당 영상을 시청한 정도(session duration), 그리고 채널의 업로드 빈도(upload frequency)를 종합적으로 계산하여 분류한다고 파악되고 있다.[262] 이와 같은 알고리즘은 시청자로 하여금 플랫폼에 최대한 오래 머물도록 설계된 것이기 때문에, 결국 중독적인 서비스 이용으로 이어지기 마련이다.

또한 2019년 8월경부터 유튜브 댓글에서 유행하기 시작했던 "알 수 없는 알고리즘이 나를 이곳으로 이끌었다"라는 '인터넷 밈'(internet meme, 재미를 더하기 위한 사진이나 움직이는 그림 등)과 같은 유행어에서 알 수 있듯이, 유튜브 알고리즘의 추천은 마치 서비스 이용자의 마음을 꿰뚫어 보는 것처럼 이용자를 예측하고 그 성향을 강화하는 방향으로 이끌기 때문에, 결과적으로 자신과 비슷한 부류를 모으는 동시에 사회의 양극화를 심화시키고 있다.[263]

알고리즘과 더불어 유튜브의 구독 서비스 또한 나의 취향에 맞는 커뮤니티 강화에 기여하고 있다. 유튜브에서는 크리에이터와 구독자 사이에 특별한 호칭으로 불리는 것이 유행하고 있는데, 이것은 구독자들이 단순히 정보만 원하는 것이 아닌 비슷한 취향과 관심사를 가진 동질 집단의 커뮤니티 형성을 원하고 있음을 반영하는 트렌드이다.[264] 이처럼 유튜브의 알고리즘은 마페졸리의 재부족화 이론이 설명한 대로 온라인의 배타적인 부족 커뮤니티 현상을 주도적으로 형성해가고 있다.

---

262 오세욱 2019, 13
263 김경달, 씨로켓리서치랩 2020, 125
264 Ibid, 130

맥가브란의 동일집단의 원리의 재해석

이렇게 강화되는 온라인 부족주의를 향한 선교를 위해서는 부족주의 선교 커뮤니케이션을 연구한 맥가브란(Donald McGavran)의 '동일집단원리'의 재해석을 요청한다.

마페졸리의 재부족화 이론의 관점으로 바라본다면 온라인 부족 세계를 위한 선교에서 가장 적합한 방법론은 맥가브란의 종족운동(People Movement)과 동일집단원리(Homogenous Unit Principle)를 꼽을 수 있다. 그의 선교 전략은 그의 책 〈하나님의 교량〉(The Bridge of God)과 〈교회성장 이해〉(Understanding Church Growth)에서 드러나는데, 이는 언어와 인종과 같은 문화 장벽이나 계급적 장벽을 허물지 않고 그리스도인이 될 수 있도록 각각의 동질 집단의 삶과 문화를 존중하려는 선교적 접근으로부터 시작되었다.

맥가브란은 구약 시대에는 12지파와 같은 부족 공동체를 통해 신앙이 전승되었다는 점, 예수님께서 모든 족속을 제자로 삼으라고 하신 점들을 성경적 토대로 하여, 초대교회가 가족과 부족 마을 단위의 동일집단 개종운동을 통해 예루살렘과 유대와 사마리아와 땅끝인 로마까지 퍼질 수 있었다는 점을 강조한다. 이러한 성경적 기초를 바탕으로 전개된 맥가브란의 이론은 주로 '기지 중심의 선교'를 통해 반기독교적인 지역 사회에서 개종자들이 격리되고 배척되었던 당시의 선교의 한계를 극복하는 돌파구를 마련했다는 점에서 고무적이었다. 그의 이론을 세분화하면 ① 동일집단(Homogeneous

Units)의 내부자 운동 선교전략, ② 종족운동을 통한 집단개종(People Movement) 선교전략, ③ 복음에 반응하는 수용성(Receptivity)에 의한 선교전략, ④ 제자화(Discipling)와 완전화(Perfecting)에 의한 선교전략, ⑤ 토착화 교회(Indigenous Church)의 선교전략 등으로 정리할 수 있다.

물론 21세기 이후는 시대가 변화됨에 따라 집단이 아닌 개인 중심의 포스트 모던 사회로 변하고 있고, 개종 전략에 대한 부작용과 거부감도 커지면서 종족운동전략 또한 한계를 경험하고 있는 것이 사실이다. 하지만 새로운 부족의 시대로 접어든 온라인 세상에서 이러한 동일집단으로서의 부족의 내부자를 통해 선교적 증언을 시도한다는 점에 대해서는 맥가브란의 이론에 대한 재조명과 재해석이 강력히 요청되고 있는 것이다. 특히 유튜브의 채널들이 '구독자 커뮤니티'라는 부족을 형성하고 있기 때문에 채널마다 구독자들 사이에서 공유하는 언어와 문화가 있고 그들만의 세계관을 형성하고 있다는 점에서 온라인 부족은 배타적 성향이 강하다. 따라서 취향과 관심을 공유하는 동일집단 채널의 내부자인 기독 크리에이터는 성육신적인 소통, 즉 부족의 언어로 부족이 원하는 콘텐츠를 생산하여 부족원들인 시청자와 구독자들에게 부족장으로서 영향력을 만들어갈 수 있어야 하고, 그들만의 세계관 안에 적합한 소통과 실천으로 하나님의 나라를 세워갈 수 있는 것이다.

식별을 위한 커뮤니케이션 전략

유튜브 채널 중 활성화된 사례를 분석하여 최신 알고리즘을 파악해 보면 알고리즘의 접근 방식을 어느 정도 가늠할 수 있게 된다. 이는 선교적인 부족장이 되기를 원하는 모든 크리에이터들, 즉 교회와 선교기관을 포함한 크리에이터들이 유튜브 채널의 방향을 설계하는 데 가장 중요한 자료가 된다. 이 작업에서 한 가지 어려운 점은 유튜브 알고리즘이 고정된 것이 아니라 진화하는 유기체적 시스템이라는 점이다. 따라서 알고리즘 분석과 전략을 세우기 위한 고정 매뉴얼이 있는 것은 아니다. 크리에이터는 이 점을 주지하여 자신의 채널을 개설하고 영상을 제작하는 시점에서 알고리즘과 채널 활성화 유형의 트렌드를 분석하는 것이 필수적이다.

유튜브 알고리즘 분석을 위해 가장 신뢰할 수 있는 근거 자료로 유튜브 본사의 공식 블로그(YouTube Official Blog)를 추천한다. 이 블로그에서 2021년 1월에 엄선하여 소개해준 세계적인 대형 크리에이터의 조언들[265]을 중심으로 유튜브 알고리즘에서 식별될 수 있는 구체적인 전략들을 분석해보면 아래와 같다.

첫째 조언은 '사전에 콘텐츠를 제작하라'였다. 영상을 미리 만들어 놓으라는 것이다. 이는 영상을 꾸준히 규칙적으로 업로드하는 것의 중요성에 대한 강조였다. 만일의 경우를 대비해, 즉 중간에 업로드가

---

265 Advice for your Channel in 2021:Koval 2021

끊어지지 않도록 하기 위해, 채널을 시작하기 전에 10편 정도의 영상을 먼저 만들어놓고 규칙적으로 업로드하는 것이 유튜브 추천 알고리즘을 고려한 채널 운영에 가장 기본이 된다는 것이다.

둘째 조언은 '일관성을 유지하라'였다. 편집방식, 콘텐츠의 내용, 스타일 등을 일관적으로 유지하여 영상의 질과 스타일을 유지해야 한다는 것이다. 유튜브의 추천 알고리즘은 평균 조회율과 시청 시간을 모두 감안하기 때문에, 무조건 규칙적으로 아무 영상이나 올린다고 해서 추천되지 않는다는 점을 강조한 것이다.

셋째 조언은 '다른 사람을 참여시키라'였다. 채널에 참여하는 사람이 많을수록 개선을 위한 의견을 다양하게 수렴할 수 있으며, 콘텐츠의 기획과 제작에서 협업과 업무 분산을 통한 시너지도 발생하고 채널을 지속 가능하게 유지할 수 있다는 점 등의 장점이 있다. 필자가 이 책의 기초가 된 논문의 '파일럿 스디디'(pilot study)를 위해 실제 협업을 진행하면서 추가로 경험한 것은 콘텐츠의 일관성을 위해 사전에 조율해야 할 것들을 고려하고 수익배분에 대한 명확한 지침을 마련해야 하는 등 세심한 준비 사항도 발생했다.

넷째 조언은 '자신의 틀에 갇히지 말라'는 것이다. 구독자를 지나치게 고려하여 콘텐츠를 만들다 보면 틀에 갇히기 쉽다. 오히려 조금씩 새로운 주제나 방식에 도전하여 콘텐츠를 확장해가기를 추천하는 조언이다. 이것은 주로 어느 정도 정착된 채널에 해당하는 조언이지만, 초반에는 진정성 있는 자신의 콘텐츠를 일관적으로 제작하되,

한계가 이르렀다고 판단되면 새로운 것을 도전하기를 주저하지 말라는 의미이기도 하다. 이를 위해 계속해서 트렌드를 분석하고 새로운 콘텐츠를 위해 연구하고 모험하는 자세가 요청된다.

다섯째 조언은 '댓글을 관리하고 소통하며 유대관계를 맺으라'는 것이다. 유튜브 채널은 본질적으로 단순히 콘텐츠를 소비하는 곳이 아니라 커뮤니티이기 때문에, 댓글을 통하여 구독자는 물론이고 비슷한 콘텐츠의 채널과도 소통하는 것이 유튜브 알고리즘에서 추천과 신규 구독자 유입에 중요한 역할을 한다는 것을 필자는 확인할 수 있었다. 채널의 본질인 '공동체 형성'이 '유튜브 채널의 활성화가 어떻게 공적 선교를 위한 영향력으로 이어질 수 있는가'를 가늠하는 핵심 가치가 되는 것이다.

여섯째 조언은 '좋은 영감을 주는 사람이 되라'는 것이다. 단순히 정보 전달을 잘할 뿐 아니라 긍정적이고 본이 될 만한 전달자가 되고, 좋은 영향력을 주는 콘텐츠를 제작하라는 의미이다. 이 또한 공적 선교를 위한 커뮤니케이션에서 진정성이 갖는 영적 영향력에 대한 반증이라고 확신하게 되었다. 물론 돈벌이를 위해 자극적인 영상으로 구독자 수를 늘리는 크리에이터도 많겠지만, 유튜브에서 추천하는 지속 가능한 채널들을 운영하는 크리에이터들은 대부분 의도하든 의도하지 않든 자신이 영향력을 주는 존재라는 점을 인식하고 있으며, 사회적 섬김과 채널 콘텐츠에 대한 진정성으로 영상을 제작하고 구독자들과 소통하고 있다는 점을 확인할 수 있었다. 공적 선교를 위한 커뮤니케이션은 바로 이와 같은 공동선을 향한 공공의 기대와 영적인 필요에 기반한 소통인 것 또한 확인할 수 있었다.

일곱째 조언은 '삶의 균형을 유지하라'는 것이다. 이는 일에 너무 빠지지 말고 자기 관리를 하라는 의미이다. 취미나 휴식을 위한 시간을 가지고 재충전하는 것이 오히려 탈진되지 않고 오래 일할 수 있는 길이고, 새로운 콘텐츠를 만들어낼 수 있는 창조적인 방법이라는 점을 강조한다. 자기의 한계를 인식하고서 콘텐츠 제작을 위한 시간을 정해놓는 것이 장기적으로 채널을 유지할 수 있는 길인 것이다.

여덟째 조언은 '단기적인 성과에 낙심하지 말라'는 것이다. 당장의 결과에 집착하면 지치기 쉽고 포기하게 되기 때문에, 장기적으로 좋은 콘텐츠를 계속 생산해내는 것에 집중하라는 의미였다. 따라서 의미있는 채널 운영을 위해서는 단기간에 구독자들을 늘리는 것을 목표로 삼는 것이 아니라, 내가 지금 만드는 콘텐츠가 누구를 위해 어떤 의미를 가진 콘텐츠인지를 거듭 확인하고 그 목적에 집중하는 것이 중요하다. 내가 만드는 것이 진정성이 있는 콘텐츠라면 유튜브 알고리즘과 구독자는 반응하게 되어 있다는 믿음을 가져야 하고, 그것은 시간의 문제라는 확신이 필요하다.

위의 조언들에서 알 수 있듯이, 알고리즘에서 콘텐츠를 식별될 수 있게 하는 전략은 크리에이터 자신이 진정성과 전문성을 동시에 가지는 것이다. "성실함이라는 성품과 더불어 삶의 균형을 잘 지키는 건강한 정서를 가진 좋은 리더가 되어야 한다"라는, 이른바 '리더십의 원리'와 동일하다는 것을 알 수 있다. 결국 좋은 커뮤니케이션의 시작은 좋은 메신저가 되는 것이다.

하나님은 모세라는 메신저를 보내시기 전에 긴 시간 동안 많은 사건을 통해 그를 하나님의 성품으로 다듬으셨다. 모세는 출애굽 과정에서도 계속되는 연단을 통해 온유함이 세상의 모든 사람보다 충만했던 좋은 리더십을 갖추게 되었다. 따라서 기독 크리에이터가 "유튜브 세상의 알고리즘에서 불특정 다수인 수신자에게 선교적 메시지를 전한다"(혹은 추천되고 선택받는다)는 것은 그 과정에서부터 자신에게 사명을 주신 분, 즉 송신자이신 하나님과 자신이 증거하는 메시지인 복음에 얼마나 진실하게 닮아가는가에 따라 그 성패가 달려 있다 해도 과언이 아닐 것이다.

둘째 단계, 구별 : 사도적 정체성을 가진다

유튜브 공론장을 향한 선교적 커뮤니케이션 전략의 두 번째는 '구별'(sanctification)이다. 단순히 검색되는 기독 콘텐츠라고 해서 선교적 채널이거나 선교적 콘텐츠라고 할 수 없다. 온라인 공론장의 부족주의를 극복하기 위해서는 선교적 부르심에 합당한 채널의 정체성과 운영원리와 공동체 경험이 요청된다. 이를 위해 세상의 다른 채널과 구별되는 선교적 정체성과 콘텐츠 제작이 필요한데, 이를 통틀어 구별이라고 정의할 수 있다.

기독 논객과 기독 인플루언서 유형의 크리에이터들 모두는 그 메시지의 근원과 태도에서 세상과 뚜렷하게 구별되어야 한다. 그 메시지가 자기의 것이 아닌 성경의 진리에서 나오는 것이고, 온라인 공론장에서의 진리 대결은 논리 대결이나 지혜 통달과 정복의 개념이 결코 아니기 때문이다. 앞에서 '평범하고 연약한 영웅의 서사'[266]를 설명하면서 기술한 바와 같이, 진리 대결은 힘겨루기가 아니라 나의 연약함이 드러나는 십자가를 자랑하는 대결이고 성령님의 변호를 경험하는 증언이다. 그래서 논객이든 인플루언서든, 그들의 태도와 메시지에서 십자가 중심성을 잃어서는 안 된다.

정용갑은 보쉬의 책을 인용하여 '십자가는 아름다움이나 힘의 대결이 아니며, 선교는 십자군 정신(crusading minds)으로 하는 것이 아닌 십자가에 못 박히는 정신(crucified minds)으로 하는 것'이라는 점을 들어 승리주의적 선교를 경계한다.[267] 뉴비긴 또한 진리 대결에 임하는 선교적 메시지의 십자가 중심성을 다음과 같이 설명한다.

복음의 진정한 승리는 교회가 세상적인 관념처럼 강해질 때 주어지는 것이 아니다. 오히려 교회가 약함과 멸시와 거부 가운데 믿음을 지킬 때 주어진다. 지금까지 예화로 많이 사용되었던 나의 간증을 하나 더 설명해 보자

---

[266] Ibid, 135
[267] 정용갑 2014, 211

면, 나는 교회가 복음을 신실하게 지킴으로 약함과 배척 가운데 있는 상황에 처하면 그 변호자가 되시는 성령께서 친히 역사하시어, '가장 보잘것없는' 사람들의 말과 행동을 통해 이 세상의 지혜와 힘을 대적하며 부끄럽게 하는 말씀을 전파하셨던 것을 많이 경험했다.[268]

이처럼 유튜브 세상에서 십자가 중심성을 통한 구별은 사도적 정체성, 진정성의 언어, 그리고 진리의 낯설게 하기를 통해 구현된다. 유튜브 크리에이터 자신이 메신저이자 메시지기 때문에, 이 둘이 일치하는 것이 진정성의 언어, 즉 증언이 된다. 따라서 그들은 복음의 방식과 가치를 부족원들인 구독자들에게 '낯설게 하기'라는 유희적 언어로 전달하여, '익숙하지만 낯선' 진리로 향하는 길을 열어주어야 한다.

사도적 정체성에 기반해야

공론장의 선교적 커뮤니케이션은 의도적인 선교보다 차원적인 선교, 즉 사도적 정체성을 통해 세상과 구별될 수 있다. 즉, 영리를 추구하기 위해 수단과 방법을 가리지 않고 알고리즘에 편승하는 상업주의나, 분열을 조장하고 자극적인 콘텐츠를 통해 자신의 영향력(구독자)을 확장하는 극단주의와 분리주의가 아닌, 사랑과 공의라는 하

---

268 Newbegin 2020, 120

나님 나라의 가치와 공동선을 추구하는 채널이 되어야 한다는 뜻이다. 또한 그 채널의 운영자와 구독자 사이의 소통의 태도에는 성령의 열매인 그리스도의 인격이 드러나야 한다. 그 채널을 통해 일어나는 '사이버 액션'과 운동 또한 복음적 가치에 부합한 것이어야 한다.

하지만 안타깝게도 온라인에서 활성화된 기독 단체들은 정치성향에 따라 좌우로 나뉘어 서로를 향해 칼날을 휘두르는 일을 서슴지 않고 있다. 이러한 기독교 내의 양극화와 이로 인한 적대와 혐오는 기독교의 본질을 흐리고 세상을 향한 선교적 소통을 더욱 난처하게 만들고 있다. 기독교 내부에서도 정치권과 마찬가지로, 극우와 극좌의 기독 유튜버들이 이념적 대립과 갈등을 부채질하며 자신들의 영향력과 수익을 극대화하고 있다.

그러나 유튜브를 포함한 온라인 공론장에서의 사도적 정체성은 양극단의 비인격적인 십자군식 선교적 증인을 더욱 배제해야 한다. 예수의 인격이 드러나는 콘텐츠의 기획과 소통이 특히 필요하다. 이것이 세상의 유튜브와 구별된 기독 증언의 차별점이다.

항상성과 전문성을 기반으로 삼은 신뢰

2020년 하반기에 나타난 유튜브 크리에이터와 관련된 큰 이슈 중에 일명 '뒷광고 논란'이라는 이슈가 있었다. 광고주에게 대가를 받았음에도 이를 표기하지 않고 방송을 만든 유튜버들이 무더기로 경쟁 유튜버들과 구독자들에 의해 고발된 것이다. 이 시기에 정직하게 유튜브를 운영했던 크리에이터들의 채널은 구독이 급증했고, 구독자들을 속여왔던 유튜버들은 몰락의 길을 걷게 되었다.[269] 이 일은 유튜브 크리에이터라는 일이 항상성과 전문성에 기반한 신뢰, 즉 진정성을 통해 소통하는 것이라는 사실과, 온라인 세상의 촘촘한 감시망에서는 거짓을 유지하는 것이 어렵다는 점을 확인시켰다. 따라서 이 일은 진정성이 지속 가능과 지속성장을 위한 유튜브 채널의 필수요소임을 드러내는 계기가 되었다. 크리스천에게도 이 원리는 동일하게 적용된다. 청교도들의 정직한 삶이 그 시대의 공적인 기독 메시지가 되었듯이, 온라인 공론장인 유튜브에서 기독교 크리에이터가 구별될 수 있는 필요조건은 항상성과 전문성을 기반으로 한 진정성이다.

진리의 낯설게 하기

앞의 장에서 유튜브 선교의 목적은 직접적인 회심 유도가 아니라 신뢰 형성을 통한 비의도적이고 다층 다면적인 회심으로의 초대라고 설명한 바 있다. 이와 같은 초대를 위해, 회심을 목적으로 하지 않으면서도 선교적 정체성을 지킬 수 있는 것이 진리에 대한 성육신적 대화이다. 또한 이것이 바로 구별됨을 위한 화법이다. 이를 위한 소통 방법으로 가장 효과적인 것이 바로 기독 지혜를 통한 '진리의 낯설게 하기'(defamilliarization)이다.

---

269 김경달, 씨로켓리서치랩, 유튜브 트렌드 2021-2020, 131

뉴비긴은 '앎'을 '사물에 대한 앎'과 '사람에 대한 앎' 즉, 인과론적 앎과 목적론적인 앎이라는 두 영역으로 구분하고, 기독교의 지혜가 목적론적인 질문에 대해 유일하게 대답할 수 있는 지식의 근원이라는 점을 역설하였다.[270] 이는 기독 지혜의 낯설게 하기가 인과론적인 앎의 차원을 목적론적인 앎의 차원으로 바꾸는 특징이 있음을 시사한다. 이러한 목적론적인 앎으로의 지혜 증언은 존재론적으로 수행되어야 한다.

셋째 단계, 공적 영향력과 영적 리더십을 가지라

세 번째 전략적 단계는 공적 영향력(public influence)이다. 온라인 공론장에서 공적 선교는 의도적인 승언을 통한 회심자를 얻는 것이 아니라 비의도적 소통과 공동체 경험을 통한 공적 영향력의 증대를 추구한다. 이를 위해 각 채널을 운영하는 기독 크리에이터들은 부족의 족장과 같은 리더십을 발휘해야 한다. 공적 영향력은 사랑의 환대와 공의의 연대를 통해 생성되기 때문이다. 크리에이터들은 왕 같은 제사장으로서, 부족원들인 구독자들에게 신뢰를 바탕으로 선한 영향력을 끼침으로써 따뜻하고 정의로운 하나님 나라를 회복하는 공적

---

270 Newbigin 2016, 235-242

선교를 수행할 수 있다.

　마페졸리의 신부족주의에서 살펴본 바와 같이, 온라인 신부족주의는 '함께하는 존재'로서의 인간의 근원적이고 영적인 소속감에 대한 갈급에서 비롯되고 형성되었지만, 인본주의적 부족들은 마치 자신들만의 바벨탑을 쌓듯이 외적으로는 배타적이고 심지어 적대적인 태도를 보이며, 내부적으로는 점차 자신들만의 고립된 세계를 구축하고 있다. 또한 언제든 나의 선택에 의해 소속을 바꿀 수 있는 가벼운 소속감, 그리고 자신이 노출하고 싶은 가면을 바꿔가며 관계를 맺는 다중 정체성은 온라인 네트워크를 통해 시공간을 초월하여 확장되어가는 관계의 홍수 속에서 참된 관계와 공동체에 대한 갈증을 더욱 깊어지게 만들고 있다. 따라서 크리에이터들은 유튜브 공론장 선교를 위해 세상과 구별되는 진짜 공동체의 정체성을 구현하여 그 채널에 속한 부족원들에게 따뜻하고 정의로운 공동체를 체험하게 하는 선교가 필요하다. 공론장 선교의 차원에서 사랑과 공의가 입맞춤(시 85:10)하는 하나님 나라의 도래는 사랑의 환대와 공의의 연대가 있는 공동체의 구현이기 때문이다.

　유튜브의 알고리즘이 강화하는 양극화와 그로 인한 혐오와 적대는 날로 심각한 사회 문제가 되고 있다. 이런 사회에서 유튜브를 통한 복음 증거는 단지 교회의 생존을 위한 홍보나 마케팅이 아니라 화목케 하는 직분을 위한 부르심이다. 이것은 시대적인 소명이다. 그렇기에 복음을 온라인 알고리즘의 한 구석에 고립시켜두면 안 된다. 세상과 구별되지 않은 채, 그저 기독 유튜브 크리에이터가 많아지는 것으로 선교적인 증언이나 활동이 활발해지는 것은 더더욱 아니다.

기독교인의 정체성을 가진 크리에이터라면 알고리즘과 문화의 옷을 입되, 복음적인 삶과 영성을 통해 왕 같은 제사장이 되어 자신의 부족원(채널 구독자)들과 함께 세상과 다른 공동체를 만들어가야 한다. 주제와 관심사가 무엇이든, 심지어 정치적 성향이 어떠하든, 복음적 영성으로 형성되는 채널들이 퍼지고 모이고 연결되면서 온라인 기독 공동체 운동이 일어나기를 바란다. 그들의 고리 맺음과 스며듦이 누룩같이 유튜브 세상을 바꿔가게 되기를 소망하는 것이다.

어느 시대나 예수님이 머리가 되시는 교회, 기독 공동체는 세상의 소망이다. 혐오와 적대의 유튜브 세상은 이러한 기독 크리에이터들과 그 채널의 부족들이 보여주는 사랑의 환대와 공의의 연대를 통해 하나님 나라로 회복될 것이다.

유튜브 크리에이터의 영적 리더십

부족은 부족장의 리더십을 따라간다. 교회가 그렇듯이 유튜브 채널의 커뮤니티도 그 운영자인 크리에이터를 닮아간다. 오히려 교회보다 더 극단적이고 절대적인 영향을 받는다. 왜냐하면 알고리즘이 이끌어 추천하고, 받은 추천을 스스로 선택하여 구독자가 되며, 댓글과 라이브 방송 등을 통해 구축된 자의적 선택을 통해 형성된 부족이기 때문이다.

앞에서 여러 번 언급한 바와 같이 유튜브 세상 안에서 구현되는 공동선, 즉 하나님 나라의 가치는 사랑의 환대와 공의의 연대이다. 기독 크리레이터들은 이 가치와 부합하는 사례들을 잘 살펴보면서, 자신의 채널을 위해 어떤 콘텐츠를 만들 수 있을지 고민해야 한다. 5부에서 이와 같은 트렌드와 더불어 여러 사례들을 다루겠지만, 유튜브 크리에이터의 영적 리더십이 미치는 영향을 실감있게 이해할 수 있도록 공의의 연대 및 사랑의 환대와 관련된 몇 가지 대표적 사례들을 우선 소개하면 아래와 같다.

기독교와 비기독교를 떠나 따뜻하고 공정한 공동체 구현을 추구하는 사례는 다양한데, 대표적으로 '입질의 추억'이라는 채널이 공정한 세상을 만드는 역할을 수행하고 있다. 입질의 추억은 수산물에 대한 정보를 나누고 낚시와 수산물 요리 정보를 공유하는 채널이다. 채널 운영자인 김지민 씨는 원래 디자이너였으나 취미인 낚시에 집중하여 오랫동안 블로그를 운영한 결과 대한민국에서 수산물 정보 1인자로 주목받게 된 인물이다. 현재는 어류 칼럼니스트로 활동하고 있다. 그가 로컬 시장을 소개하던 중에 저울을 조작하여 눈속임으로 수산물을 팔았던 상인들에게 분노하여 이를 공론화했고, 이 사건은 수산시장의 정직한 거래를 이끌어내는 결과를 가져왔다. 공적 영향력을 끼친 것이다. 이 과정에서 채널의 구독자들은 단순히 일개 채널의 부족원이 아닌 정직한 공동체를 꿈꾸는 운동가들로 변신했다. 결국 각계각층에 속한 부족원들의 다양한 활동과 공적 감시를 통해 해

양수산부와 전국 수산물 시장의 상인회 등을 통해 실질적인 정화 운동과 변화를 이끌어낼 수 있었다.

'빅페이스'라는 채널의 크리에이터는 원래 마술사였는데, 정직한 식당 리뷰로 신뢰를 얻기 시작했다. 구독자가 많아져도 '정직한 리뷰'라는 가치를 지켰고, 그 결과 식당에 대한 그의 말과 평가에는 구독자들의 절대적인 신뢰와 지지가 생겼다. 한번은 그가 노숙자를 위해 저렴하게 밥을 판매하는 착한 식당이 재정에 어려움을 겪고 있다는 소식을 식당 리뷰 형태로 전달하자, 구독자들은 식당 리뷰 채널의 부족원에서 따뜻한 공동체를 만드는 운동가들로 변화돼 그 식당을 돕기 위해 일하기 시작했다(이 책의 16장 참고). 이들처럼 선한 영향력을 주는 채널과 크리에이터들의 사례는 계속 등장하고 있다.

기독교인 크리에이터가 운영하는 채널로는 3천억 원 자산가로 유명한 현승원 디쉐어 의장이 운영하는 '현승원 TV'를 내표적으로 꼽을 수 있다. 그는 자신의 채널을 "현장에서 승리하는 신앙원칙, 현승원TV입니다. 크리스천으로서 어떻게 직장생활을 해나가야 하는지 치열하게 고민하며 예배하는 공간입니다"라고 소개하고 있다. 그는 어려운 환경에서도 학원 강사로 성공한 자수성가 유형의 자산가이지만, 자신이 삶의 허무 속에서 만난 예수님에 대해, 자신을 추종하는 사람들에게 인생의 목적에 대한 복음의 메시지를 전하고자 유튜브를 운영하고 있다.

현승원은 기독교인의 정체성을 노출하기를 꺼리지 않는 사람들을 자신의 유튜브 채널에 초청해 소개하기도 한다. 여기에 초대된 이들의 특징은 모두 자신들의 전문 영역에서 신뢰를 얻었고, 이들을 추종하며 그 이야기를 듣기 원하는 온라인 부족원들에게 영향을 미치는 부족장이었다는 점이다. 그는 2022년 10월에 진행한 '브레이커스'(Breakers 2022)라는 기획 프로젝트를 통해 비비고(Bibigo)와 마켓오(MarketO) 브랜드를 런칭한 마케팅의 대가인 노희영 대표, 마케팅 관련의 베스트셀러이자 유튜브 채널 '라이프 해커'의 자청(mentalisia) 대표 등의 기독교인들과 함께 '영향력'을 주제로 한 온라인 세미나를 주최하였는데, 그 라이브 방송의 동시 접속자가 5천 명이 넘는 폭발적 반응을 얻었다. 그 세미나의 홈페이지는 '남들과 다른 용기를 가지고 음악, 스포츠, 방송, 광고, IT 등 각 분야에서 스스로의 길을 개척하여 성과를 만들어가는 아이콘들의 성장 이야기를 통해 비즈니스 인사이트를 얻을 수 있는 무료 웨비나(webinar, 웹 사이트에서 진행되는 세미나)'라고 소개하고 있다. 필자가 이 세미나에 참가해보니, 각 강사들은 자신의 성공사례를 소개하기보다 인사이트를 공유하며, 참여자에게 도전하고 격려하는 프로그램이 되도록 운영하였다. 특히 자신들이 기독교인임을 밝히면서도 익명의 비기독교인 참가자들이 거부감이 들지 않게끔 복음을 자연스럽게 소개(증언)하는 선교적인 프로그램으로 발전시키려는 모습이 인상적이었다.

물론 여전히 기독교 유명인의 성공사례를 통한 복음 증거는 인본주의적이고 성공주의적인 전도 방법으로 왜곡될 위험이 있다. 사람은 늘 연약해서 부족장이 윤리와 도덕적으로 실수할 경우 부족원 전체에 미치는 파장도 무시할 수 없다. 하지만 이 또한 현재 교회를 섬기고 있는 목사가 가진 위험 부담(risk)과 다를 바 없는 것이고, 하나님의 은혜와 보호하심의 영역이다. 따라서 그런 위험 부담에도 불구하고 더 많은 온라인 부족장 선교사들이 유튜브 안에 등장하고 서로 협업하게 되기를 기대한다.

13
유튜브 선교사를 준비하고 파송하는 교회

지금까지 살펴본 바와 같이 유튜브 공론장의 커뮤니케이션은 알고리즘이라는 문법을 통해 가능하기 때문에, '식별되는 복음 메시지'를 만드는 것으로부터 커뮤니케이션이 시작된다고 할 수 있다. 그 메시지의 내용은 '일상성에 뿌리를 둔 것'이어야 하며, 그 채널에서는 '진짜 하나님 나라의 공동체', 즉 따뜻하고 정의로운 공동체를 경험할 수 있어야 한다. 우리는 이러한 선교적 커뮤니케이션을 위해 크리스천 유튜브 크리에이터, 즉 기독교인으로서 유튜브 부족장이 될 사람들을 발굴하여 키워내야 한다. 각자 일상의 분야에서 전문가인 평신도들이 왕 같은 제사장으로서 각자 자신의 부족을 만들어갈 때, 유튜브 공론장 속에 있는 부족들 가운데 하나님의 나라는 확장될 것이다. 다만 남은 문제는 유튜브 세상에서 선교사가 될 크리에이터 부족장을 양성하는 토양이 기독교계와 교회에 척박하다는 안타까운 현실이다.

기독교 콘텐츠의 현 주소

일반적으로 유튜브 비즈니스 세계에서 콘텐츠 제작과 생산이 '아래로부터' 이뤄지는 현상은 가속화되고 있으며, 콘텐츠의 내용 역시 영화나 음악 감상을 넘어 개인의 일상과 긴밀히 연결된 정보 취득과 취미 공유 등으로 확대되고 있다. 콘텐츠의 전달 과정 역시 서비스 이용자들의 선택에 따라 온라인 플랫폼의 알고리즘에 맞추어 노출의 빈도와 정도가 결정되는 특징을 보여주고 있다.

온라인 공론장의 이러한 특징이 가장 대표적으로 드러나는 유튜브에서는 '아래로부터'의 콘텐츠 제작을 상징하는 '크리에이터'들의 활동이 전통적인 주요 미디어 제작사들의 규모에 의한 '위로부터'의 제작과 그 콘텐츠의 이용률을 뛰어넘은 지 오래다. 영화와 음악 위주로 유튜브를 이용하는 형태에서 진화하여, 콘텐츠 크리에이터가 제작하는 개인적이고 전문화되고 세분화된 콘텐츠가 주류로 발돋움하고 있는 것이다.

또한 '좋아요, 댓글, 구독, 알림 설정'이라는 소위 '좋댓구알' 시스템을 통해 '양질의 콘텐츠로 분류하는 알고리즘'은 그 역기능에도 불구하고 수용와 공급이 지배하는 시장원리와 서비스 이용자들의 선택을 통해 콘텐츠가 선별되어 공론장의 질을 유지하는 시스템을 가능하게 하고 있다. 그 결과 대형 유튜브 크리에이터들의 기획과 촬영, 편집과 홍보 및 사업의 다각화까지 책임지는 전문 기획사들이 등장하기도 하였다. 심지어 이들은 연예인과 유명 쉐프 등을 섭외하여 단기간에 목표 구독자와 매출을 달성하는 알고리즘의 전문가 그룹으로 급성장하고 있다.

그럼에도 불구하고 현재 구독자를 많이 보유하고 있는 기독교 콘텐츠의 면모를 살펴보면 그 제작의 주체가 개인 크리에이터가 아니라 대개는 주요 기독교 미디어 기관과 대형 교회다. 기독교 영역(바운더리)을 넘어 일상 친화적이고 전문적인 지식과 연결된 콘텐츠는 적은 편이다. 기독교 채널은 여전히 설교, 찬양, 간증 같은 클리셰 콘텐츠를 벗어나지 못하는 경향을 보인다. 기독교 콘텐츠의 구독자는 주로 개인의 영성 생활을 위해 말씀과 찬양과 간증을 중심으로 시청하기 때문이다. 교회의 유튜브 활용이 여전히 내부를 지향하는 이유이기도 하다. 교회 내부의 활용을 위한 예배와 찬양 방송과 성도들의 교육을 위한 기독교 말씀과 교리 관련의 콘텐츠는 만들어내지만, 불신자를 전도하기 위한 콘텐츠나 일상의 삶과 연결된 콘텐츠를 전문 유튜브 크리에이터를 통해 생성하는 데는 관여하고 있지 않다는 의미이다.

필자가 2020년부터 수행한 현장 연구에 의하면, 기독교 콘텐츠들이 그렇게 되고 있는 대표적 원인의 첫째는 교회 중심 콘텐츠의 언어가 공론장에서 소통하기 어려운 기독교 내부 언어로 제작된다는 점이다. 둘째는 기독교인의 성속(聖俗)에 대한 이원론적 구분으로 인해 유튜브 이용자들이 원하는 세상 콘텐츠(secular contents)에 대한 정죄감과 아울러 공론장에 존재하는 반기독교적인 문화에 대한 부담감이다. 셋째는 기독 콘텐츠의 제작 목적이 소통보다 선교적 의도를 앞세울 경우 온라인 공론장의 문화와 배치된다는 점도 기독 콘텐츠의 비활성화 사유로 작용함을 확인할 수 있었다.

이에 대해 기독교 콘텐츠 크리에이터들은 전통적으로 삶의 자리와 교회가 이분화된 '모이는 교회 중심적 신앙'과 '배타적인 예배 중심주의'가 기독교인을 사적 복음으로 길들였음을 비판적으로 지적한다. 그러면서 공론장을 향한 기독교 메시지에 대해 교회 내적인 반발과 저항이 있음을 지적하기도 한다.

위와 같은 연구 결과들을 종합해 볼 때, 유튜브의 구독자를 위한 선교적 콘텐츠로는 생활 맞춤형 영성 콘텐츠 외에도 복음 전도를 위한 기독교 정보와 전도를 위한 개인 간증, 공적 선교 차원에서 세상이 공감하는 체험적 지혜 증언, 전문성을 통한 선한 영향력과 세상과 구별된 삶의 가치 증언과 같은 다양한 콘텐츠가 필요하다. 구독자들에게 꼭 필요하며 전문성과 독창성이 있는 정보를 제공하면서도, 기독교적인 가치와 지혜와 스토리를 담아낼 것을 요청하고 있음을 알 수 있다. 이것은 일상이나 공론장이라는 물리적 공간에서 의도적인 선교에 한계와 장애가 있다는 점을 고려할 때, 온라인 공론장에서 선교적 차원으로서의 커뮤니케이션에서는 효과적 대안이 된다. 아래로부터의 콘텐츠, 즉 일상과 전문성에 기반한 평신도 콘텐츠 크리에이터의 등장은 바로 이것을 위해 요청되는 것이다.

하지만 필자가 기독교 콘텐츠 크리에이터들을 인터뷰한 결과 확인한 한계와 장애도 만만치 않았다. 기독교 콘텐츠 크리에이터들은 영상 제작을 위한 에너지와 기획을 지속하기에 현실적으로 한계가 있다는 점을 가장 많이 호소하고 있다. 이 일을 위한 희생을 감수할 보상과 동기부여가 약하다는 점도 아울러 지적하고 있다.

특히 그들은 영리를 목적으로 유튜브를 사용하는 전문가들과 경쟁해야 하는데, 자극적인 주제와 편집을 이용하지 않고서도 기독교적인 가치를 전달하는 콘텐츠를 만들어내며 시청률과 수익을 얻는 일은 가능성이 매우 희박하다고 말한다. 따라서 크리스천 콘텐츠 크리에이터들은 교회와 기독교계 전반이 선교적 차원에서 크리에이터를 발굴하고 양성하며 지속적인 제작이 가능하도록 후원하는 이른바 '온라인 선교 생태계 조성'이라는 콘텐츠 선교 인프라의 중요성을 강조한다.

유튜브 선교를 제한하는 교회 문화

기독교 영상 전문가 및 유튜브를 이용하는 성도들에 대한 인터뷰를 통한 필자의 현장 조사 결과[271]를 보면 일상과 전문성에 기반한 평신도 콘텐츠 크리에이터가 등장하기 어려운 이유로 세 가지의 장애물이 있음을 확인하게 된다.

첫 번째 장애물은 교회에서 교육받고 훈련받은 선교 개념이 전도와 교회 개척을 위한 '의도적 선교'에 치우쳐 있다는 점이다. 이는 정작 일상과 물리적 공론장에서조차 실천하기 어려운 선교 유형이다. 하지만 성도들이 일상에서 경험하는 선교적 사건은 의도적이기보다 비의도적이고, 직접적이기보다 간접적이며, 교조적이기보다 생활의 진정성을 통해 복음이 차원적으로 드러나는 경우가 주를 이룬다.

인터뷰에 응한 평신도들은 기독교적 메시지가 필요한 사람이 영적으로 연약하고 어두운 상황일수록 교회의 의도적 메시지가 오히려 아픔과 상처를 자극할 수 있다는 점을 주목해야 한다고 강조한다. 배려하는 차원에서 비의도적 메시지를 전달해야 한다는 뜻이다. 하지만 이와 동시에, 여전히 의도적인 복음 증거 역시 필요하다는 의견도 제시되고 있다.

두 번째 장애물은 기독교적 활동을 대표하는 단어인 '사역'의 동기

---

271 이세영, 풀러신학교 선교학 박사학위 논문, 2023

가 기독교의 외부보다 내부를 지향한다는 점이다. 인터뷰에 응한 평신도들은 교회가 비록 사역의 취지와 모양은 외부를 향하고 있다고 하지만, 그 동기는 '인싸'로 대표되는 교회 주류를 향한 소속감이다. 즉, 교회 공동체의 일원이 되었다는 의식을 경험하고 교회의 사람들에게 받는 인정과 아울러, 성취감을 지향하는 인간의 소속감의 본능에 기반한 동기가 그 사역에 작용한다고 지적한 것이다. 순수한 동기에서 하는 사역이라 해도 주로 개인적 구원과 부르심에 대한 감격이나 영적 성숙이 목적이기 때문에, 일상성과 전문성에 기반해서 세상을 지향하기보다 결국 내부적 사역을 지향하게 된다는 점도 장애의 하나임을 드러내고 있다. 이런 성향은 사역 자체를 교회가 중심이 되도록 바꾸어 교회 사역을 열심히 잘하는 소수에게 업무가 과중되는 결과를 초래한다는 점도 확인할 수 있었다.

세 번째 장애물은 교회의 사역 문화가 '아래로부터'(from below)가 아닌 '위로부터'(top-down)라는 점이다. 교회 사역의 동기가 교회 내부를 향하는 경향이 워낙 강하다 보니, 교인들의 일상성과 전문성이 사역의 대상이 되기보다 목회자를 중심으로 하는 기획이 주로 이루어진다. 따라서 교인들은 교회의 정책이나 방향에 대해 의견을 주장하기 어렵고, 교회 리더십이 불가침의 영역인 것처럼 보호받는 절대 위임의 환경에서는 위로부터(목회 중심으로) 내려오는 기획이 가속화될 수밖에 없다.

인터뷰에서 드러난 위로부터의 사역의 대표적 사례는 주일예배 설교 동영상 제작과 관련된 에너지의 소모다. 교회에서 주일에 한 번 드리는 예배와 관련해 제작되는 유튜브 영상의 숫자와 대비해 보면 주중의 묵상과 성경공부 등에 활용할 영상은 터무니없이 부족하다. 인터뷰 대상자들은 이런 점을 예로 들면서, 성도들의 생활 습관이나 필요와 상관없이 그저 교회의 기획에 따라 목회적인 영상 콘텐츠 제작을 위해서만 재정과 에너지가 소모되고 있다는 지적이었다. 이런 지적을 통해서, 평신도들이 위로부터 내려오는 사역이 가지는 비효율성에 대해 문제의식을 가지고 있음을 확인할 수 있었다. 하지만 위로부터의 기획과 사역에 대한 권유를 거절하거나 반대하는 경우에는 정죄와 죄책감이 따라오기도 한다. 이런 분위기가 존재하는 교회 안에서는 개방성과 보편성이 담보된 공론장이 존재하기 어렵다.

인터뷰에 응한 이들은 이와 같은 분위기로 인해 교회의 사역과 성도의 일상은 분리된 채, 교회의 영적 활동과 사역이 외적으로는 인격의 성숙을 위한 훈련의 차원에 머물 뿐, 일상과 전문성으로의 부르심에 대한 선교적 개발이나 훈련은 수행되기 어렵다는 점을 토로하기도 하였다. 결국 일상의 영성은 개인의 책임이 되고, 평신도 리더는 사역과 일상의 불균형으로 인해 탈진을 경험한다는 사실까지 발견할 수 있었다. 그에 따라 교회의 활동 내용을 담는 유튜브 사역과, 개인의 전문성과 취향과 관련된 유튜브 활동이 별개로 분리되는 결과까지 초래하게 되었다.

위의 장애물들은 결국 교회의 성도가 유튜브 세상에서 영적 리더가 되는 일이 얼마나 어려운지를 반증하는 연구 결과들이다. 함께 한 방향으로 노를 저어도 힘에 부칠 텐데, 교회의 리더십과 성도들이 서로 다른 방향으로 노를 젓고 있는 것과 다름없는 상황이기 때문이다.

이와 반대로, 정작 유튜브는 자생적으로 콘텐츠를 생산하는 크리에이터를 위한 콘텐츠 생태계를 조성하고서 '어워드 시스템'을 통해 우수한 크리에이터들을 관리하는 방식으로 방대한 콘텐츠를 기하급수적으로 유통시키고 있다. 유튜브는 위로부터가 아닌 아래로부터의 콘텐츠 생산 메커니즘을 운영하고 있는 것이다. 그럼에도 불구하고 유튜브 공론장에 올라오는 기독교 콘텐츠는 주로 교회의 내부적 필요 혹은 개인의 영성 생활에 대한 필요를 위해, 즉 교회 중심의 '위에서부터의 기획'으로 생산되고 있다. 물론 복음 전도를 위한 기독교 콘텐츠도 일부 존재하지만, 이 역시 의도적 선교를 위해 사용되는 수준으로 존재하는 것일 뿐이다. 교회가 제작하는 대부분의 콘텐츠들이 온라인 공론장에 적합한 언어와 문법을 갖추지 못한 채 이질감을 고스란히 드러내고 있는 것도 문제이다.

일상의 전문가들을 유튜브 선교사로

이제는 위로부터의 교회 사역이 아닌 아래로부터의 선교적 콘텐츠가 생성될 수 있는 기획 문화가 자리를 잡아야 한다. 그러려면 무엇보다 우선으로 신앙과 일상을 구분하는 성(聖)과 속(俗)의 분리가 극복되어야 한다. 하지만 여전히 모이는 교회 중심이고, 배타적 예배 문화와 조직의 위계질서 문화가 이원론적 장애로 작동하고 있는 것이 현실이다.

성도들의 유튜브 활동이 교회의 지지와 후원을 상실한 상황이지만, 기독교 콘텐츠 크리에이터들은 수익 구조를 내기 어려운 유튜브 비즈니스 세계의 현실에서도 유튜브를 통해 수익을 내는 전문가 그룹과 상대하며 복음적 정체성을 유지하는 기획과 제작을 해야 한다. 하지만 그 사역을 계속해나갈 수 있는 동기부여가 충분하지 않다는 점에서 중도하차를 하는 경우도 빈번하게 발생하고 있다.

이와 반대로, 구독자를 모으기 위해 알고리즘과 시류에 편승하여 외적 매력을 어필하거나, 자극적인 신유 은사와 예언 같은 말을 하거나, 정치적으로 예민한 극우 혹은 극좌 편에서 선동과 가싸뉴스를 남발하는 방식으로 운영하는 비복음적 기독교 채널들이 득세하며 날로 인기와 부를 얻고 있는 상황까지 이르게 되었다. 따라서 교회가 이 문제를 선교적 차원에서 인지하고, 일상의 전문가들을 유튜브 부족장이자 선교사로 세워가기 위한 후원과 제작 생태계를 조성해주는 일이 절실하고 시급하다.

14

기독교 유튜브의
리뉴얼을 위한 매뉴얼

지금까지 유튜브 알고리즘에서의 선교적 커뮤니케이션을 위한 선교
학적이고 사회학적인 배경과 더불어 구체적인 방법론과 전략까지
다루었다. 이 장에서는 기독교 유튜브의 활용과 관련된 필자의 현장
연구를 바탕으로 '기독교 유튜브의 리뉴얼(renewal) 방향'을 제시하
고, 다음 장(15장)에서는 실제로 '유튜브 채널을 운영하기 위한(유튜
브 크리에이터로 성공하는) 6단계 매뉴얼'을 제시할 것이다. 그런 다음, 5
부에서는 선교적 적용을 위해 참고하거나 모범이 될 만한 유튜브 채
널들을 소개할 것이다.

이 장에서 기독교의 유튜브의 리뉴얼을 위해 검토할 영역(주제)은 '유튜브 알고리즘에 적합한 콘텐츠의 특징', '기독 콘텐츠의 비활성화 요인', '유튜브 선교사가 양성되기 어려운 일곱 가지 교회 문화', '기독 콘텐츠의 리뉴얼을 위한 기획의 다각화 방법', '기독 유튜브의 생태계를 조성하라' 등이다.

유튜브 알고리즘에 적합한 콘텐츠의 특징

유튜브에서 기독교 콘텐츠가 생산되는 환경의 특징은 교회 중심이라는 것이다. 주로 온라인 예배를 위한 콘텐츠들인데, 말씀, 찬양, 성경 교육 등으로, 이는 모두 교회 활동을 보조하는 역할을 위한 것이다. 이외의 콘텐츠로는 개인의 일상 영성을 위한 성경 판넬 강의와 찬양, 신앙서적 소개 정도에 불과하다. 기독교 콘텐츠의 이러한 특징에 따라 제작의 목적도 교회 내부를 위한 것일 수밖에 없다. 유튜브에서 기독교 콘텐츠가 선교적이 되려면 이와 같은 생산의 중심축이 변화될 필요가 있다. 생산의 중심이 교회라면 유튜브 알고리즘에서는 비신자에게 추천되기 어렵기 때문이다.

기독교 콘텐츠가 유튜브 공론장에서 10만 구독자를 확보하는 수준으로 활성화되려면 유튜브 공론장의 알고리즘을 통하도록 언어와 문법이 일반인하고도 소통될 수 있는 것이어야 한다. 다수의 구독자를 확보하여 활성화된 유튜브 채널들의 특징을 중심으로 사용자들까지 파악해본 결과, 유튜브 알고리즘에 적합한 콘텐츠에는 다음과 같은 특징이 있는 것을 알 수 있었다. 이것은 활성화된 채널의 특징이기도 하다.

첫째, 콘텐츠에 독창성과 전문성이 있다.

채널이 활성화되려면 정보로서 가치가 있는 독특하고도 전문적인 콘텐츠를 선보여야 한다는 것이다. 시청자의 일상에 참고가 될 만한 크리에이터만의 독특한 관점과 가치관이 필요하다.

둘째, 콘텐츠에 신뢰성이 있고, 크리에이터는 커뮤니케이션 능력이 있다.

시청자는 매일 새롭게 생산되는 수많은 정보 가운데에서 믿을 만한 정보를 찾기 원한다. 따라서 채널을 운영하는 크리에이터가 얼마나 진정성과 성실성을 가지고 콘텐츠를 생산하는지가 선택(시청과 구독)의 주요 근거로 작용한다. 이런 신뢰성에 영향을 주는 것은 크리에이터의 구두(口頭) 전달력, 시각 디자인과 영상 편집 같은 커뮤니케이션 능력 전반을 포함한다.

셋째, 콘텐츠가 시청자의 관심사에 적합하고 활용성이 있다.

유튜브 공론장은 검색에 의한 시청보다 시청자들의 선택에 의한 '연관 추천'이라는 알고리즘을 통해 시청과 구독이 계속해서 이루어진다. 따라서 처음 검색하는 키워드와 관련된 검색어, 즉 시청의 목적과 이유에 따라 추천된다는 점에서 콘텐츠는 철저히 시청자의 관심사와 일상의 재미에 기초해야 한다. 시청자에게 편리한 구성과 활용성에 의해 채널의 활성화 여부가 결정되기 때문이다. 그 편의성에는 콘텐츠의 시간(길이)도 포함이 된다.

넷째, 채널에서 커뮤니티를 경험한다.

채널을 운영하는 크리에이터들은 구독자들과 더불어 커뮤니티를 형성하는데, 구독이라는 행위는 폭넓은 의미에서 크리에이터의 세계관에 대한 동의와 동참을 의미하기 때문이다. 따라서 크리에이터는 댓글창이라는 공론장을 통해 구독자들과 대화하면서 새로운 아이디어를 얻거나, 기존 콘텐츠를 보완 또는 수정하는 상호작용(interactive)적 콘텐츠를 생산해내야 한다. 이를 통해 채널이라는 공동체의 유대성은 더욱 강화되고, 채널이 지속적으로 활성화될 가능성은 증가한다. 또한 댓글창의 공론장이 활성화되기 위해서는 누구나 어떤 의견도 자유롭게 개진할 수 있는 개방성과 보편성이 확보되어야 한다.

기독 콘텐츠의 비활성화 요인

활성화된 채널들의 콘텐츠들과 대조적으로, 기독교 콘텐츠들이 아무리 정성을 다해 제작되어 유튜브 공론장에 진입해도 검색과 추천은커녕 채널 구독과 댓글 활동 등을 유도하는 것조차 쉽지 않다는 것을 경험하게 된다. 이는 유튜브의 공적 생태계와 대비되는 기독교 콘텐츠의 다음과 같은 특징들에 기인한다.

첫째 요인은 유튜브가 아래로부터의 문화인 반면, 교회는 위로부터의 문화를 가지고 있다는 점이다.

유튜브 공론장의 콘텐츠는 일상성과 실용성이 목적이다. 따라서 현장 전문가를 중심으로 하는 아래로부터의 콘텐츠가 활성화되는 경향을 보인다. 하지만 기독교 유튜브는 반대다. 교회의 목적에 따라 목회자 중심으로 위로부터 기획되고 제작되며 사용된다는 점에서 콘텐츠 생산 주체와 기획의 방향에서 차이가 있다.

둘째 요인은 교회의 특수 언어다.

유튜브가 대개 일상에 기반한 보편 언어로 표현되는 반면, 기독교 콘텐츠는 교회의 내부 용어, 소위 '클리셰'로 불리는 배타적 기독교 언어로 제작된다.

셋째 요인은 성속을 구별하는 이원론적 문화다.

유튜브의 알고리즘은 데이터와 메타데이터를 통해 크리에이터와 콘텐츠를 결합하여 소통하지만, 기독교 콘텐츠는 일상과 거룩을 분리된 개념으로 인식하는 경향이 있다. 주식이나 다이어트와 육아 자체를 기독교 콘텐츠로 인식하기보다, 무엇이든 기독교적 메시지를 담을 수 있어야 기독교 콘텐츠가 될 수 있다고 여긴다. 하지만 공론장의 알고리즘에서 검색되지 않는 키워드로 제작된 '거룩한 콘텐츠'는 공적으로 유통되기 어렵다.

넷째 요인은 회심 중심의 의도적 선교 커뮤니케이션이다.

일반적으로 교회의 증언 메커니즘은 일상 자체만을 단순히 다루기보다, 일상을 변화와 회심의 대상으로 인식하는 선교적 의도를 가져야 복음적 콘텐츠로 인식하는 경향이 있다. 유튜브의 기독교 콘텐츠 또한 이와 같은 의도적 복음 증거 차원에서만 선교적이라고 인정받는다. 하지만 유튜브 공론장에서는 의도적(intentional)이 아닌 차원적(dimensional) 복음 증거인 일상의 영성과 삶을 통한 고백이 더 강력한 메시지가 된다.

다섯째 요인은 수동성이다.

유튜브 공론장은 참여자들이 자발적인 구독과 활동, 그리고 능동적인 의견 개진과 적극적 소통이 주류를 이루는 반면, 기독교 콘텐츠는 교회와 목회자의 권위와 전문성에 기반해서 생산되기 때문에 구독자들의 참여와 반응은 수동적이고 소극적이다.

유튜브 선교사가 양성되기 어려운 일곱 가지 교회 문화

필자는 유튜브 공론장에서 기독교 콘텐츠의 생산과 활성화를 위한 현장 연구를 하는 과정에서, 의도하지 않았는데도 다음과 같은 사실들을 알게 되었다. 유튜브 선교사로서 기독교인 크리에이터가 등장하기 어렵고, 기독교의 콘텐츠가 일상적이거나 실용적이기 어려운 이유가 한국교회의 왜곡된 사역 문화와 긴밀히 연관되어 있다는 것이다. 이런 상황을 만든 한국교회의 독특한 사역 문화를 일곱 가지로 정리할 수 있었다.

첫째는 목회자 중심의 기획과 권위주의다.

교회의 사역이 교회 내부 중심이 되다 보니 자연스레 교회 전문가인 목회자 중심으로 사역의 기획이 이뤄지게 된다. 여기에 한국적인 위계질서와 권위주의가 결합되면서 '아래로부터'가 아닌 '위로부터'의 사역 문화가 주류가 되었다.

둘째는 아이러니하게도 공동체로서 존재해야 하는 교회 안에 정작 공론장이 없다는 점이다.

목회자에 대한 신뢰가 왜곡되어 절대 순종으로 변질되었고, 교회나 목회자를 통해 생성된 기획이나 콘텐츠에 대해 반론이나 다른 의견을 개진하면 불순종이라는 프레임으로 해석되었다. 교회는 이에 따라 공론장으로서의 보편성과 개방성을 상실하였고, 하나됨이라는 교회의 본질은 왕정시대처럼 왕명 아래에서의 통일 혹은 사회주의 이데올로기 속의 보편 사회 같은 형태로 변질되었다.

셋째는 교회의 배타성이다.

토속종교와 타종교와 대결 구도에 있는 한국교회의 복음 전도 문화는 세상과 대립하는 것으로 정착되었고, 이는 세상의 일상에 이르기까지 배타적 성향으로 발전하여 '성속분리'라는 이원화를 부추겼다. 그 결과 교회의 공공성은 약화되고, 교회는 이질적이고 이기적이며 무례하고 소통불가의 존재로 낙인찍혀, 결국 공론장에서 배척되는 결과를 초래했다. 그 결과 성도들은 공론장에서 자신이 기독교인임을 드러낼 때 비난과 배척을 경험하게 되었다. 또한 극보수 유튜버들이 공공 언어로 기독교적 메시지를 전하는 목회자들을 향해 '좌표찍기'로 지칭되는 고발과 신고를 함으로써, 보수 기독교인들의 사이버 액션을 부추기며 자신들의 영향력을 넓혀가고 있는 현실은 배타성의 극단을 보여주고 있다.

넷째는 복음 전도 위주의 선교관이다.

성도들이 알고 있는 선교적 삶이란 것은 세상을 하나님의 나라로 바꾸기 위한 의도적 복음 증거에 머물러 있는 수준이다. 교회에 대한 세상의 배척과 핍박이 공공성을 상실한 교회의 무례하고 교만한 소통 탓이라고 인식하며 반성하기보다, 그것이 복음 증거를 통해 받는 핍박이며 이겨내야 하는 장애물로 인식한다는 점이다.

다섯째는 성도들의 사역 동기의 복합성에 있다.

성도들이 교회와 선교사역에 동참하는 동기와 이유가 세상을 향한 하나님의 선교에 동참한다는 뜻에서가 아니라, 공동체성을 경험하거나 인정받으려는, 혹은 개인의 인격적 성숙과 영성 차원의 목적이라는 점이다. 이 또한 능동적이고 주체적인 사역의 장애물로 작용하고 있었다.

여섯째는 성도들의 일상과 사역의 분리이다.

성도들에게 하나님의 일을 한다는 것은 교회 일을 하는 것과 동일시되는 경우가 많았고, 교회 사역에는 일상과 일터에 대한 상생과 배려보다 희생이 요구되는 경우가 많았다. 교회 사역을 통해 인격의 성숙을 이루거나 인내와 깨어짐을 경험하여 결과적으로 일상생활에 긍정적인 영향을 준다는 의미는 찾을 수 있었으나, 자신의 직업이나 관심사와 실제로 연결되기는 어려웠다. 일상생활에서의 영성과 부르심에 대한 고뇌는 철저히 개인의 책임이며 사적 영역이었다.

일곱째는 목표지향적 사역으로 인한 탈진이다.

일상과 교회 사역의 분리와 교회의 목표 때문에 개인의 일상이 희생되는 경험을 했고, 위로부터 정해진 목표를 위한 도구로서 사역에 참여하다 보니 결국 탈진을 경험하는 일이 발생했던 것이다. 교회에서 '영적으로 공급받지 못하고 일만 하다 지쳐서 다 내려놓고 싶다'고 말하는 경우를 종종 발견하는 이유가 여기에 있다.

이와 같은 일곱 가지 문제들 외에도, 콘텐츠 크리에이터들의 현실적 어려움 또한 교회의 왜곡된 선교와 사역의 문화와 깊이 연결돼 있다. 신앙과 삶의 자리가 분리되는 기독교의 이분법적 인식과 복음 전도 위주의 선교관은 선교적인 유튜브 크리에이터에 대해 관심을 가지기는커녕 심지어 비판으로까지 이어지기도 한다. 따라서 이런 교회의 사역 문화는 구독과 시청률을 통한 수입에 의존해야 하는 콘텐츠 크리에이터로서는 지속적으로 사역하는 데 큰 장애 요소가 되었다. 시간과 에너지를 쏟아야 하는 작업에 대한 동기부여와 보상이 전혀 이뤄지지 않는 상황에서, 결국 기독교 콘텐츠 제작의 주체와 책임은 일상의 전문가인 평신도가 아닌 교회나 기독교 기관의 것으로 여겨지게 되었다.

기독 콘텐츠의 리뉴얼을 위한 기획의 다각화 전략

기독교 콘텐츠는 교회의 사역 문화로 인해 생산자와 언어와 사용 목적 등에 영향을 주었고, 유튜브 알고리즘에서 활성화되는 데 한계와 장애를 갖게 되었다. 따라서 기독교 콘텐츠가 활성화되려면 기존의 콘텐츠 제작 방식, 즉 교회와 목회자 위주로 생산되는 위로부터의 '전문적 기독교 콘텐츠'(구심적 선교 콘텐츠)는 질과 내용을 더 강화시키는 한편, 현장과 일상에서 생산되는 아래로부터의 기독교 콘텐츠(원심적 선교 콘텐츠)는 기획과 내용이 성속의 분리를 초월하여 더욱 다양해져야 한다. 이 두 영역이 각각 전략적으로 발전할 때, 서로의 상호작용을 통해 기독교 콘텐츠 전체가 활성화될 수 있을 것이다.

첫째 영역인 교회와 목회자 기반의 구심적 선교 콘텐츠는 신학적이고 목회적인 전문성이 강화되어야 한다.

복음 전도를 위해 신뢰할 수 있는 전문적인 정보 콘텐츠와 예배와 영성 생활과 성장을 위한 기독교 내부의 콘텐츠에 대한 필요는 여전히 유효하기 때문이다. 참고로, 영어회화의 경우 초급보다 중급을 위한 콘텐츠가 지속 가능성에서 우위에 있는 것처럼, 깊이 있는 신앙생활과 신학 정보를 원하는 이들을 위한 전문 콘텐츠가 기초 교리나 가벼운 성경 정보보다 지속 가능성이 높다는 점도 발견할 수 있었다.

둘째 영역인 변혁가와 전문가 기반의 원심적 선교 콘텐츠는
일상을 살아가는 성도들의 참여를 통해 더욱 개발되고 다양해져야 한다.

특히 알고리즘을 통해 검색과 추천이 되면서 선교적으로 소통되기 위해서는 앞에서 소개했던 4가지 선교 유형의 분류 가운데서도 '사회 선교'와 '공적 선교'를 위한 아래로부터의 콘텐츠가 더 많이 필요하다. 하나님의 정의와 평화가 구현되게 함으로써 세상에 하나님의 통치를 실현하는, 이른바 사회변혁을 의도하는 콘텐츠가 필요하다는 것이다. 기독 지혜의 공론장 참여를 통해 공동선을 추구하면서 다중심적인 하나님의 백성 운동을 반영하는 공적 선교 콘텐츠가 준비돼야 한다.

위의 두 영역의 융합도 추구해야 한다.

기독교 콘텐츠임에도 불구하고 알고리즘의 추천을 받아서 일반인들에게도 노출될 수 있는 콘텐츠 기획이 필요하다는 것이다. 특히 다음세대를 위한 선교적 소통을 위해서는 성속의 구분이 융합되고, 알고리즘으로 성육신하는 콘텐츠가 더욱 많이 생산되어야 한다.

팬데믹 이후 강화된 온라인 사역으로 인해 온라인 방송과 유튜브는 목회자들의 목회 수단이자 목회의 자리가 되었고, 다음세대를 위한 콘텐츠들도 무수히 제작되고 있다. 감사하게도 시간이 지나갈수록 방송과 유튜브에 대한 기획력의 은사를 가진 이들의 활약으로 인해 기독 콘텐츠의 알고리즘 진입과 관련해서 열매를 맺는 사례들을

[그림 2] 너와 나의 모습이 챌린지 쇼츠 영상들

발견하게 된다. 이런 사례들 중에서 대표적인 것은 한국교회의 다음 세대 영적 부흥과 예배 회복을 위해 사역하는 기독교캠프코리아가 2022년에 제작한 '너와 나의 모습이'라는 찬양과 율동을 담은 유튜브 쇼츠[272] 챌린지(shorts challenge)이다. 캠키즈 3집의 뮤직비디오(MV)로도 소개된 '너와 나의 모습이'라는 곡은 2023년 후반부터 춤을 따라 추려는 쇼츠의 트렌드와 맞물려 '너와 나의 모습이 챌린지'라는 형태의 밈(온라인 패러디)으로 확산되고 있다.

이 챌린지는 2024년에도 계속해서 교회 청년부와 각종 소그룹은 물론 심지어 담임목사까지 참여하여 제작하는 패러디 쇼츠가 만들어지는 것을 통해 확산되고 있다. 이것이 검색과 추천 알고리즘을 통해 유튜브 쇼츠에서 노출되고 발전되는 현상을 보이고 있는 것이다.

---

272 shorts, 1분 이내 분량의 세로로 편집된 영상, 스마트폰 세로 화면에 맞춰져 시인성이 좋으며 중독성이 강하다

이 현상은 다음세대 예배 전문가들이 제작한 트렌디한 예배곡으로서의 전문성과 더불어 유튜브 쇼츠의 댄스 챌린지라는 트렌드와 일상성이 융합돼 선택받은 결과이다. 이로 인해 이 콘텐츠는 기독교인뿐 아니라 비기독교인들에게도 노출되는 경우까지 이끌어냈고, 다음세대 유튜브 선교전략에 참고할 수 있는 좋은 모델이 되었다.

기독 유튜브의 생태계를 조성하라

기독교 콘텐츠의 다각화는 결국 선교 유형에 따른 크리에이터 유형의 다각화를 의미한다. 이 말은 복음 전도를 위한 증인, 사회 선교를위한 변혁가, 공적 선교를 위한 전문가 등으로 대표되는 크리에이터유형의 다각화가 필요하다는 뜻이다. 선교적 공동체의 범주는 이 세유형의 크리에이터들을 통합하는 개념으로 정리되는데, 이는 또한세 가지 메타데이터적 크리에이터 유형들의 상호작용을 통합하는'데이터적인 공동체'로서의 증언과 대화를 의미한다. 이것이 유튜브공론장 선교를 위한 기독교 콘텐츠 커뮤니케이션 활성화 전략이라고 정리할 수 있다.

다음의 '그림 3'은 '그림 1'(이 책의 86페이지)의 네 가지 선교 유형분류표에 대입한 콘텐츠와 크리에이터의 유형들이다. 선교적 공동체 유형의 선교에서 주체가 되는 공동체는 나머지 유형의 크리에이

[그림 3] 유튜브 선교 콘텐츠와 크리에이터 유형

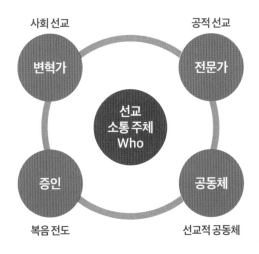

터 유형을 통합하는 집합적 개념이며, 이는 서로에 대한 상호신뢰와 존중에 기반한 상호작용과 협력사역을 통해 이루어질 수 있다는 점을 내포한다. 즉, 각기 다른 선교 유형이 별개의 선교를 의미하는 것이 아니라 결국 하나님의 선교의 다양한 차원이듯, 유튜브 공론장 선교에서도 크리에이터들은 집합적 개념인 공동체로서 서로 협력해야 한다는 것이다. 각자가 생산하는 콘텐츠들이 서로 아주 다른 메시지가 아니라 복음의 메타데이터요 예수님의 다양한 얼굴이며, 성령님의 다양한 역사라는 공동체적 상호작용을 통해 구현되는 데이터라는 인식이 필요하다는 의미다.

앞에서 언급한 '너와 나의 모습이 챌린지'는 기독교 유튜브 생태계를 통한 유기적인 선교적 소통의 대표적 예다. 유튜브 알고리즘이 계속 추천해주는 율동 영상들을 보고 있다 보면 마치 모든 출연자들이 한 공동체 식구라는 생각이 들기도 하고, 꾸밈없는 사람들의 아름다운 모습이 보인다. 게다가 목사와 성도, 남녀노소와 정치 진영을 넘어 하나된 공동체의 아름다움을 볼 수 있고, 그 하나됨 안에 계시는 예수 그리스도를 볼 수도 있다. 이 노래의 가사는 이러하다.

너와 나의 모습이 예수님 닮아
너와 나의 모습이 예수님 닮아
하루 이틀 매일 매일 지날 때마다
더 닮아가길 원해요
예수님 사랑이 넘쳐 넘쳐
예수님 축복이 흘러 흘러
예수님 은혜가 가득 가득
당신과 함께 하길 원해요.

이 노래 가사의 고백이 챌린지 영상을 통해 다양한 기독 공동체들의 간증처럼 전달되면서, 자극과 비방, 혐오와 배제가 난무하는 유튜브 세상을 정화하고 치유하는 것을 느낄 수 있다. 콘텐츠를 생산한 어린이 사역자와 예배 전문가들, 이것을 챌린지로 만들어낸 이름 모

4부 | 유튜브 선교를 위한 커뮤니케이션 전략

를 각계 각층의 수많은 재생산자들 모두가 동참하는 기독 생태계의 작은 물줄기들이 모여 유튜브 세계의 지각을 바꿀 선교의 강물을 만들어가는 것이다.

이외에도, 현실적인 차원에서는 전문인 크리에이터들이 선교적 콘텐츠와 활동을 지속적으로 할 수 있게 하는 선교적 관심과 사역의 후원이 또한 필요하다. 기독교 크리에이터들이 재정의 어려움이나 무관심 때문에 사역의 동기를 상실하지 않도록 지속적으로 지원하고, 콘텐츠 기획과 제작에도 도움을 받을 수 있는 환경을 조성하는 일이 시급하다.

15
유튜브 크리에이터로 성공하는 6단계 매뉴얼

유튜브 크리에이터가 되는 것을 한 번쯤 생각해본 사람은 많아도, 실제로 기획하고 촬영하고 업로드를 시작하는 사람은 흔하지 않다. 그럼에도 불구하고 유튜브 크리에이터의 수는 매년 급증하고 있다. 헤럴드경제 2023년 10월 7일자 보도에 의하면 '유튜버'(youtuber)로 불리는 1인 미디어 창작자(유튜브 크리에이터)는 2019년 2천 776명에서 2020년 2만 756명, 2021년 3만 4천 219명으로 늘어났고, 계속해서 기하급수적으로 증가하고 있다.

하지만 유튜브에 뛰어든 사람 못지않게 포기하는 사람도 늘고 있다. 이 업계에서 회자되는 일종의 '기대치'(?)가 있는데, 유튜버로서 월 3천만 원 가량의 수입을 올리는 것이다. 하지만 그렇게 되려면 상위 1%에 들어야 한다는 조사 결과가 나온 바 있다.

2023년 10월 7일 국세청이 이수진 더불어민주당 의원실에 제출한 2022년 자료에 따르면 대한민국에서 상위 1%에 속하는 유튜버 342명의 1인당 평균 연소득은 무려 3억 6천 600만 원이었다. 하지만 이들을 뺀 나머지 3만 3천 877명(99%)의 연평균 소득은 고작 600만 원에 그쳤다. 99%의 유튜버들이 월 100만 원도 못 번다는 얘기다. 이런 가운데 상위 1%의 소득 비중은 2019년 28.8%, 2020년 36.4%, 2021년 37.6%로 매년 상승하는 추세다. 유튜브 전체 수익에서 상위 1%가 차지하는 비율이 늘어나고, 그 이하는 늘어나지 않는다는 말이다. 이 결과를 보면 누구나 할 수 있지만 아무나 할 수 없는 것이 유튜브인 걸 알 수 있다. 게다가 기독교와 관련된 유튜브 채널은 그 문이 더욱 좁다. 따라서 기독교 유튜브를 성공적으로 시작하고 운영하며 유지하기 위해서는 검색과 추천의 알고리즘을 통과하고 활성화될 수 있도록 보다 전략적이어야 한다. 이를 위해 다음과 같은 6단계 과정의 가이드라인, 즉 매뉴얼이 필요하다.

2021년에 필자가 연구했으며 가상화폐와 관련되어 관심이 급격히 높아졌던 NFT(Non-Fungible Tokens)를 예로 들면서, 이 매뉴얼의 각 단계를 어떻게 수행했는지 설명하려 한다.

첫째, 활성화된 유튜브 채널을 참고하라

첫째 단계는 유튜브 채널 중 활성화된 사례를 참고로 분석하여 최신 알고리즘의 경향을 파악하는 것이다. 이는 유튜브 채널의 방향을 설계하는 데 가장 중요한 자료가 된다.

한국어로 된 유튜브 사례들을 분석하기 원한다면 '씨로켓리서치랩'의 김경달 대표가 2019년부터 다음 해의 유튜브 트렌드와 채널 사례를 모아 1년에 한번 발간하고 있는 〈유튜브 트렌드〉라는 책에서 많은 도움을 받을 수 있다. 〈유튜브 트렌드 2020〉은 '알고리즘', 〈유튜브 트렌드 2021〉은 '연결역량', 〈유튜브 트렌드 2022〉는 '유튜브 경제시대'를 주제로 삼아 그 해의 트렌드를 전망하였다. 또한 그 주제에 걸맞게 활동하며 성장하고 있는 '주목해야 할 대한민국 유튜브 채널'들을 아울러 소개하였다.

〈유튜브 트렌드 2020〉에서는 유튜브의 9가지 트렌드로 '어그로', '요약', '공유경험', '최적화', '추억환생', '바보상자', '텐션병맛', '초현실', '돈'이 제시됐다. 이 트렌드와 관련해 대표적인 채널은 텐션 높은 독특한 음악과 편집이 특징인 요리 채널 '과나', 과거에 유명했던 사람들의 근황을 소개하는 '근황올림픽', 병원에서 하지 못하는 의학 상담을 하는 '닥터프렌즈', 여행 전문가가 현실적인 세계여행을 보여 주기 위해 혼자 여행하는 모습을 담은 '빠니보틀', 산적 같은 외모로 고기를 굽는 '산적TV 밥굽남', 돈 버는 법을 알려주는 '신사임당', 유튜브 크리에이터들에게 필요한 기술과 정보를 제공해주는 '용호수 스튜디오', 스타트업 덕후가 만든 스타트업 정보 체널 'EO', 타임머신을 타고 돌아가듯 예전 영상을 볼 수 있는 'SBS KPOP CLASSIC' 등이었다.

〈유튜브 트렌드 2021〉은 8가지 키워드로 '패러다임의 재설정', '실시간이라는 상품', '내 입맛대로 구독경제', '갓갓 알고리듬', '뭐든지 쌍방향', '여전히 끼리끼리', '진실의 힘', '연결역량의 시대' 등을 소개했다. 유튜브가 '스트리밍, 구독경제, 이용자 우선 정책' 등을 통해 구독자의 충성도를 끌어올리는 동시에 그들을 향한 서비스를 강화하고, 이를 통해 경제 공동체로 진화해가는 트렌드가 있다는 점을 잘 짚어냈다. 이것은 유튜브 안에서의 신부족주의적 현상이 경제 공동체라는 이름으로 강화되고 있다고 해석될 수 있는 부분이다. 이와 관련한 대표적 채널들은 코미디 상황극으로 유명한 '낄낄상회'와 '피식대학', 건강한 생태계를 위해 선한 영향력을 추구하는 '김줄스', 비양심 업체 고발 유튜버인 '사망여우', 텐션 높은 사장이 운영하는 해산물 요리 전문 '수빙수TV', 고기와 고기 요리에 진심인 남자의 '육식맨', 박학다식한 세상 지식으로 다양한 주제의 정보를 소개하는 '조승연의 탐구생활', 특전사 출신이면서 캠핑과 아웃도어 의상 전문가가 만드는 '은하캠핑', 믿을 수 있는 IT리뷰어인 '테크몽' 등을 소개했다.

〈유튜브 트렌드〉가 추천한 채널들 가운데서 내가 만들고 싶은 콘텐츠와 비슷한 콘셉트를 가졌거나 주제가 유사한 채널을 구독해 관찰하면 그들이 최근에 관심을 가지는 주제와 편집 방식의 트렌드를 파악할 수 있다. 30만 명 이상의 구독자를 가지고 있는 채널이라면 그 크리에이터가 유튜브 알고리즘을 꿰뚫어보는 기획자이거나 배후에 그런 팀이 꾸려져 있다고 볼 수 있다. 그런 채널들을 참고하여 따라 할 수 있는 것은 해보는 것이 성공적인 유튜브 시작의 첫걸음이 될 것이다.

둘째, 트렌드를 분석하라

두 번째 단계는 내가 제작하려는 콘텐츠와 관련된 트렌드, 즉 현재 그 분야에서 어떤 주제들이 검색의 우선순위에 있으며 알고리즘에서 우호적으로 인식되고 추천될 것인지를 분석하는 것이다. 이를 위해 유튜브의 모회사이자 검색 키워드의 빅데이터를 보유한 구글에서 제공하는 '구글 트렌드'[273]를 참고할 것을 추천한다.

다음 페이지의 두 그림은 '구글 트렌드' 사이트에서 찾은 것으로, 특히 NFT[274]와 관련해 세계와 미국을 대상으로 하는 구글 검색 정보

---

273 trends.google.com Google, 2021
274 Non-Fungible Token, 대체 불가능한 토큰, 블록체인의 토큰을 다른 토큰으로 대체하는 것이 불가능한 암호 화폐

를 바탕으로 각각 작성된 것이다. 검색 빈도를 보여주는 두 그래프 (Interest Over Time)의 곡선 변화를 보면 알 수 있겠지만, NFT에 대한 관심은 세계적으로 비슷하며, 특히 2021년 중반부터 2022년 사이에 급격하게 성장한 것을 확인할 수 있다. 이는 NFT의 주요 거래 가상 자산인 '이더리움'의 가치 변화 추이와 동일한 그래프 모양을 보여주고 있다. NFT에 대한 관심은 팬데믹 이후 급격하게 성장하고 변화된 가상화폐의 가치 변화 추이에 비례하고 있으며, NFT 시장에 대한 관심이 확대되고 있음을 알 수 있다.

검색 위치와 관련해서 보면, 세계적으로는 싱가폴, 홍콩, 중국 등의 중화권과 캐나다와 미국을 포함한 북미권에서 관심을 많이 가지고 있는 것으로 분석된다. 미국에서는 기술(IT) 회사들이 집중돼 있는 캘리포니아를 중심으로 가장 많이 검색하고 있지만, 타 주와 비교해서 보면 의미 있는 검색량의 차이를 보이진 않는다. 미국 전체에서 보편적인 관심을 보이고 있다는 의미이다.

최근 연관 검색어에서 'Yacht Club'이 자주 검색되는 이유도 찾아볼 수 있었는데, 그것은 BAYC[275]라는 토큰이 천문학적인 가치로 급성장하여 NFT 열풍을 선도했기 때문으로 파악된다. 이 또한 실제의 요트클럽을 검색한 것이 아니라 NFT를 검색한 것이다. 이를 통해 2021년과 2022년은 영어를 사용하는 중어권과 북미권에서 NFT

---

275 The Bored Ape Yacht Club, 2021

[그림 4] 구글 트렌드를 이용한 NFT 분석(세계, 3/4/2022)

[그림 5] 구글 트렌드를 이용한 NFT 분석(미국, 3/4/2022)

정보에 대한 필요가 급격히 발생했고, 지금이 영어로 된 NFT 정보와 교육 콘텐츠 제작을 시작하기에 적절한 시점이라는 걸 읽어낼 수 있었다. 이처럼 '구글 트렌드'는 내가 현재 제작하려는 콘텐츠의 주제가 알고리즘 안에서 검색될 만한 주제인지에 대해 전반적인 흐름을

파악하는 데 도움을 준다.

셋째, 키워드를 분석하라

트렌드를 분석하고 내가 만들 콘텐츠의 분야와 주제를 정했다면, 이제는 그 주제에 맞는 구체적인 키워드를 분석해야 한다. 알고리즘의 검색과 추천하는 시스템은 영상 정보에 기입한 키워드를 중심으로 작동하기 때문이다. 유튜브 영상에는 설명에 해시태그(#)를 붙임으로써 키워드를 입력할 수 있게 되어 있으며, 일반적으로 앞에 기록하는 처음 3가지 키워드가 알고리즘에 영향을 준다고 알려져 있다. 구글 정책상 이 점을 명문화하지는 않았지만, 어쨌든 이 키워드를 어떻게 설정하느냐가 알고리즘의 검색과 추천에 지대한 영향을 끼친다. 따라서 가장 많이 검색되는 키워드를 찾아내는 것이 이 단계의 우선 목표이고, 이것은 영상 콘텐츠의 우선순위를 정하고 지속적으로 기획하기에 좋은 지침이 될 수 있다.

사람들은 다른 사람들이 많이 쓰는 키워드를 따라서 검색하는 편이다. 검색이 많은 키워드인 것만큼, 그런 키워드에 맞게 제작된 영상 또한 이미 많을 가능성이 높다. 반대로 제작된 영상은 별로 없는데 검색도 자체마저 낮은 키워드가 있다. 그런 건 큰 의미가 없다. 따라서 검색은 많이 되지만 제작된 영상의 수는 적은 키워드를 찾는 것

[그림 6] 우버서제스트의 NFT 추천 키워드 (미국, 3/4/2022)

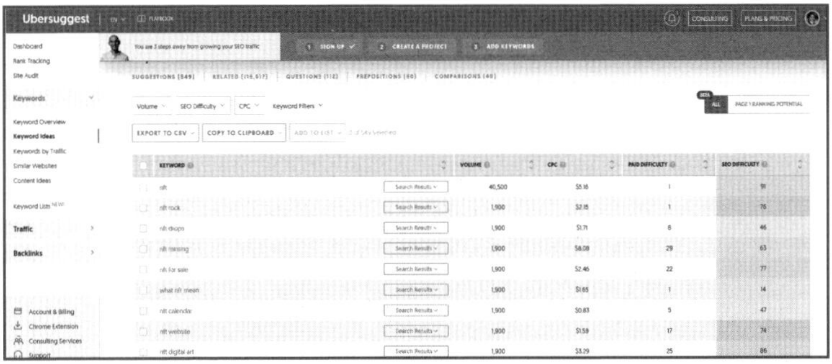

이 이 단계의 핵심이다. 검색은 많이 하는데 그에 맞는 영상이 부족하다면, 내가 그 키워드를 따라서 만든 영상이 검색될 가능성은 그만큼 높아지기 때문이다.

어떤 키워드가 많이 검색되는지 알아보는 법은 일단 단순하다. 구글 검색창에 어떤 키워드를 입력하면 기본적인 검색 데이터를 바탕으로 연관된 키워드를 보여주는 기능이 있다. 하지만 보다 전문적으로 자주 검색되는 키워드를 분석하기 원한다면, 대중적인 빅데이터 플랫폼 중에서 유튜브 정보가 많고, 검색량 대비 콘텐츠 검색 밀도를 비교해서 키워드와 질문을 추천해주는 '우버서제스트' (Ubersuggest)[276]를 추천한다(그림 6). 우버서제스트에 대한 이해를 돕

---

276 2024년 기준으로 추가로 추천할 수 있는 유료 키워드 분석 사이트는 TubeBuddy, Keywordtool.io 등이 있다. 무료 서비스 사이트도 있으며, 새로운 서비스들이 계속 나오기 때문에 '키워드 분석'을 검색해서 자신에게 맞는 사이트를 찾기를 추천한다.

기 위해, 앞 단계에서 분석했던 NFT와 연관된 추천 키워드를 우버서 제스트에서 검색해보면 다음과 같은 결과를 얻게 된다.

우버서제스트에서 특정 키워드를 검색할 경우, 검색량과 아울러 검색되는 콘텐츠의 양을 비교 분석해 검색 경쟁률을 제공하는 'SEO'라는 수치를 제공한다. 유튜브 크리에이터가 유튜브 알고리즘에서 추천될 수 있는 경쟁력 있는 콘텐츠의 키워드나 질문이 무엇인지 선정할 수 있는 지침을 제공해주는 것이다. 또한 내가 제작하고 싶은 콘텐츠가 가진 키워드의 경쟁력도 확인해볼 수 있다. 따라서 다른 콘텐츠와 내용은 비슷하더라도 어떤 키워드를 사용하느냐에 따라 차이가 나는 검색 경쟁에서 우위를 차지하는 전략을 수립할 때 강력한 도구가 된다.

예를 들어 2023년 3월 4일자 미국 내 NFT 검색 결과를 보여주는 '그림 5'에서, 'NFT'라는 단어 자체는 검색량은 많지만 SEO의 난이도 수치가 100이라는 기준에 대비해 볼 때 91점이기 때문에 경쟁이 치열한 반면, 'What NFT Mean'이라는 키워드 구절은 검색량 대비 경쟁률이 불과 14점에 불과하여 경쟁률이 낮다는 걸 보여준다. 따라서 키워드로 선택하기에는 그냥 'NFT'만 쓰기보다 'What NFT Mean'을 쓰는 것이 더 좋은 것이다. 우버서제스트의 검색량과 SEO 난이도를 기준으로 분류한 데이터 외에 접속어를 기반으로 질문을 추천해주는 데이터까지 검색해보고 종합하면, 유튜브 알고리즘에서 경쟁력 있는 다양한 주제어와 주제와 관련한 질문을 작성할 수 있다.

[그림 7] 앤서더퍼블릭 빅데이터 연관 검색어 분석 (미국, 1/16/2022)

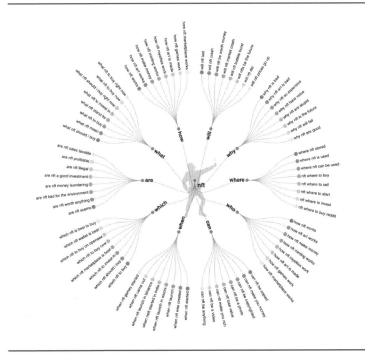

이외에도 '앤서더퍼블릭'(AnswerThePublic)이라는 빅데이터 연관 검색어 분석 플랫폼을 검색할 자료를 찾는 데 보조로 활용할 수 있다. 이 플랫폼을 통해 추천하는 주제어와 질문을 분석하고, 이전의 분석 내용과 중복되는 핵심 주제어와 질문들이 무엇인지 확인할 수 있다. 우버서제스트는 유료인 반면 앤서더퍼블릭은 무료이다. 앤서더퍼블릭은 연관 검색어(키워드)를 중심으로 검색창을 통해 검색되는 문장을 마인드맵 형태로 시각화하여 보여준다(그림 7). 색상의 명

암으로 검색 빈도를 표현하기 때문에 노출이 높은 콘텐츠의 제목을 직관적으로 파악하고 결정하는 데 도움을 준다. NFT의 경우 '그림 7'에서는 'What NFT should I buy' 혹은 'What NFT mean'과 같이 기초적인 정보에 대한 문장이 높은 검색 비율을 차지했고, 'How NFT works'나 'When NFT started', 'Can NFT be copied'와 같은 NFT를 설명하는 정보에 대한 문의가 주요 관심 사항임을 파악할 수 있었다.

넷째, 지속적으로 콘텐츠를 기획하라

콘텐츠 기획은 마치 연재를 위해 책을 집필하는 것 같은 고단한 과정이다. 그래서 크리에이디들이 유튜브를 포기하는 이유 중 하나가 소재의 고갈이다. 그러므로 크리에이터 자신이 현재 가지고 있는 전문성이나 일상성의 콘텐츠 외에도, 앞에서 소개한 분석 과정을 통해 시장의 트렌드에 맞는 새로운 주제를 지속적으로 파악해야 하고, 이를 조화롭게 반영해서 기획해야 한다.

크리에이터는 또한 풍성하고 정확하고 신속하고 신선한 정보를 위해 끊임없이 공부해야 한다. 특히 뉴스에 예민해야 하며, 더불어 유행되는 용어가 있다면 그것을 내 콘텐츠에 어떻게 녹여낼지 끊임없이 고민해야 한다. 예를 들어 올림픽 시즌에 '올림픽과 요리가 무슨 관련이 있을까?' 하는 생각이 들겠지만, 좋은 기획자는 '올림픽 선수를 위한 스테미너 음식'이라는 주제를 연결해 콘텐츠를 기획한다. 특정 국가가 세계적 이슈가 되면, 여행 채널은 그 나라의 음식과 명소를 재편집해서 업로드한다. 요리 유튜버들은 그 나라의 음식을 만드는 영상을 제작하고, 맛집 유튜버는 한국에 있는 그 나라의 식당을 방문한다. 올림픽 시즌에 유행하는 노래나 춤이 있다면, 구독자들을 위한 팬서비스 차원에서 채널의 주제와 상관없이 짧은 쇼츠 영상을 제작해 올리기도 한다. 이것은 단순히 부족 자체를 위한 유희와 소비 목적의 영상이다. 크리에이터는 이러한 방식으로 알고리즘이 찾는 주제를 나의 콘텐츠와 연결시키려는 노력을 끊임없이 해야 한다. 구독자가 많은 채널이라면, 그것이 기획팀의 일이 되어야 한다.

기획 단계에서 최근 유행하고 있는 또 하나의 트렌드는 '합방'이라는 이름으로 하는 공동제작이다. 어느 정도 영향력이 생겼을 경우, 크리에이터들 사이의 시너지를 높이기 위해 함께 하나의 콘텐츠를 만드는 이벤트성의 기획은 더 많은 구독자를 유입하기 위해 좋은 전략이다. 유튜브 이용자는 하나를 구독하면 다른 하나를 취소하는 것이 아니라, 구독하는 채널을 무제한으로 늘릴 수 있다. 그렇기 때문에 합방은 서로의 구독자를 빼앗는 것이 아니라, 그 영역 자체의 파이를 더 키우는 시너지 효과를 노린다는 개념으로 하는 것이다. 이는 '샌드박스 네트워크'[277]와 같은 기획사가 하는 형태로, 유튜브 크리에이터들을 발굴하고 키워내는 이 기획사가 같은 회사에 속한 유튜버들의 공동제작을 통해 서로의 구독자들이 교차로 구독하도록 하는 전략을 구사하는 것에서 쉽게 이해할 수 있다.

앞에서 검색과 분석을 했던 NFT의 예로 다시 돌아가 콘텐츠 기획에 대해 참고해보자. 키워드 분석을 바탕으로 본격적으로 콘텐츠를 기획하기 위해, 2021년에 출간된 NFT 서적들 가운데 3권의 베스트셀러를 구입하여 목차를 보면 균형있게 콘텐츠를 제작할 수 있도록 검토하는 과정을 추가할 수 있다. 이런 책들[278]을 참고함으로써 크리에이터 개인의 의견을 뛰어넘는 객관적인 자료들을 종합하고 전문지식을 전하는 데 부족함이 없도록 한다. 그렇게 하면 제작팀을 스터디 모임처럼 발전시킬 수도 있다.

제작팀은 기획의 역할을 겸하기 위해, 최신 트렌드나 편집 방향에 대한 피드백과 의견을 자유롭게 제안할 수 있어야 한다. 이를 통해 콘텐츠의 기획이 단지 크리에이터만의 독립적인 일이기보나 상호 배움과 나눔의 장이 될 수 있고, 다양한 피드백과 질문과 토론을 통해 정제된 콘텐츠를 만드는 효과를 얻을 수 있다. 또한 이 과정을 통해 여러 사람이 직접 기획에 동참하고 소속감을 가지게 되며, 결과적

---

277 sandbox.co.kr/sandbox_creator
278 Fortnow와 Terry가 공동 저술한 〈The NFT Handbook : How to Create, Sell and Buy Non-Fungible Tokens〉(Fortnow and Terry 2021)를 입문서로 선택하고, 〈NFTs for Beginners : Making Money with Non-Fungible Tokens〉(Rich 2021)와 〈The NFT Revolution 2021 : 2 in 1 Basic guide for beginners + Crypto art & Real Estate Edition. Create, buy, sell and make a profit with non-fungible tokens〉(Dukedom 2021)도 참고하면 콘텐츠의 균형을 추구할 뿐 아니라 내용의 객관성이나 전문성도 키울 수 있다.

으로 학습하는 기획팀이 되어서 지속 가능한 채널을 만들기 위한 자산이 된다.

다섯째, 영상 장비와 제작 기술

콘텐츠 제작을 위해서는 우선 기본적으로 필요한 촬영 장비(예산에 적합하고 가성비 높은 카메라)를 추천받아 구입하고, 영상 편집 프로그램과 컴퓨터와 촬영을 위한 조명 장비와 마이크 등을 구매해야 한다. 유튜브에는 이와 관련된 정보를 다루는 콘텐츠가 매우 많으니 참고하면 된다.

초보자는 장비를 최소로 갖추는 것이 좋다. 교회는 기존에 보유한 영상 장비를 활용하면 된다. 개인이라면 전문적인 카메라보다 스마트폰 하나로 사실 충분할 수도 있다. 최신 스마트폰은 일반적으로 4K급의 고화질 영상 촬영이 가능하고 내장 마이크 성능도 훌륭해서, 최근에는 많은 크리에이터들이 별도의 카메라 없이 핸드폰만 사용하는 경우도 많다. 이제는 야외가 아닌 실내라 해도 별도의 카메라와 조명 장비 없이 스마트폰 하나로도 충분하다. 다만 보다 전문적인 영상의 색감을 표현하기 위해 실내에서는 조명 장비를 최소 1개에서 3개 정도 구비할 것을 추천한다.

영상 편집을 위한 컴퓨터는 어느 정도의 성능을 갖춰야 하기 때문에 최신 사양의 제품을 구매해야 할 필요도 있겠지만, 그 전에 어떤 프로그램을 사용할 것인지부터 결정해야 한다. 애플 컴퓨터의 경우 자체 프로그램인 Final Cut을 사용할 수 있고 PC는 어도비(Adobe)사의 Premiere 프로그램을 주로 사용하기 때문에 무턱대고 컴퓨터부터 살 필요는 없다. 어떤 프로그램을 쓸 것인지부터 정한 다음 컴퓨터의 종류와 사양을 정해도 늦지 않다.

초급자라면 사용하기 쉬운 무료 프로그램을 다운받거나 컴퓨터에 기본으로 내장된 영상 편집 프로그램도 있으니, 일단 시험 삼아 영상을 찍고 편집해보는 방식으로 기본에 익숙해진 후에 전문 프로그램과 고사양의 컴퓨터 시스템을 결정하여 구매하기를 추천한다. 컴퓨터가 필요하더라도 무조건 새것을 고집하지 말고 성능과 사양을 고려해 중고 장터에서 구하는 것도 충분히 효과적일 수 있다. 초급자는 영상 편집에 들어가는 효과가 많지 않기 때문에 전문 프로그램과 고성능의 컴퓨터가 없어도 무리가 없기 때문이다.

한 가지 더 신경써야 하는 것은 영상 편집에 필요한 템플릿(template)과 효과(effect)와 음악과 사진 같은 자료들이다. 이에 대해 무지할 경우, 어렵사리 제작해놓고도 유튜브에서 경고 메시지인 노란 딱지를 받을 가능성이 높다. 바로 저작권 문제에 걸리는 것이다. 이를 예비하고 다양한 편집 소스를 얻으려면 '모션어레이'(Motion Array)라는 구독 서비스를 이용하면 된다. 모션어레이에서 다양한 편집 프로그램의 템플릿과 그래픽과 자막, 음악과 사진 등의 방대한 자

4부 | 유튜브 선교를 위한 커뮤니케이션 전략

[그림 8] Canva에서 디자인한 썸네일

료까지 마음껏 이용할 수 있다. 일단 처음엔 무료로 시작해보고, 익숙해지면 계속해서 유료 구독을 이어가면 된다.

영상의 첫 이미지를 의미하는 썸네일(thumbnail)도 중요하다. 이것은 유튜브 알고리즘의 선택을 받는 데 중요한 요소이기도 하고, 예비 구독자들의 눈에 얼마나 띄는지에 따라 클릭 여부가 결정되기 때문에, 노출되었을 때 대문 같은 역할을 한다. 보기 좋은 썸네일 제작을 위해서는 일반인도 이용가능한 디자인 템플릿 플랫폼인 'Canva'(canva.com)를 추천한다. Canva는 내용만 입력하면 간단 편집 과정을 통해 디자이너 수준의 결과물을 얻을 수 있다. 따라서 디자이너가 없는 교회에서는 로고, 포스터, 간지, 명함, 봉투, 배너, 주보 제작과 파워포인트 제작에 이르기까지 획기적인 대안이 될 수 있다.

여섯째, 명확한 채널 운영 지침을 설정하라

비영리를 목적으로 유튜브 활동을 하는 것이라면 크리에이터 자신의 신앙 고백과 철학에 따라 진정성을 가지고 자유롭게 운영하면 되겠지만, 영리를 목적으로 하는 경우라면 보다 정확한 운영 지침을 가지고 있어야 한다. 그렇지 않으면 더 많은 구독자를 모으기 위해, 혹은 수익을 창출하기 위해 '선정성, 표절, 신상털이 식의 고발과 선동' 같은 쉬운 길을 택함으로써 자신의 신앙 정체성을 훼손하는 일이 발생할 수 있기 때문이다. 따라서 채널을 명확하게 운영하기 위해 1인일 경우는 스스로, 팀이 있으면 함께 구상하고 동의하여, 사도적 정체성에 기반한 몇 가지 운영 방향을 설정할 필요가 있다.

채널 운영과 관련하여 채널을 시작하기 전과 운영하는 도중에도 수시로 짐검할 내표적인 일곱 가시 기본 원직은 나음과 같다.

첫째, '이 채널의 주된 대상자가 누구인가?', 즉 '어떤 부족을 위한 채널인가?'라는 정체성을 가지는 것이다. 채널이 선교적 정체성을 가지고 있다면, 어떤 정보를 통해 누구를 도울 것인지를 정하는 것이 중요하다. 물론 그 대상은 채널을 운영하는 가운데 나의 계획과 다른 방향으로 정해질 수도 있음을 기억해야 한다.

둘째, 영리를 목표로 하기보다, 진실하고 정확한 정보를 전달하고 상호신뢰할 수 있는 공동체 형성을 추구해야 한다. 이를 위해 크리에이터는 끝없는 배움에 게으르지 않고, 정해진 시한에 맞춰 영상을 제작하여 성실하게 제공하도록 노력해야 한다.

셋째, 채널의 콘텐츠를 통해 사회적인 책임을 다할 수 있도록 노력한다.

넷째, 사람들을 선동하거나 자극하기보다 함께 배워가는 학습 공동체의 형성을 목표로 한다.

다섯째, 채널의 성장을 통해 공동체가 형성되면, 공동선을 추구하는 영향력을 발휘하여 비영리단체나 선교적 가능성도 모색한다.

여섯째, 채널의 운영과 기획에서 참가자 모두에게 열린 공동체를 지향하며, 어떤 의견이든 자유롭게 의사소통하며 배워가는 학습 공동체를 만들어가야 한다. 특히 구독자들의 비판과 지적에 대해 겸손한 마음으로 청취하되, 경계를 넘은 과도한 거짓말과 비난이나 욕설에 대해서는 정중하고도 강경하게 대처한다.

일곱째, 어떤 주제를 다루든 성령의 조명하에 부끄러움이 없도록 영적인 거룩함의 거울에 늘 비추어 본다.

이 외에도 각자의 콘텐츠 영역이나 대상과 제작 환경이나 목적에 따라 운영 원칙을 추가할 수 있다.

**지금까지 언급한 매뉴얼을 따라 사역을 시작할 준비가 되었다면,
이제 유튜브 크리에이터 선교사로서
온라인 세상의 유튜브 부족들을 향해 나아갈 준비를 마쳤다.**

바울은 아시아로 가는 길이 막히자 생소했던 유럽으로 선교여행을 떠났고, 그 여정을 통해 선교 역사의 지도가 그려지기 시작했다. 우리가 만들어갈 채널에 누가 초대되어 우리와 만나게 될지, 어떤 이야기들을 주고 받으며 어떤 운동이 일어나게 될지는 알지 못한다. 하지만 유튜브 알고리즘이라는 망망대해 위의 돛단배처럼 작은 채널이라 할지라도 유튜브 선교사의 정체성과 진정성을 가지고서 성령과 동행하며 나아간다면, 그 채널의 여정을 통해 성령의 역사도 경험하게 될 것이다. 결국 그 길이 이어져 온라인 신대륙의 선교 지도가 그려지게 될 것을 믿는다. 준비를 마쳤다면, 이제 성령님과 날마다 동행하며 온라인 세상으로의 신교적 여행을 떠나보자.

· 5부 ·

선교적 유튜브 운영을 위한
실제 사례와 방향

16

환대와 연대를 이끈
일반 유튜브 채널의 사례

'선한 영향력'이라는 용어는 기독교뿐 아니라 공적 영역에서 일반적으로 통용되는 말이다. 이는 노블리스 오블리주(noblesse oblige)와 같이, 영향력 있는 사람이 사회적 책임을 다하는 일에서 귀감이 되어 그 일에 다른 사람도 동참하기도 하면서 긍정적으로 확산되는 현상을 의미한다.

앞에서 유튜브 크리에이터의 공적 영향력에 대해 설명한 바와 같이, 기독 크리에이터는 '사랑의 환대와 공의의 연대'라는 공동선, 다시 말해 하나님 나라를 지향하는 선한 영향력을 발휘하는 영적 리더가 되어야 한다. 하지만 아쉽게도 이러한 일이 기독교 정체성과 상관없는 인플루언서들을 통해서 더욱 활발하게 일어나고 있다.

미스터비스트가 뚫은 '100개의 우물'

구독자 2억 명을 보유한 세계 1위 유튜버 '미스터비스트'(MrBeast)의 경우, 최근 아프리카에 우물 설치 프로젝트 콘텐츠(I Built 100 wells in Africa)를 진행하면서 케냐, 카메룬, 소말리아, 우간다, 짐바브웨에

[그림 9] 미스터비스트 우물 프로젝트

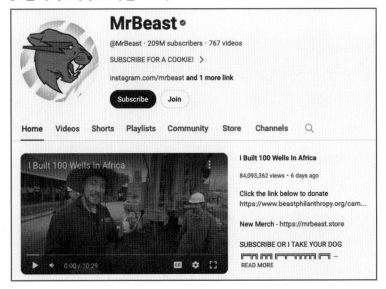

100개의 우물을 제공하였다. 각 지역의 필요에 따라 컴퓨터, 책, 축구공, 빔프로젝터 같은 교육 장비와, 자전거와 태양광 발전 등의 지원도 아끼지 않았다. 이에 대해 일각에서는 '채널을 홍보하기 위한 보여주기식 영상이다, 아프리카의 자립을 훼손시킨다, 기존에 봉사하던 단체들의 일을 가로챘다'라는 비판이 있었다. 하지만 미스터비스트는 이와 관련된 영상의 수익을 전액 기부하겠다고 밝혔을 뿐 아니라, 기부 홈페이지의 링크를 공유하며 이 프로젝트를 확대하고 있다. 아프리카에 우물을 파주는 프로젝트가 기존에 없었던 것은 아니다. 하지만 기존에는 전문 NGO의 모금을 통해 아프리카 문제에 관심을 가지고 있는 사람들만의 참여로 진행된 반면, 미스터비스트의 프로젝트는 이런 분야에 전혀 관심이 없던 자신의 구독자들이 자발적으로 참여하게 했다는 데 큰 의의가 있다. 따라서 이 일은 자신의 유튜브 무속에게 선한 영향력을 끼쳐 정부나 기업이 할 수 없는 일을 해결하는 '사이버 액션'을 이끌어낸 부족장 리더십의 긍정적 사례라고 할 수 있다.

이제 이 책에서는 미스터비스트처럼 유튜브 크리에이터로서 선한 영향력을 끼친 두 명의 국내 유튜버를 소개하고자 한다. 첫째로 소개하는 유튜버는 건물주의 횡포에 의해 초법적 피해를 입은 '남산돈까스'라는 식당 문제를 여론화하여 해결한 먹방 유튜버 '빅페이스'이고, 둘째는 지방 경제를 살리고 지역 시장을 재건하는 일을 위해 자신이 가진 영향력을 총동원하여 정부나 지자체가 해결하지 못했던

일을 풀어가고 있는 요리 유튜버 '백종원'이다. 이들의 선한 영향력
은 교회와 기독교 유튜브 크리에이터들의 선교적 상상력에 도전이
될 것이다.

빅페이스의 '남산돈까스' 구하기

1992년부터 남산 케이블카를
타러 온 손님과 택시 기사들을
대상으로 영업하던 '남산돈까
스'는 큰 사이즈와 이색적인 소스로 유명세를 타기 시작해, 1997년

에 그 주소지를 중구 소파로 101번지로 이전했다. 문제의 발단은 현
재의 101번지의 남산돈까스 식당이 놀랍게도 그 원조 창업자가 아
니라는 사실이 밝혀진 것이다. 건물주가 2011년에 임차인을 쫓아
낸 다음, 2012년부터 그 자리에 동일한 이름의 간판을 걸고 마치 자
신이 원조인 양 운영해왔던 것이다. 심지어 주식회사와 프랜차이즈
까지 세워가며 소비자를 속였다. 이는 단골손님과 주변 이웃 외에는
알 수 없던 일이었다. 더 기막힌 일은 101번지의 건물주가 법적 대응
을 강경하게 해왔기 때문에 정작 원조 사업자는 건물주에게 점포를
빼앗기는 억울한 판결을 받게 된 것이다. 이른바 건물주의 상표 강탈
사건이다.

[그림 10] 빅페이스 원조 남산돈까스 고발영상

하지만 정직한 맛집 평가로 유명한 유튜브 채널 '빅페이스'는 2021년 5월 7일에 "여러분이 알고 있는 남산돈까스는 나 거짓말"이라는 영상을 올려 이 문제를 공론화하기 시작했다. 그러자 그해 5월 14일에는 101번지의 건물주가 빅페이스와 원조 사장을 고소하기에 이르렀다. 이 사건이 공론화되자 법조인들이 자발적으로 돕겠다고 나섰고, 101번지 건물주의 거짓과 날조가 드러나고 말았다. 결국 법이 아닌 여론에 의해 애초의 진짜 원조 사업자의 식당이 원조의 지위와 명성을 회복하게 되었다. 현재 소파로 23번지로 옮긴 원조 식당은 문전성시를 이루고 있다. 반면에 원조라고 주장하던 101번지의 남산돈까스는 간판과 로고에 있던 'since 1992'를 소리소문 없이

지운 채 지루한 법적 공방만 이어갔다. 그런데 2023년 3월 2일의 유튜브 영상 '101번지 남산 돈까스 결말'을 보면, 빅페이스를 향한 101번지 건물주의 1차 소송이 기각되고 건물주가 패소하는 결과를 얻었음을 확인할 수 있다. 고발과 고소와 맞대응의 과정 모두 빅페이스의 채널을 통해 낱낱이 드러나고 있어서, 금전과 권력으로도 여론을 선동할 수 없으며, 거짓으로는 진실을 이길 수 없다는 정의 구현의 사례가 되었다.

남산돈까스와 빅페이스의 이야기는 평범한 맛집 유튜버가 어떻게 정의롭고 따뜻한 세상을 위한 환대를 실천할 수 있는지 보여준 대표적 사례다. 빅페이스는 본인이 감당해야 할 법적 저항이나 위협을 감수하고서도, 심지어 경제적인 이익을 포기한 채 진정성을 가지고 피해자의 입장에 섰다. 관련 영상의 조회수로 수익을 얻지도 않았다고 한다. 이를 통해 억울하고 한이 맺혀 있던 원조 사업자 가족에게는 세상의 환대를 보여주었다.

한편 수십만의 구독자를 보유한 유튜버의 영향력을 바탕으로 고발 영상이 공개된 다음, 건물주의 소송과 재판이 시작된 2021년부터 최종 판결이 나온 2023년까지, 한국일보와 매일경제신문 등 다양한 매체에서 이 일을 계속해서 보도하며 여론 형성을 도왔다. 빅페이스의 구독자들은 이 사건을 SNS 등에 공유하며 공론화했다. 무엇보다 많은 사람들이 원조 남산돈까스 가게를 찾아가 길게 늘어선 대기줄을 만들어, 정의 구현을 시위하듯 이곳이 원조임을 증명하였다.

[그림 11] 빅페이스의 1000원 식당 돕기

이 사례는 2023년 10월 27일 국정감사에서도 다루어졌다. 더불어민주당 김성환 의원은 가짜 원고인 101번지의 남신돈까스가 논란에도 불구하고 '경영혁신형 중소기업'으로 선정돼 혜택을 받았던 것에 대해 지적했다. 더구나 그 사장은 국정감사에 증인으로 나오도록 요청받았음에도 불구하고 해외로 도피하여 국민의 공분을 불러일으켰다. 이 일이 공론화된 것이 빅페이스 유튜브 채널에 의해 시작된 것이라고 국회의원이 언급하기도 하여, 매스컴이 주목하여 다시 보도하기도 했다.

지금도 빅페이스는 마치 아무 일 없던 것처럼 늘 같은 모습으로 정직한 맛집 리뷰 크리에이터로서의 본업에 충실하고 있다. 2021년

12월 19일에는 가난한 이웃을 섬기느라 운영의 어려움을 겪고 있는 1000원짜리 백반집을 소개하는 등, 기회가 주어지는 대로 70만 구독자들에게 선한 영향력을 끼치는 일을 기꺼이 감당하고 있다.

백종원의 예산시장 살리기

이어 소개할 사례는 '더본코리아'라는 프랜차이즈 식당그룹을 운영하는 백종원 대표의 '지역 상권 살리기 프로젝트'다. 백종원은 요리를 전공하지 않았기에 스스로를 쉐프가 아니라 외식 경영 전문가로 소개하는 인물이다. 하지만 어지간한 요리사에 버금갈 만큼 식자재와 요리에 대한 지식을 많이 가지고 있다. 그는 그런 지식과 경험을 바탕으로 2018년 3월 5일에 '백종원의 요리비책'이라는 채널을 개설했다. 이 채널은 팬데믹 상황과 맞물려 집에서 요리할 일이 많아진 상황과 부합돼 구독자가 폭발적으로 증가했다. 채널 개설 불과 45시간 만에 100만을 돌파하였고, 3주 만에 200만 구독자를 달성했다. 2019년에는 가장 빠른 성장 속도를 보인 유튜브 채널 순위에서 무려 세계 3위에 오르기도 했다. 2023년 11월 현재 600만 명의 구독자를 보유하고 있다.

백종원은 유튜브 채널 개설 이전부터 TV 출연을 통해 인지도를

[그림 12] 백종원의 양파 소비촉진 영상

쌓아왔고, 연예인과 재계에 이르기까지 인맥이 다양하다. 누구나 쉽게 따라 할 수 있는 요리법과 새로운 방식의 요리법까지 소개하여 유명해진 동시에 서민 친화적인 이미지를 구축해왔다. 그랬기 때문에 유튜버로서도 빠르게 성공할 수 있었겠지만, 그것보다 중요한 본질적 이유는 그가 자신의 영향력을 가지고 사회에 기여하는 일에 꾸준히 힘써왔다는 사실이다. 이것이 그가 가진 공적 영향력의 특별한 점이다. 단순히 유명세 때문만은 아니었던 것이다.

그는 '골목식당'이라는 TV 프로그램에 출연해 죽어가는 상권에 위치한 식당들을 살리기 위해 진심을 다해 도와주려는 진정성을 대중에게 보여주었다. 2019년 7월에는 양파가 과잉 공급돼 농가가 힘들어할 때, '맛남의 광장'이라는 프로그램에서 양파를 사용하는 요리를 소개하여 소비를 촉진시켰다. 특히 같은 해 12월에는 상품성이 떨어지는 못난이 감자의 소비를 위해, 친분이 있는 대기업 총수에게 연락하여 그룹 산하의 유명 마트에서 판매될 수 있도록 거래를 성사시키기도 했다. 그는 이렇게 본인의 이익과 상관없이 요식산업과 관련된 모든 분야의 상생을 위해 꾸준히 노력해왔다. 실제로 그로 말미암아 폭락했던 양파와 감자의 가격이 다시 올라가고 상품이 매진되는 등, 사회경제적 파급효과는 매스컴의 주목을 받을 만큼 대단했다.

백종원은 이렇게 축적된 경험을 바탕으로, 2021년 6월에는 그의 본격적인 지역경제 살리기 프로젝트인 '제주 금악리 무짠지 냉면' 개발과 홍보에 착수하게 된다. 자신의 고향인 충북 예산의 지역경제 활성화를 위해 예산군과 더본코리아의 합작 투자를 통해 '예산시장 리모델링과 사업 개편'을 진행하기도 했다. 이를 위해 예산의 대표 식자재를 사용한 신메뉴까지 개발했고, 2023년 1월 9일 유튜브를 통해 예산시장의 새로운 시작을 알렸다.

시장 현장에 요리 관련 유튜브 크리에이터들을 초청해 설명회를 열면서 적극적인 동참을 권유한 결과, 각종 유튜브 채널이 예산시장으로 도배되기 시작했다. 인맥으로 초대된 인플루언서들은 각자의 SNS에 방문후기를 올리기도 하여, 예산시장은 2023년 상반기에 '예산 식도락 당일치기 여행'의 중심지가 되었다. 요식과 여행이 결합돼, 열풍 같은 사회 현상으로 부상한 것이다. 그해 8월 조선일보의 보도에 따르면, 7개월간 누적 방문객은 무려 137만 명이었다. 가을에는 맥주 페스티벌 행사를 열어 그 열기를 계속 이어갔다.

외적으로는 성공으로 보이는 이 프로젝트가 진행되는 과정에서 문제가 아예 없던 것은 아니었다. 시장 리뉴얼 과정에서 보수적인 지역 주민들의 반대와 이권 다툼이 있었고, 더본코리아에서 개발해준 새로운 메뉴를 가지고 영업해야 할 사장들의 태도에 문제가 나타나는 등, 안팎에서 많은 고충이 있었다. 예산시장 인근의 가게들이 영업특수를 노려 형편없는 품질과 서비스에 비싼 가격을 책정하고 숙박업체들은 비싼 숙박비를 받는 등, 백종원의 상생 의도와 다르게 행동하여 갈등이 심화되기도 했다.

가장 큰 문제는 다른 데서 나타났다. 이 프로젝트가 성공적으로 진행되면서 백종원이 가장 우려했던 젠트리피케이션(gentrification), 즉 상권의 활성화로 인해 부동산 가치가 올라가면서, 건물주가 잘되는 식당들의 월세를 올려 결국 식당들이 쫓겨나는 일이 생긴 것이다. 그 현상은 막을 수 없었다. 한때 망해가던 예산의 상권을 그가 겨우 살리고 있음에도 불구하고, 황금알을 낳는 거위의 배를 가르는 인간의 탐욕과의 전쟁은 지금도 계속되고 있다.

그럼에도 불구하고 백종원은 유튜브를 통해 이런 어려움까지 구독자들과 소통하고 공론화하는 일을 멈추지 않았다. 그 결과 지역의 숙박업소나 식당들의 저급한 서비스와 폭리와 젠트리피케이션 문제에 이르기까지, 지자체와 다수의 시민이 한마음이 되어 공적인 감시와 대응을 해나가고 있다. 그를 통한 변화의 노력은 유튜브 채널을 통해 공의를 위한 연대를 이루고 사회를 바꿔가면서, 인간의 죄성을 대항하고 거스르는 좋은 사례가 되고 있다.

예산시장의 성공적인 지역 경제 살리기 프로젝트 이후, 백종원 대표에게는 각 지자체들로부터 도와달라는 요청이 이어지고 있다. 2023년 10월에는 문화체육관광부와 협업하여 금산의 인삼축제에서 푸드코트를 운영했고, 그 다음달에는 홍성군과 함께 '글로벌 바비큐 페스티벌'를 성황리에 치렀다. 특히 바베큐 축제에는 140만 유투버인 '취요남'을 비롯해 '정육남'과 '문츠' 같은 유명 고기 유튜버들이 직접 부스를 운영하였다. 이 일은 유튜브 구독자들이 크리에이터를 직접 만나볼 수 있는 유튜브 채널의 부족 축제로 거듭나게 한 것이기도 하여 특이한 일로 주목받았다. 이러한 기획은 전통적인 지역 축제가 이전에는 어르신들의 마을 잔치 분위기였던 것과 대조적이었다. 말 그대로 전국적 축제가 된 것이다.

더본코리아와 유튜브 크리에이터들의 협업을 통해 지역 상권과 사회 문제를 해결해가는 이 사례들처럼, 대형 교회와 중소 규모의 지역 교회들과 기독 유튜브 크리에이터들 사이에서도 선교적인 생태계가 구축되어 하나님 나라를 위한 협업이 자리잡을 수 있다면 얼마나 유익하겠는가? 그렇게 된다면 하나님 나라를 꿈꾸는 '사랑의 환대와 공의의 연대'는 온오프라인을 넘어 세상을 바꾸는 힘이 될 것이다.

17
허당Grace씨에게 배우는 기독 유튜브의 방향

앞에서 반복해서 언급한 바와
같이, 유튜브 채널이 공적인 영
향력을 발휘하기 위해서는 무

엇보다 구독자의 증가를 통해 부족적인 공동체를 이루어야 한다. 이
것은 검색과 추천 알고리즘에서 선택받기 위한 전략적 기획과 접근
이 선행되어야 가능하다. 이를 위해 알고리즘에 부합한 키워드를 찾
아내고 이에 걸맞는 디자인과 콘텐츠 기획을 해야 하는데, 원래 이러
한 작업은 전통적인 미디어의 영역으로 방송국이나 기획사와 같은

전문가들의 일이었고, 과학적인 분석을 통해 수행되어야 했다. 하지만 이제는 유튜브 크리에이터들이 증가함에 따라 이들을 위한 디자인과 영상 편집 템플릿은 물론이고 알고리즘 키워드 분석과 같은 수요까지 증가하고 있다. 이런 수요를 충족시키기 위한 전문 플랫폼들이 사용자 중심으로 잘 만들어져 있다는 것도 앞에서 살펴보았다. 이를 잘 활용한다면, 이제는 1인 제작자도 충분히 전문성을 발휘할 수 있게 되었다. 누구나 콘텐츠만 있다면 일정 수준 이상의 전문적인 영상을 제작하여 영향력을 끼칠 수 있는 유튜브 크리에이터로서 부족의 리더가 될 수 있는 것이다. 이것은 기독교 유튜브 크리에이터에게도 해당되는 환경이다.

'허당Grace씨' 부부와 유튜브하나교회

이번에는 모든 성도들과 교회가 참고할 만하고 실천 가능한 기독교 크리에이터의 모범적 사례를 하나 소개하고자 한다. '허당Grace씨'라는 유튜브 채널로, 영상을 전공하지 않은 일반인이 다른 직업을 가지고서 취미처럼 시작해 운영하고 있음에도 불구하고 구독자가 급격하게 성장한 사례다. 이 채널은 유튜브 알고리즘 안에서 한 크리스천 개인이 진정성을 가지고 소통하는 것만으로도 어떻게 대중의 공감을 이끌어내며 알고리즘의 선택을 받을 수 있는지, 그리고 진정성을 통해 유튜브의 어두운 면들을 극복해 가면서, 공공의 영역 속에서 어떻게 환대의 공동체로 발전할 수 있는지를 보여준다.

'허당Grace씨'라는 채널은 한 기독교인 부부 크리에이터가 2021년 8월 21일에 개설한 것이다. 기독교인으로서의 정체성은 가지되, 모든 구독자가 부족민이 될 수 있는 콘텐츠를 꾸준히 올려왔다. 종교를 초월해 모든 구독자를 대상으로 '공적 영역'에 뛰어든 것이다. 남편이 목회자이지만 의도적인 전도를 시도하지도 않았다.

이들이 본격적으로 영상을 업로드한 기간은 1년 정도에 불과하지만, 2023년 여름을 지나면서 유튜브 크리에이터들이 일반적으로 꿈꾸는 '10만 구독자'를 드디어 달성했다. 이들에게 특별한 기획팀이 있는 것도 아니고 고용된 영상 촬영 전문가와 편집자가 있는 것은 더더욱 아니다. 특별한 전문 지식이나 대단한 볼거리를 제공하는 것도 아니다. 그저 평범한 부부의 일상생활을 직접 촬영해 보여줄 뿐이다. 그럼에도 불구하고 이 채널은 운영을 시작한 지 1년 반 만에 구독자가 4만 명을 돌파하더니, 그 후 6개월 동안 구독 신청이 기하급수적으로 증가하여 개설 2년 만에, 실제로 운영한 것으로는 불과 1년 만에 10만 명이 되는 소위 '떡상'[279] 경험을 한 것이다. 의도하지는 않았으나, 이들이 만든 영상들을 통해 선교적 차원의 소통도 일어나고 예수님의 향기도 전파되며, 하나님 나라가 임하게 되는 일도 일어나고

---

279 유튜브 사용자들 사이에 알고리즘이 다수에게 계속 추천하면서 가입자가 급격히 증가하게 되는 것을 일컫는 용어

[그림 13] 목사와 사모 부부의 일상을 트렌디한 콘텐츠로 보여준다.

있음을 확인할 수 있는 성공적 사례다. 그래서 필자는 이 사례가 이 책에서 다루고 강조하려는 선교적 유튜브 활용의 중요한 모델이라고 평가하는 것이다.

이 채널의 가장 큰 특징은 크리에이터 부부의 삶이다. 남편은 이동엽 목사이고 아내는 직장 생활을 하는 그레이스 사모로, 미국 LA에 거주하고 있는 흔한 중년의 부부다. 남편은 사별 이후에, 아내는 이혼 후에 서로를 만나 재혼했으며, 슬하에 남편의 자녀인 아들 한 명과 딸 한 명, 아내의 아들 한 명을 합한 2남 1녀를 두었다.

채널의 이름은 사모의 이름에서 따왔으며, 채널 소개에 나오듯 '평범한 듯 평범하지 않은 미국 한인 가정의 코믹한 일상'을 있는 그대로 보여주면서, 때마다 적절한 주제와 트렌드를 접목하는 영상 블로그 방식으로 채널을 운영하고 있다. 일상을 소개하는 과정에서 기도를 하거나 기독교 용어를 유머스럽게 섞어 쓰기도 하고 남편이 목사라는 사실도 자연스럽게 드러내면서, 결국 남편이 '유튜브하나교회'라는 온라인 사역을 하고 있다는 것도 밝히기에 이르렀다. 이동엽 목사도 때로는 유머로, 때로는 진지하게 자신의 모습을 소개함으로써, 결과적으로 '허당Grace씨'의 구독자 중에서 기독교 신자뿐 아니라 불신자들도 자연스럽게 남편 이동엽 목사의 사역을 접할 수 있는 계기를 마련하기도 했다.

이 채널이 어떻게 자신들의 일상과 진정성에 알고리즘의 옷을 입혀서 공적 선교 차원의 소통을 했는지에 대해, '알고리즘에 충실한 콘텐츠 기획과 제작' 그리고 '건강한 정체성에 기반한 진정성과 소통'으로 구분하여 분석해보고자 한다.

알고리즘에 충실한 콘텐츠 기획과 제작

'허당Grace씨'의 콘텐츠가 알고리즘의 선택을 받게 된 가장 큰 요인은 알고리즘에서 유행하는 장르를 두루 섭렵하고 있다는 점이다. 채널의 기본 정체성은 미국 한인 가정의 일상이지만, 그 일상을 전달하는 콘텐츠는 시기별로 알고리즘의 트렌드를 적시에 반영하는 특징을 보인다. 뷰(view)가 높은, 즉 많은 사람들이 본 영상 콘텐츠들을 유형별로 분석해보면, 이 채널에서 시청자들이 가장 많이 본 유형은 미국의 일상 정보에 대한 것이다. 미국인의 한달 평균 생활비와 병원비, 은퇴한 미국인 시니어(노인)의 생활, 미국의 3층 집, 미국 생활의 불편함 등, 채널 본연의 콘텐츠를 사람들이 일반적으로 많이 검색하는 키워드에 맞게 제작한 것이 특징이다.

둘째로 많이 본 것은 유튜브 크리에이터들 사이에서 유행하는 콘텐츠다. 대표적으로는 유튜브 수익 공개와 Q & A, 캘리포니아롤 만들어 먹기를 비롯한 요리 먹방, 부부의 '오마카세' 데이트 먹방, 차박 캠핑, 코스트코 옷 쇼핑 등이다. 이는 모두 각 분야의 유튜버들이 대표적으로 제작하는 인기 콘텐츠들이다.

셋째로 많이 본 것은 흔히 '어그로'로 불리는 유혹성 트렌드를 반영한 것인데, 관심과 흥미를 유발하는 제목과 썸네일로 영상 시청을 유인하는 전략적 접근이다. 다소 자극적일 수는 있지만 외설적이지 않고, 귀여운 수준에서 애정 표현으로 해석할 수 있는 제목을 사용하기도 한다. 예를 들어 '결혼하면 밤에 잘 때가 제일 좋아', '부부관계 좋은 사람은 OO을 잘합니다,' '테스트기에 두 줄 나왔어요', 심지어 '욕먹을 거 각오하고'라는 제목 아래 입맞춤을 하는 듯한 썸네일을 올리는 것이다. 이 또한 많은 유튜버들이 구독자를 끌기 위해 사용하는 기법인데, 이 부부는 그 수위를 잘 조절하며 일상을 보여줌으로써 호응을 얻었다.

그 밖에 두 부부의 '진짜인 듯 지어낸 듯' 하면서도 현실감이 넘치는 개그 상황극 또한 매우 트렌디한 기획이었고 반응도 좋았다. 개그 프로그램이 정규 방송에서 거의 사라진 이후 유튜브에서 폭발적으로 늘어난 것이 시트콤 형식의 개그 채널들인데, 바로 그런 것처럼 만든 것이다. 아이큐와 관련된 개그 상황극의 경우는 5백만 뷰를 기록하기도 했다. 특히 이런 유머 콘텐츠를 2021년부터 12월부터 상용화된 유튜브 쇼츠라는 짧은 포맷으로 다시 편집하여, 알고리즘을 통해 더 많은 구독자들에게 추천되는 데 기여하기도 했다. 쇼츠는 재생 시간이 짧고 무한 반복되는 특징이 있어서 많은 뷰를 얻고 전파력도 높은데, '히당Grace씨'는 이 포맷도 적절히 활용하는 노련함을 보여준 것이다. 이런 짧은 상황극 외에도, 유행하는 동작이나 춤을 숙련도와 상관없이 혼자 혹은 여럿이서 보여주기도 했다. 이들은 유행되고 많이 검색되는 콘텐츠는 종류대로 대부분 섭렵했다고 할 정도로 트렌드에 민감하게 반응했다.

이 채널은 투자자나 기획사 없이, 특별한 촬영 기술이나 편집도 없이, 세련된 연기와 자극적인 노출도 없으면서 그저 기본에 충실했기에 성공적으로 성장했다고 평가받을 수 있다. 기존의 대형 유튜브 크리에이터들이 트렌디한 키워드와 콘텐츠 제작 방식 등을 반영한 기

[그림 14] 개그와 춤으로 200만 뷰 이상을 얻은 쇼츠 영상

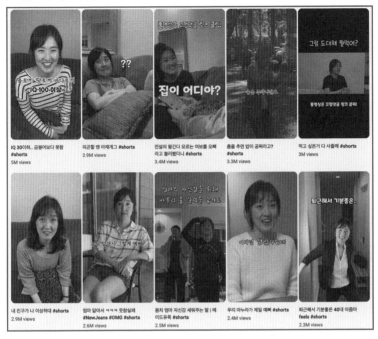

획력으로 검색과 추천 알고리즘의 선택을 받은 반면, 이들의 채널은 직접 기획하고 제작한 것이기 때문이다.

결과적으로 보면, 목사와 사모를 중심으로 한 기독교 코드를 유머와 진실함으로 잘 녹여내 기독교 신자와 비신자 모두에게 거부감 없이 다가간 점과, 재혼이라는 무거운 내용과 자칫 밋밋할 수 있는 일상이라는 내용을 개그나 정보 전달 등의 형식을 통해 재미있고 가치 있는 콘텐츠로 잘 승화한 점은 기독 크리에이터들에게 귀감이 된다고 하겠다.

단순히 재미있고 유익하게 만들기만 한다고 해서 누구나 이런 채널을 만들 수 있는 것은 아니다. '허당Grace씨'는 크리에이터가 전달하고자 하는 내용을 일상의 공간인 집, 마트, 식당 등에서 유머와 트렌드에 맞춰 자연스럽게 녹여낸 기획자 겸 작가로서의 능력을 갖추었다. 그래서 평범한 역량에도 불구하고 특별한 채널로 성장할 수 있었다고 평가할 수 있다.

건강한 정체성에 기반한 진정성과 소통

이 부부만의 특별한 점은 무엇보다 그들의 진정성에서 찾을 수 있다. 현재까지 제작된 영상 중에 가장 조회 수가 높은 영상을 꼽으라면 '재혼'과 '재혼 가정'에 대한 것을 빼놓을 수 없다. '이혼 후 일밖에 모르던 내가 결혼을 결심한 진짜 이유', '재혼 7년 차 대판 싸우고 집을 나왔어요', '나의 두 번째 결혼 이야기', '또 이혼하게 생겼다고?', '이런 사람 놓치면 평생 후회합니다', '새엄마 7년 차 하다 보니' 등의 제목으로 재혼과 관련된 이야기들을 솔직하고도 깊이 있게 털어놓았다. 이런 콘텐츠들이 자칫 그저 그런 잡다한 채널 중의 하나가 아니라, 이 부부의 '일상'에 깊이와 무게를 더해주는 역할을 하였다. 이는 구독자들이 단지 오락을 위해 콘텐츠를 소비하는 것이 아니라, 때로

[그림 15] 비판에 대해서도 진정성 있는 소통을 보여주고 있다.

는 공감하고 함께 기뻐하고 속상해하기도 하면서, 가족과 같은 공동체로 빚어져가는 데 크게 기여했다.

이혼과 재혼의 문제를 금기시하는 기독교 배경을 가진 목사와 사모가 이 문제를 정직하고 진실하게 오픈하고 고민을 나누는 모습을 본 많은 구독자들이 공감하고 위로를 얻으며 희망을 발견하기도 하였다. 실제로 채널 구독자 중에는 개인적으로 연락하여 가정사와 상처를 토로하기도 하고, 유튜브하나교회의 콘텐츠를 보면서 목사님을 통해 영적 돌봄을 받기 시작한 사례도 있다고 한다. 결혼과 재혼에 대한 상담 같은 뜻하지 않은 요청도 계속 들어오고 있다. 이는 성육신적인 소통을 한다고 해서 영적 권위가 없어지는 것이 아니라 오히려 그 반대라는 증거다. 즉, 관계가 생기면 그만큼 영적 영향력이 커진다는 말이다.

재미는 있지만, 냉정하게 말해 개그맨도 아니고, 그렇다고 특별할 것도 없는 이동엽 목사의 '아재개그'가 많은 구독자들의 댓글에서 드러나듯 공감을 얻고 위로까지 되는 이유는, 그의 특별한 재능이라기보다 그와 구독자 사이에 생긴 특별한 관계성에 있다. 진정성 있는 그의 마음과 이 가정의 아픔과 회복을 구독자들이 이미 알기에, 이 목사와의 사이에서 '우리 목사님' 혹은 '우리 아저씨'라는 부족 또는 가족 같은 관계가 형성된 것이다.

이 부부의 진정성을 확인하게 되는 또 하나의 콘텐츠는 Q & A 영상이다. 2023년 10월 15일 '롤렉스 찬 목사 남편에 대해 해명합니다'에서 구독자들의 궁금증에 대해 답하는 내용이 있는데, 이혼과 재혼에 대한 목사의 시모로서의 의견에 대해, 사모가 춤을 추고 목사가 개그를 하는 것에 대해, 기독교 관점에서 불편한 용어(전생에 나라를 구했다, 궁합이 맞는다)를 사용하는 것에 대해서 등등, 다양한 비판에 대해 매우 지혜롭고 진정성있게 대처하고 소통한 것이었다.

이 부부는 "모든 의견을 사랑과 관심으로 받고 저희와 다른 의견을 존중한다"고 답하였다. 사과할 것은 사과하고 오해라고 여겨지는 것은 설명하면서, 비판에 상처받지 않는 건강한 정체성과 타인에 대한 존중의 모습을 보여주었다. 이는 도를 넘는 악플에 대해서는 과격하게 반응하며 '싫으면 네가 떠나라'는 식의 태도를 보이는 일부 대형 크리에이터들과 차별되는 모습이었다.

그레이스 사모는 이 답변 말미에 "여러분을 종교를 넘어 이웃으로 사랑하고 싶다"고 말했는데, 정작 이 목사는 이때 "남편부터 사랑해!"라는 유머를 던지며 심각한 분위기를 바꾸는 센스를 보여주었다. 이런 소통 방식은 콘텐츠를 보는 사람으로 하여금 이 부부의 성숙한 성품, 즉 예수님의 온유한 인격과 타인에 대한 존중을 보여주는 계기가 되었다. 이를 통해 기독교 신자의 여부를 떠나 더욱 충성도 높은 구독자들과 공동체성을 강화하는 전화위복의 계기가 되기도 했다.

이 부부의 사례에서 살펴본 바와 같이, 기독교 유튜버가 공적 공간에서 기독교의 정체성을 존중받고 영적 리더로서 자리잡기 위해서는 그 모습 그대로의 진정성 있고 사람 냄새나는 소통이 먼저 필요하다. 자신의 연약함에도 불구하고 성품에서 드러나는 예수님의 인격을 통해 세상과 구별되는 것이 가장 중요하다는 것을 확인할 수 있다.

18

우리 모두에게
고스란히 남은 숙제들

앞의 사례들을 통해 살펴본 바와 같이 기독 유튜브 크리에이터들이 가야 할 증언의 방향성은 알고리즘의 옷을 입는 '식별', 사람 냄새 나는 진정성과 예수의 인격을 보여주는 '구별', 그리고 사랑의 환대와 공의의 연대를 이끄는 '공적 영향력'이라는 세 가지 전략과 맞물려 있다.

유튜브 공론장에서의 증언을 위해, 교회와 성도들이 끊임없이 준비하고 노력해야 할 과제들은 다음과 같이 정리할 수 있다.

일상의 전문성과 삶의 진정성

유튜브 채널을 성공적으로 운영하는 크리에이터들 가운데 선정적이고 자극적으로 대중성에 기생하는 경우를 제외하면, 나머지는 공통적으로 '전문성'과 '진정성'이라는 두 가지 특징을 갖고 있음을 발견하게 된다. 온라인 공론장 선교를 위한 기독교 유튜브 크리에이터 또한 공론장에서 통용되는 공공성을 기반으로 하는 일상의 진정성과 일터의 전문성이 요청된다. 비록 직접적인 복음 메시지가 아닌 다른 표현 방법을 사용한다 할지라도, 그들이 제작하는 콘텐츠 안에는 기독교적 가치관과 지혜가 자연스럽게 노출되고 표현되기 마련이다. 이는 앞에서 살펴본 바와 같이 복음의 보편성에 근거한 만남, 인격적 헌신을 통한 지혜 증언, 그리고 탈 의도적인 변혁을 반영하는 조건과 부합한다고 할 수 있다.

또한 단순히 돈벌이나 인기를 위해 콘텐츠를 제작하는 것이 아니라 구독자들에 대한 진정성을 가지고 채널을 운영할 때, 채널의 크기와 상관없이 영향력 있는 커뮤니티가 생성된다는 점도 확인할 수 있다. 이는 '허당 Grace씨'처럼 진정성 있는 커뮤니케이션을 통해 하나님의 형상이라는 정체성을 드러내고, 전 인격적인 복음 메시지를 전함으로써 개방된 삼위일체적 우정으로 초대하는 공동체를 지향한다는 것과도 일맥상통한다. 온라인 공론장에서의 선교적 사역과 커뮤니케이션은 예수님처럼 진정성 있는 삶이 필수요소라는 것이다.

즉, 예수님이 공적 존재로서 영향력이 있었던 이유는 그의 말과 행동과 인격이 일치했기 때문이라는 의미다. 그러므로 선교적 삶을 살아가야 하는 기독교인과 선교성을 지향하는 교회는 모두 이 점을 주목하여 진정성을 실천해야 한다.

유튜브 선교는 성육신적 사역이어야

온라인 공론장(유튜브)의 선교를 위한 기독교 조직(교회나 기관)의 문화에서 가장 크게 변화돼야 하는 부분은 사역의 주체가 목회자나 선교사가 아니라 일상과 일터의 전문가와 혁신가들이라는 점이다. 현장 연구에서 밝혀진 바와 같이, 유튜브 생태계는 철저하게 개인의 관심과 필요에 따라 아래로부터 운영되고 유시되며 확상되기 때문이다. 알고리즘은 이러한 이용자의 관심과 필요에 따라 작동한다. 유튜브 공론장의 알고리즘에서 활성화될 수 있는 콘텐츠가 전문성과 일상성을 반영하는 내용이어야 하며, 이것이 일상의 전문가인 평신도에 의해 수행돼야 하는 이유이다.

유튜브 공론장의 콘텐츠는 시청자의 검색 자체보다 선택에 따른 연관 추천 알고리즘을 통해 유통되므로, 시청자의 관심과 일상적인 재미, 그리고 편의적인 구성과 활용성에 의해 활성화될 수 있다. 따라서 유튜브와 같은 온라인 공론장에서의 사역은 반드시 '성육신적'

이어야 한다. 그들과 같은 언어로, 그 알고리즘 안으로 들어가야 한다는 뜻이다.

온라인 공론장에서의 성육신적인 선교 사역은 교회와 복음이 일상으로 들어가는(into) 일방향의 사역만이 더 이상은 아니다. 각자의 일상으로부터 나오는(out of) 다중심적 사역 또한 내포하고 있고, 이는 예수님의 성육신적 선교와도 연결된다. 즉, 예수님의 성육신이 아이로서의 탄생뿐 아니라 성장의 전과정을 통해 수행되는 점을 주목해야 한다. 그분은 철저하게 자신이 살아온 식민지 이스라엘의 목수라는 일상의 상황에서부터(out of context) 청자(聽者)에게 소통되는 복음을 가지고 나오셨기 때문이다. 그러므로 성육신적 사역의 시작은 일상으로 들어가는 'into' 복음이지만, 완성은 각자의 일상을 통해 해석되어 청중의 언어로 나오는 'out of' 복음이라고 말할 수 있다. 예수님의 성육신은 아이로서의 탄생과 성장이라는 점을 주목해야 한다. 그분이 철저하게 이스라엘의 목수라는 상황(context)에서 살아내는 일상에서부터 복음을 가지고 오셨기 때문이다. 그러므로 성육신적 사역의 시작은 'into'이지만 완성은 'out of'라는 의미가 된다.

'허당Grace씨' 채널을 통해서 보면, 유튜브 공론장에서는 목회자와 선교사 중심이 아니라 평범한 일상 전문가인 다양한 개인들이 다중심적으로 하는 사역이어야 한다는 것을 알 수 있다. 위로부터의 하나의 사역이 아닌 아래로부터의 여러 사역이 되어야 한다는 뜻이다.

이로써 전문가 집단뿐 아니라 자신의 지인과 가족 구성원에 이르기까지, 그 사역을 누구나 함께 이끌어갈 수 있다는 점에서 다중심적인 사역이 가능하다는 것 또한 알 수 있었다. 이것은 온라인 공론장의 특징인 개방성과 보편성, 그리고 탈중심성을 충족시키는 온라인 공론장의 미래 선교를 위해 유효한 전략이 될 것이다.

그런데 이러한 성육신적 사역을 가장 반대하고 저항하는 부류가 뜻밖에 기독교인들이라는 점은 매우 유감이다. '허당Grace씨' 채널의 경우 "목사와 사모가 그래도 되느냐?" 또는 "그런 세상적인 용어를 사용해도 되느냐?" 같은 비판을 받는 일이 많았다. 거룩(?)하지도 않고 복음을 직접적으로 드러내지도 않으며, 심지어 반기독교적인 내용이라는 비판도 받았다. 이것이 공적 영역에서 공적 언어로 소통하는 성육신적 사역이 당면하고 부딪히는 기독교 내부의 현실이다.

성속의 이원론을 극복하는 동시에 의도와 자원의 선교에 대한 이해가 성숙해지지 않는다면, 성육신적 증언은 마치 다음 세대를 위한 세미나와 연구가 그렇게 많았음에도 불구하고 다음 세대가 교회를 떠나가고 있듯이, 그저 요원하고 외롭고 열매를 보기 어려운 사역이 될 것이다.

선교 가능성을 극대화하는 생태계 형성

하나님의 선교에서는 '보내는 선교'와 '가는 선교'의 이분법을 거부한다. 이러한 이분법이 선교를 전문 선교사의 영역으로 제한하는 결과를 가져왔기 때문이다. 하나님의 선교(missio Dei)를 위해서는 오히려 '의도의 선교'와 '차원의 선교'가 개인과 공동체 안에서 공존하면서 유기적으로 작동하는 '선교 생태계 형성'을 추구해야 한다.

유튜브 공론장 선교 모델에서도 하나님의 선교를 위한 생태계 형성을 추구해야 한다. 증인, 변혁가, 전문가 유형의 선교 커뮤니케이션 주체들이 공동체성을 가지고 서로를 존중하며, 연합하고 조화를 이루는 공동의 증언으로 협력해야 한다는 의미다.

앞으로는 다양한 유형의 선교적 유튜브 크리에이터들이 등장하고 양성됨으로써, 그들이 하는 채널은 교회나 선교단체에 의한 선교가 아니라 취향과 관심 분야를 따르는 것이 될 것이다. 그리하여 온라인 선교의 생태계 형성에 기여하는 모델들이 될 것이다. 온라인 공론장은 관심 분야별로 크리에이터와 채널 중심의 부족적 커뮤니티가 자연스럽게 형성되는 특징이 있기 때문이다. 구독자를 중심으로 커뮤니티가 형성되고, 댓글을 통한 소통과 연계 사업으로의 확장 등을 통해, 향후 선교적 가능성을 극대화하는 선교 생태계 인프라(missional eco system infrastructure)가 형성될 것이다.

유튜브 공론장은 의도의 선교와 차원의 선교, 그리고 현장 선교와 일상 선교를 아우르는 '공동의 선교 플랫폼'이다. 이를 '어떻게 하나님의 선교를 위한 장으로 활용할 것인가?' 하는 문제는 성령의 은사에 기반한 다양한 일상과 일터 전문가들의 참여를 통해 유기적으로 풀리고 성장할 것이다. 채널을 통해 형성되는 커뮤니티는 기독교인과 비기독교인을 아우르는 형태의 아고라(agora)가 될 것이고, 이를 통해 칼빈이 주장하는 '일반 은총'(common grace)이 증거될 것이다. 그리하여 이방 왕 고레스를 움직여 하나님의 역사를 만들어가신 우주적 하나님의 역사를 체험하는 장으로 변화될 것이다. 세상이 하나님의 창조물이었고 다시 회복되어야 하는 하나님의 나라인 것처럼. 온라인 세상 또한 그분의 임재와 통치가 요청되는, '구속되어야 할 그분의 창조 영토'이기 때문이다.

잡학박사들의 일상과
진정성의 시대

'머니그라피'(moneygraphy)라는 유튜브 채널은 토스(toss)라는 온라인
기반 금융회사가 만드는 콘텐츠 채널이다. 기존의 경제 채널과 완전히
다른 결로 제작되고 있고, 특히 'B주류 경제학'이라는 프로그램을 방영
하기 시작하면서 구독자가 급격히 증가하고 있다.

이 프로그램은 사람들의 실제 경제생활과 밀접한 일상의 주제를 정하
고, 스스로 재무 '덕후'(어느 한 분야에 대해 관심을 가진 진성 매니아를 의미하
며, 일본어 오타쿠가 기원이다)라고 부르는 이재용 회계사가 먼저 관련 기
업의 재무제표를 분석하면, 이와 관련된 또다른 덕후급 게스트가 대화
를 이어가는 토크쇼 형식으로 진행된다.

이 프로그램의 성장 비결이 무엇일까? 바로 이 책에서 지금까지 이야기
해온 일상성과 진정성이다. 경제 채널을 표방한 이 채널이 다루는 주제

와 토론방식은 주식, 환율, 금리, 유가 등을 직접적으로 다루는 기존의 경제 분석 프로그램들과 전혀 다르다. 한류와 엔터테인먼트 산업에 대해서는 BTS와 뉴진스의 소속사인 하이브를 다루고, 유통에 대해서는 쿠팡을, 방송은 OTT를, 음식은 프리미엄 버거와 와인을, 게임은 닌텐도를, 스포츠는 나이키를, 커피는 스타벅스를 다룬다. 이 외에도 도서정가제와 캠핑용품 같은 주제를 다루면서, 회계사와 관련 업계의 전문가들이 자유로운 토론을 함으로써 시청자가 관심있는 내용을 쉽고 재미있게 이해할 수 있도록 풀어준다. 그래서 자세히 살펴보지 않으면 이 채널을 금융회사가 운영한다는 사실을 알아차리기 힘들 정도다. 금융과 상관이 없는 것 같으면서도, 삶의 자리에 직접적으로 관련된 여러 산업들이 어떻게 경제적으로 돌아가고 있는지를 여실히 보여주는, 명실상부한 'B주류 경제학' 채널이다.

머니그라피 채널을 성공시킨 또 하나의 원인은 패널로 나오는 전문가들에게 있다. 주류 경제 채널에 나오는 전문가들이 주로 금융권 종사자나 국가 정책을 입안하는 공무원이나 대학교수였다면, 이 채널에는 철저히 해당 분야의 유명 유튜브 크리에이터나 덕후로 불리는 인플루언서들이 전문가로 등장한다. 와인은 '와인킹'이, 버거는 '공격수 쉐프'가 나오고, 화장품, 농구, 제빵, 커피, 출판 등등 주제가 무엇이든 그 분야에서 덕후라고 불리는 현장 전문가들을 패널로 섭외해 재무분석에 대한 그들의 생각을 들려준다. 이 패널들은 오랜 기간 각자의 분야에서 일해왔을 뿐 아니라 그 분야의 문제점도 관심을 가지고 깊이 연구했으며, 그들이 가진 전문 지식과 경험을 대중에게 알리는 일을 꾸준히 해온 사람들이다.

가히 대중이 전문가로 인정할 만하다. 이른바 '잡학박사'이기도 하지만, 그 어떤 박사보다 전문성과 영향력을 가지고 있다.

이 패널들의 공통점은 진정성이다. 학위를 가지고 있거나 그 분야의 유명 회사에 다녔기 때문이 아니라, 그 분야를 너무나 사랑하고 좋아해서 오랜 시간 보상이 있든 없든 연구하고 전하는 일을 해왔던 사람들이기 때문이다. 이처럼 온라인 세상의 사람들, 특히 유튜브의 대중은 일상성과 진정성을 가진 사람을 전문가로 인정하고 그들에게 귀를 기울인다. 유튜브의 인플루언서는 이렇게 해서 탄생한다.

신부족주의 현상이 날로 강화되는 온라인 세상에 하나님의 나라가 임하는 하나님의 선교를 꿈꾼다면, 그리스도인은 자신의 삶터를 향해 일상성과 진정성으로 성육신하는 것부터 시작해야 한다. 이것이 서문에서 던진 "제자훈련을 통해 양성되고 훈련받은 제자들은 도대체 이 온라인 한인타운 어디에 있는가?"라는 질문의 실타래를 풀어가기 위한 실마리다. 남과 비교하지 않고 하나님 나라를 꿈꾸며, 나에게 주어진 지금 이 시간에, 지금 여기 이 장소에 함께 한 사람들을 사랑하면서 복의 통로로 쓰임받는 것이 세상 속의 제자도이기 때문이다. 하나님은 이런 제자들을 사용하셔서 그의 나라를 이 땅 가운데에 이루어 가신다. 이스라엘 백성이 애굽과 광야를 통과해서 약속의 땅으로 가기 위해서는 모세가 필요했듯, 쾌락과 상처, 적대와 거짓으로 물든 온라인 세상의 부족들은 영적 리더를 간절히 기다린다.

필자는 모든 그리스도인이 온라인 부족장과 같은 크리에이터나 인플루언서가 되기를 바라는 마음으로 이 책을 쓴 것은 아니다. 어느 플랫폼이나 채널에서든, 어떤 부족원이라 할지라도 영적인 리더는 될 수 있다. 나의 동참과 동의의 댓글, 심지어 반대와 거부를 통해서도 영향력은 흘러간다. 따라서 온라인 선교를 위해 마지막으로 던지는 나의 새로운 질문은 다시 본질로 돌아가 "과연 나는 하나님이 나에게 주신 일상을 진정성을 가지고 사랑하고 있는 제자인가?" 하고 묻는 것이다.

세상은 구원의 길을 제자의 삶으로써 보여줄 잡학박사들을 기다리고 있다. 그런데 감사하게도, 온라인 세상에는 헤롯에게 무릎 꿇지 않고 예수를 기다리는 잡학박사들이 많이 살고 있다. (교회에서는 드러나지 않고 알아주지 않을 뿐이다.) 하지만 그들은 별을 따라가다가 길 위에서 서로를 알아보게 될 것이며, 마침내 다시 만날 예수님 앞에서 각자의 일상이라는 보물들을 들고서 경배하게 될 것이다. 나와 이 책을 읽은 당신이 그 자리에서 만나게 되기를 기도한다.

강태임. 2013. "인터랙티브 접근 방법으로 분석한 웹 광고 사례에 관한 연구 : 바이럴 마케팅에 성공한 웹 광고 사례를 중심으로." "디자인 지식 저널"(한국디자인지식학회) 28 : 419-429.

구자순. 2005. "디지털 미디어에서 일상생활 개념의 재고." "한국방송학회 학술대회 논문집"(한국방송학회) 341-348.

권유진. 2021. "유튜버 '잇섭' 폭로, 인터넷 속도 저하 … KT에 5억 과징금." "중앙일보." 7월 21일. 액세스 : 2022년 10월 27일. https://www.joongang.co.kr/article/24110824#home.

권향원. 2016. "근거이론의 수행방법에 대한 이해 : 실천적 가이드 라인과 이론적 쟁점을 중심으로." "한국정책과학학회보"(한국정책과학학회) 20 (2) : 206.

김경달, 씨로켓리서치랩. 2020. "유튜브 트렌드 2021." 서울 : 이은북.

김경달. 2019. "유튜브 트렌드 2020." 서울 : 이은북.

김교민. 2020. "코로나19 상황에 대한 한국교회의 대응과 선교적 성찰 '빅데이터-텍스트마이닝 기법'을 통한 과제 분석과 실천적 대응전략을 중심으로." "장신논단" 52 (5) : 175-204.

김기화. 2019. "[뉴스가 아닌 플랫폼에서 콘텐츠로 살아남기] 댓글을 무시하는 언론사에 미래는 없다 : KBS 유튜브 〈댓글 읽어주는 기자들〉." "방송기자"((사)방송기자연합회) 30-32.

김상호. 2009. "확장된 몸, 스며든 기술 : 맥루한 명제에 관한 현상학적 해석." "언론과학연구"(한국지역언론학회) 9(2) : 167-206.

김성수. 2006. "온라인 공론장의 출현과 민주주의 변화." "2006년 한국사회학회 한국언론학회 특별공동학술회의." 한국언론학회. 97-123.

김성욱. 2016. "선교학적 관점에서 본 회심과 변혁." "선교와 신학"(장로회신학대학교 세계선교연구원) 40 : 79-106.

김승환, 대담자 : 풀러코리안센터. 2020. "폭풍 속에서 내가 본 것들, 자유토론." "온라인 타운홀 미팅." (7월 24일).

김시정, 조도은. 2016. "스마트 콘텐츠를 위한 UX/UI 기술 동향." "한국콘텐츠학회" 14 (1) : 29-33.

김영우. 2021. "쉽게 배우는 R 텍스트 마이닝." 서울 : 이지스퍼블리싱.

김은경. 2020. "이틀째 포털엔 '나라가 니 거냐' … 성난 부동산 민심·오프라인 시위." "조선일보." 7월 26일. 액세스 : 2020년 7월 26일. https://news.chosun.com/site/data/html_dir/2020/07/26/2020072600668.html?utm_source=naver&utm_medium=original&utm_campaign=news.

김인식, 김지미. 2021. "유튜브 알고리즘과 확증편향." "한국컴퓨터교육학회 학술발표대회논문집" 25 (1(A)) : 71-74.

김종길. 2005. "사이버공론장의 분화와 숙의민주주의의 조건." "한국사회학"(한국사회학회) 39 (2) : 34-68.

김진양, 정재영. 2017. "소형교회 목회 실태 및 인식 조사 보고서." 실천신대 21세기 교회연구소, 한국 교회탐구센터.

김현수. 2012. "자유주의자 vs. 분파주의자 : 공공신학자 막스 스택하우스와 교회윤리학자 스탠리 하우어워스의 논쟁." "한국기독교신학논총"(한국기독교학회) 80 : 277-301.

김현우, 이강표, 김형주. 2010. "태깅 시스템의 태그 추천 알고리즘." "정보과학회논문지 : 컴퓨팅의 실제 및 레터"(한국정보과학회) 16 (9) : 927-935.

김혜원, 이혜연, 하상희. 2009. "차세대 사이버 공론장의 플랫폼으로서의 모바일 미디어." "한국디자인학회 국제학술대회 논문집"(한국디자인학회) 64-65.

나은영, 차유리. 2012. "인터넷 집단 극화를 결정하는 요인들 공론장 익명성과 네트워크 군중성 및 개인적, 문화적 요인을 중심으로." "한국심리학회지"(한국심리학회) 26(1) : 103-121.

류태선. 2011. "공적 진리로서의 복음 : 레슬리 뉴비긴의 신학 사상." 서울 : 한들출판사.

목회데이터연구소. 2020. "대한민국 트렌드." "목회데이터연구소." 6월 5일. 액세스 : 2020년 8월 19일. http://www.mhdata.or.kr/bbs/board.php?bo_table=trend1&wr_id=31.

목회데이터연구소. 2020. "위클리리포트 제51호." "목회데이터연구소." 6월 12일. 액세스 : 2020년 8월 19일. http://www.mhdata.or.kr/bbs/board.php?bo_table=koreadata.

문성훈. 2006. "하버마스에서 호네트로 프랑크푸르트학파 사회비판모델의 인정이론적 전환." "철학연구"(철학연구회) 73 : 123-149.

문성훈. 2008. "사회비판의 다층성과 구조적 연관성." "사회와 철학"(사회와철학연구회) 15 : 81-112.

문시영. 2013. ""공공신학"의 교회, "교회윤리"의 교회." "한국기독교신학논총" 88 : 211-232.

밀알복지재단. 날짜 정보 없음. "밀알복지재단." 액세스 : 2020년 8월 16일. http://www.miral.org/main/main.asp.

박영신, 정재영. 2007. "현대 한국사회와 기독교 : 변화하는 한국사회에서의 교회 역할." 서울 : 한들출판사.

박태순. 2008. "디지털 뉴미디어와 정치 공론장의 구조변동 : 재현 공론장에서 표현 공론장으로의 이행." "한국언론정보학회 학술대회"(한국언론정보학회) 19-43.

박홍원. 2012. "공론장의 이론적 진화 : 다원적 민주주의에 대한 함의." "언론과 사회"(사단법인 언론과 사회) 20(4) : 179-229.

백종원. 2018. "백종원의 요리비책." 액세스 : 2020년 3월 16일. https://www.youtube.com/channel/UCyn-K7rZLXjGl7VXGweIlcA.

빅페이스. 2022. 12년째 백반을 단돈 1000원에 팔아도 식당이 유지되는 이유. 1. Accessed 10 17,

2022. https://youtu.be/Ht-YXf9cHtQ.

성석환. 2018. "지역공동체와 함께 하는 교회의 새로운 도전들 : 한국적 '선교적 교회'를 향하여." 서울 : 총회한국교회연구원.

성석환. 2019. "공공신학과 한국 사회 : 후기 세속 사회의 종교 담론과 교회의 공적 역할." 서울 : 새물 결플러스.

송인설. 2017. "교회론에서 에큐메니칼 운동과 로잔 운동의 신학적 수렴에 대한 연구." "한국기독교 신학논총"(한국기독교학회) 104 : 105-130.

송인설. 2017. "레슬리 뉴비긴의 신학 발전 에큐메니칼 복음주의에서 급진적 복음주의로." "선교와 신학" 42 : 245-276.

안교성. 2011. "에큐메니칼 교회로서의 대한예수교장로회(통합)의 정체성과 증언." "장신논단"(장로 회신학대학교 기독교사상과 문화연구원) 40 : 11-35.

안교성. 2015. "지역교회 선교공동체론에 관한 소고 선교적 교회론의 지역교회 적용." "선교와 신학" (장로회신학대학교 세계선교연구원) 37 : 45-73.

안희열. 2014. "선교적 교회론에 관한 에큐메니칼과 복음주의자들의 견해." "복음과 실천"(침례신학대 학교 출판부) 54 (1) : 359-385.

염태산. 2018. "이용자 관점에서의 발달장애인서비스 신뢰형성에 관한 연구." 서울 : 서울대학교.

오세욱. 2019. "유튜브 추천 알고리즘과 저널리즘." 서울 : 한국언론진흥재단.

오은영. 2021. "오은영 TV." 8월 13일. https://www.youtube.com/channel/ UCo9lbsLvcgE2Ft1xXvNzELg.

원성심, 김경호. 2020. "유튜브를 통한 정치인의 자기표현 : '인플루언서' 채널의 특성을 중심으로." "한국방송학보"(한국방송학회) 34 (3) : 137-173.

유근형. 2020. "스포츠뉴스 댓글 서비스, 네이버-카카오 '잠정 중단'." "동아일보." 8월 8일. 액 세스 : 2020년 8월 19일. https://www.donga.com/news/Economy/article/ all/20200808/102350792/1.

유영하, 최이슬, 박현진, 이정훈. 2020. "추천시스템 사용에서 개인화-프라이버시-투명성이 사용자 신뢰에 미치는 영향 연구 : 소셜미디어 영상 추천을 중심으로." "한국디지털콘텐츠학회 논문 지" 21 (1) : 173-184.

유윤종. 2000. "'아톰@비트'/상상력+열정=디지털시대 생존법." "중앙일보." 2월 11일. 액 세스 : 2020년 7월 25일. https://www.donga.com/news/Culture/article/ all/20000211/7507754/1.

유한준. 2017. "중앙일보." "중앙 SUNDAY." 11월 5일. 액세스 : 2020년 7월 25일. https://news. joins.com/article/22083360.

윤성민. 2020. "문재인 대통령 '일부 교회에서 국가방역에 도전'." "중앙일보." 8월 17일. 액세스 : 2020년 8월 19일. https://news.joins.com/article/23850135.

이대웅. 2019. "하용조 목사 13년 전 '논객이 없다' 한탄 다시 화제." "크리스천투데이." 12월 12일. 액세스 : 2020년 8월 19일. https://www.christiantoday.co.kr/news/327387.

이민정. 2019. "가짜 뉴스 생산의 알고리즘." "한국방송미디어공학회 학술발표대회 논문집" 173-176.

이승훈. 2019. "플랫폼의 생각법 1등 플랫폼 기업들은 무엇을 생각했고 어떻게 성장했는가." 한스미디어.

이용원. 2002. "선교적 관점에서 본 회심과 개종." "선교와 신학"(장로회신학대학교 세계선교연구원) 9 : 11-35.

이형기, 김명용, 임희국, 박경수, 장신근, 고재길, 한국일, 문시영, 김명배. 2010. "공적 신학과 공적 교회." 경기 : 킹덤북스.

이홍균. 1996. "하버마스 특집 · 하버마스 : 이성적 사회의 기획, 그 논리와 윤리 I. 현대의 마지막 거대이론 하버마스의 이론적 전략 의사소통이론으로의 패러다임 전환에 대하여." "사회비평"(나남출판사) 제15권 : 72-93.

이효성. 1988. "해석학과 비판이론." "외국문학"(열음사) 112-138.

임상원, 이윤진. 2002. "마샬 맥루한의 미디어론 : 이론과 사상 - 구텐베르크 은하계를 중심으로." "한국언론학보"(한국언론학회) 46(4) : 277-313.

입질의 추억. 2020. 수산시장 저울치기 이후 시장을 찾아갔습니다. Accessed 10 17, 2022. https://youtu.be/S6mhtCeuJRg

장명성. 2018. "뉴스앤조이." "개신교발 가짜 뉴스는 꽤 오래전부터 있었다." 11월 22일. 액세스 : 2020년 8월 19일. https://www.newsnjoy.or.kr/news/articleView.html?idxno=221122.

장명학. 2003. "허버마스의 공론장 이론과 토의민주주의." "한국정치연구"(서울대학교) 12(2) : 1-35.

장정아, 김도희. 2021. "2021 세대별 소비자 분석 : ① 팬데믹이 바꾼 라이프스타일." "소비자 인사이트." 1. 액세스 : 2022년 10월 13일. https://www.thinkwithgoogle.com/intl/ko-kr/consumer-insights/consumer-trends/2021-세대별-소비자-분석-①-팬데믹이-바꾼-라이프스타일/.

장희영. 2007. "미셸 마페졸리(Michel Mafesoli)의 부족주의(Tribalism)연구 : 포스트모던 사회성(sociality)논의를 중심으로." 서울 : 서강대학교.

전효성. 2020. "한국경제TV." 6월 16일. 액세스 : 2020년 7월 25일. http://m.wowtv.co.kr/NewsCenter/News/Read?articleId=A202006150369&fbclid=IwAR189gacV68XpVzzXbKmf-ZQz3qShskOeBUYBG0qYLlqDCjCUj1DqG-bpNM.

정수현. 2006. "인터넷을 통한 현대사회의 재부족화 : 맥루한의 미디어론의 재구성과 확장." 서울 : 경희대학교.

정용갑. 2014. "'상처받기 쉽고(Vulnerability) 약한 가운데서(Weakness) 이루어지는 선교' : 보쉬와 뉴비긴을 중심으로." "미션네트워크"(주안대학원대학교 출판부) 4 : 197-220.

정재영. 2013. "소속 없는 신앙인에 대한 연구." "현상과 인식"(한국인문사회과학회) 37 (4) : 85-108.

정재영. 2018. "가나안 성도의 신앙의식과 신앙생활." "2018 연구세미나 가나안 성도 신앙생활 탐구." 실천신학대학원대학교 21세기 교회연구소. 5-84.

정재영. 2020. "비제도권 교회의 등장과 교회에 대한 새로운 욕구." "기독교사상"(대한기독교서회) (733) : 16-26.

정재영. 2020. "비제도권 교회의 유형에 대한 연구." "현상과 인식"(한국인문사회과학회) 44 (1) : 115-140.

정진홍. 1995. "커뮤니케이션 중심의제 시대의 비판 커뮤니케이션 연구." "한국언론학회 학술대회 발표논문집" 181-208.

정진홍. 1996. "커뮤니케이션 중심의제 시대의 커뮤니케이션 연구." "한국언론학보(36)" 72-107.

조맹기. 2006. "맥루한의 미디어 : 인쇄, TV, 그리고 인터넷 미디어를 중심으로." "한국언론학회 학술대회 발표논문집"(한국언론학회) 157-175.

조성돈, 정재영. 2007. "그들은 왜 가톨릭교회로 갔을까?" 예영.

조영아. 2014. "사회비판이론(critical social theory)으로서의 하버마스의 비판이론(critical theory)." "철학탐구"(중앙대학교 중앙철학연구소) 36 : 147-175.

조재국. 2000. "에큐메니칼 신학의 한국교회 수용에 대한 성찰 에큐메니칼 신학의 형성과 한국교회." "한국기독교신학논총"(2000) 19 (1) : 307-330.

조항제. 2009. "공론장-미디어 관계의 유형화." "한국언론정보학회 학술대회"(한국언론정보학회) 275-192.

조해룡. 2016. "21세기 문화 속에서 복음의 공공성 회복을 위한 교회의 선교적 과제 : 레슬리 뉴비긴의 복음의 공공성을 중심으로." "선교신학" 41 : 423-451.

중앙일보. 2020. "이병헌에게 연기를, 유노윤호에게 댄스를 배운다." "중앙일보" 1 23. Accessed 10 7, 2022. https://www.joongang.co.kr/article/23688788#home.

채병관. 2016. "한국의 가나안 성도와 영국의 소속 없는 신앙인에 대한 비교 연구." "현상과 인식"(한국인문사회과학회) 39 (3) : 161-182.

최경환. 2019. "공공신학으로 가는 길 : 공공신학과 현대 정치철학의 대화." 경기 : 도서출판 100.

킨슬, 로버트, 마니 페이반, and 솔잎 역 신. 2018. 유튜브 레볼루션. 더 퀘스트.

하상우. 2020. "전광훈 목사 확진, 사랑제일교회發 감염 전국 확산." "조선일보." 8월 18일. 액세스 : 2020년 8월 19일. http://news.chosun.com/site/data/html_dir/2020/08/18/2020081800152.html.

하선영. 2020. "이병헌에게 연기를, 유노윤호에게 댄스를 배운다." 1월 23일. 액세스 : 2020년 7월. https://news.joins.com/article/23688788.

한국기독교목회자협의회. 2020. "코로나 19로 인한 한국교회 영향도 조사결과 보고서." "목회데이터연구소." 4월 9일. 액세스 : 2020년 8월 19일. http://www.mhdata.or.kr/bbs/board.php?bo_table=koreadata&wr_id=93.

한국마케팅연구원편집부. 2015. "바이럴마케팅(Viral Marketing)." "마케팅"(한국마케팅연구원) 49 (5) : 59-67.

한국일. 2002. "선교와 회심." "선교와 신학"(장로회신학대학교 세계선교연구원) 9 : 37-62.

한국일. 2004. "세계를 품는 선교 : 선교 중심 주제." 서울 : 장로회신학대학교 출판부.

한국일. 2012. "한국적 상황에서 본 선교적 교회 지역교회를 중심으로." "선교와 신학"(장로회신학대학교 세계선교연구원) 30 : 75-115.

한지아웨이, 캔버미셸린, 페이지안. 2015. "데이터 마이닝 개념과 기법." 서울 : 에이콘.

허성식. 2018. "레슬리 뉴비긴의 선교적 논쟁이 가지는 선교신학적 함의." "장신논단"(장로회신학교 기독교사상과 문화연구원) 50 (2) : 209-229.

현승원. 2021. "현승원TV." 8월 23일. 액세스 : 2022년 10월 17일. https://www.youtube.com/channel/UCh-cJriwFpmGf65b_yZhUUw/about.

Aaron, Robert, and Wessman. 2017. "The church's witness in a secular age : A Hauerwasian response to privatized and individualized religion." Missiology : An International Review 45 : 56-66.

BAYC. 2021. BAYC. https://boredapeyachtclub.com.

———. 2021. Bored Ape Yacht Club. 4 20. Accessed 10 28, 2022. https://boredapeyachtclub.com/#/.

Beers, David. 2006. "The Public Sphere and Online, Independant Journalism." Canadian Journal of Education 29(1) : 109-130.

Bigface. 2021. Bigface. 12 19. Accessed 4 25, 2022. https://www.youtube.com/watch?v=Ht-YXf9cHtQ.

Biju, P. R., and Gayathri O. 2011. "Towards Online Activism and Public Sphere in India." The Indian Journal of Political Science (Indian Political Science Association) 72 (2) : 477-488.

Bosch, David J. 2000. 변화하고 있는 선교. 서울 : 기독교문서선교회.

———. 1980. Witness to the World : The Christian Mission in Theological Perspective. Atlanta: John Knox Press.

Bosch, David J.. 1991. Transforming Mission : Paradigm Shifts in Theology of Mission. New York : Orbis Books.

Breakers. 2022. 2022 Breakers Day. 10 13. Accessed 10 17, 2022. https://www.breakers.co.kr/.

Chang, Woo-Young. 2005. "The Internet, alternative public sphere and political dynamism : Korea's non-gaek (polemist) websites." The Pacific Review 18 (3) : 393-415.

Chase, Robin. 2015. Peers Inc : How People and Platforms Are Inventing the Collaborative Economy and Reinventing Capitalism. Philadelphia : PublicAffairs.

Cloete, Anita L. 2015. "Living in a Digital Culture : The Need for Theological Reflection." Hervormde Teologiese Studies 71(2) : 1-7.

Compassion. n.d. 한국컴패션. Accessed 8 16, 2020. https://www.compassion.or.kr/.

Dankasa, Jacob. 2010. New Media as Tools for Evangelization : Towards Developing Effective Communication Strategy in the Catholic Church. Minnesota : Saint Cloud State University.

Davis, Mark. 2020. "The online anti-public sphere." European Journal of Cultural Studies (European Journal of Cultural Studies) 1 (7).

Dawes, Simon. 2016. "Introduction to Michel Maffesoli's 'From society to tribal communities'." The Sociological Review 734-738.

de Gruchy, John W. 1995. Christianity and democracy : a theology for a just world order. Cambridge : Cambridge University Press.

Downs, David J., Tina Houston-Amstrong, and Amos Yong. 2021. Vocation, Formation, and Theological Education : Interdisciplinary Perspectives from Fuller Theological Seminary. Claremont : Claremont Press.

Dukedom, Crypto. 2021. The NFT Revolution 2021 : 2 in 1 Basic guide for beginners + Crypto art & Real Estate Edition. Create, buy, sell and make a profit with non-fungible tokens . Independently published.

Erl, Thomas, Wajid Khattak, and Paul Buhler. 2020. 빅데이터 기초 기념, 동인, 기법. 서울 : 시그마프레스.

Estelles-Arolas, Enrique, and Fernando Gonzalez-Ladron-De-Guevara. 2012. "Towards an integrated crowdsourcing definition." Journal of Information Science 38 (2) : 189-200.

Fortnow, Matt, and QuHarrison Terry. 2021. The NFT Handbook : How to Create, Sell and Buy Non-Fungible Tokens. Hoboken, NJ : Wiley.

Fortune. 2020. https://fortune.com/best-companies/2020/search/.

Fox News. 2022. Far-left radicals find targets using UGA professors' map of pro-life clinic addresses. 6 25. Accessed 8 9, 2022. https://www.foxnews.com/politics/far-left-radicals-find-targets-uga-professors-map-pro-life-clinic-addresses.

Franklin, Kirk, and Nelus Niemandt. 2016. "Polycentrism in the missio Dei." Theological Studies (HTS) 72 (1) : 1-9.

Frey, Ernie H. 2005. An Examination of Mobilization Strategies of Selected Missions Organizations with a Case Study on the Africa Inland Mission. Tennessee : Mid-America Baptist Theological Seminary.

Glasser, Arther F, Charles Edward Van Engen, and Shawn B Redford. 2003. Announcing the Kingdom : The Story of God's Mission in the Bible. Michigan : Baker Academic.

Google. 2021. Google Trends Explore. 1 16. https://trends.google.com/trends/explore?q=nft&geo=US.

Gruchy, John W. de. 2007. "Public theology as Christian witness : exploring the genre." International Journal of Public Theology 1 (1) : 26-41.

Guder, Darrell L.. 2015. 선교적 교회 : 북미 교회의 파송을 위한 비전. 인천 : 주안대학원대학교출판부.

Guder, Darrell L, 1998. Missional church : a vision for the sending of the church in North America. Grand Rapids, Michigan : W.B. Eerdmans Pub.

Habermas, Jurgen. 2001. 공론장의 구조변동 - 부르주아 사회의 한 범주에 관한 연구. 경기 : 나남출판.

———. 1987. The Theory of Communicative Action, Volume 2 : Lifeworld and System : A Critique of Functionalist Reason. Boston : Beacon Press.

Hastings, Ross. 2012. Missional God, missional church : hope for re-evangelizing the West. Downers Grove, IL : IVP Academic.

Hauerwas, Stanley. 2010. 교회됨. 서울 : 북코리아.

Hauerwas, Stanley, and William H Willimon. 2018. 하나님의 나그네 된 백성. 서울 : 복 있는 사람.

Held, David. 1980. Introduction to Critical Theory : Horkheimer to Habermas. Berkley and Los Angeles : University of California Press.

Hiroshi, Onishi, and 이상재. 2019. "마을에서 도시로, 또다시? : 메타데이터로 보는 현실사회와 가상공간의 아날로지, 그리고 예술가의 자세." 미술과 교육 (한국국제미술교육학회) 20(2) : 37-50.

Jang, Hee Young. 2007. A Study of Michel Maffesoli's theory of tribalism : Mainly on the postmodern sociality. Seoul : Sogang University.

Jang, Junga, and Dohee Kim. 2021. Thinkwithgoogle. 1. Accessed 5 5, 2021. https://www.thinkwithgoogle.com/intl/ko-kr/consumer-insights/consumer-trends/2021-%EC%84%B8%EB%8C%80%EB%B3%84-%EC%86%8C%EB%B9%84%EC%9E%90-%EB%B6%84%EC%84%9D-%E2%91%A1%EC%8B%9C%EC%B2%AD%EC%9E%90%EB%93%A4%EC%9D%98-%EB%8B%AC%EB%9D%BC%EC%A7%84-youtube-%EC%9D%.

Jimin. 2020. JiminTV. 8 18. Accessed 5 25, 2022. https://www.youtube.com/watch?v=S6mh tCeuJRg&list=PLd4fUtz0QVAQHxDjV_quwK95IHFTZmwa-&index=21.

John, Kotter P. 2012. Leading Change. Boston : Harvard Business Review Press.

Jr, JR Woodward and Dan White, and foreword by Alan Hirsch. 2016. The church as movement : starting and sustaining missional-incarnational communities. Downers Grove, IL : IVP.

Kung, Hans . 1994. 교회란 무엇인가. 경북 : 분도출판사.

Kim, Enoch J. 2010. "A new mission tool in creative access nations : Christian virtual community in China." International Journal of Frontier Missiology 27 no 4 : 183-188.

Kim, Sebastian C H. 2007. "Editorial." (Brill) 1-4.

Kim, Sebastian C H, and Kirsteen Kim. 2016. Christianity as a world religion : an introduction. London, New York : Bloomsbury Academic, an imprint of Bloomsbury Publishing Plc.

Kim, Sebastian C. H. 2011. Theology in the Public Sphere : Public Theology as a Catalyst for Open Debate. London : SCM Press.

Kim, Sebastian. 2017. "Mission's public engagement : The conversation of missiology and public theology." Missiology : An International Review 45 : 7-24.

———. 2017. On theology in the public square, and on Christianity as a world religion. 2 24. Accessed 8 17, 2020. https://theglobalchurchproject.com/video_tag/sebastian-kim/.

———. 2019. "The 'Credit Crunch' of the Korean Protestant Church:."

Korn, Abney, and Karen. 2012. Utilizing Facebook to Articulate Self and Sustain Community

: Experiences of Undergraduate Students on a Midwestern Campus. Ohio : University of Dayton.

Koval, Matt. 2021. Advice for Your Channel in 2021. 1 5. https://blog.youtube/inside-youtube/advice-your-channel-2021/.

Kristen Lovejoy, Grerory D. Saxton. 2012. "Information, Community, and Action : How Nonprofit Organizations Use Social Media." Journal of Computer-Mediated Communication (International Communication Association) 17 : 337-353.

Kyncl, Robert, and Maany Peyvan. 2018. 유튜브 레볼루션 : 시간을 지배하는 압도적 플랫폼. 서울 : 더퀘스트.

Lee, Yeong-Ju, and Chang-Hwan Lee. 2020. "What Do The Algorithms of The Online Video Platform Recommend : Focusing on Youtube K-pop Music Video." The Journal of Korea Contents Association 1-13.

Lim, Yon Soo. 2020. "Exploring the Direction for Violence Prevention Campaign Using YouTube : Focusing YouTube Video Network Analysis." Korean Association for Advertising and Public Relations 65-100.

LynFairlyMedia. 2020. SBIFF 2020 : "Parasite" Bong Joon-ho Interview. 1 23. Accessed 7 2020. https://youtu.be/j4yrLYtZFLc.

Maffesoli, Michel. 2016. "From society to tribal communities." The Sociological Review 739-747.

———. 1996. The Time of the Tribes : The Decline of Individualism in Mass Society. Thousand Oaks : SAGE Publications Inc.

Marty, Martin E. 2012. The Public Church. Oregon : Wipe and Stock Publishers.

Mayes, Warren Paul. 2009. "Unsettled Post-Revolutionaries in the Online Public Sphere." Jounal of Social Issues in Southeast Asia (ISEAS - Yusof Ishak Institute) 24 (1) : 89-121.

McAfee, Andrew, and Erik Brynjolfsson. 2017. Machine, Platform, Crowd : Harnessing Our Digital Future. New York : W. W. Norton & Company.

McConnell, C. Douglas , Gailyn Rheenen, and Michael Pocock. 2005. The Changing Face of World Missions : Engaging Contemporary Issues and Trends. MI : Baker Academic.

McKinney, Derick. 2014. Social Media in the Church. Arkansas : University of Arkansas.

McLuhan, Marschall, and 박정규 역. 2001. 미디어의 이해. 서울 : 커뮤니케이션북스.

McLuhan, Marschall, and Bruce R Powers. 1989. The Global Village : Transformations in World Life and Media in the 21st Century. New York : Oxford University Press.

McLuhan, Marshall. 1962. The Gutenberg galaxy : the making of typographic man. Toronto : University of Toronto Press.

――. 1994. Understanding Media. Cambridge, London : The MIT Press.

Merriam-Webster.com Dictionary. n.d. "Algorithm." Merriam-Webster. Accessed 10 7, 2022. https://www.merriam-webster.com/dictionary/algorithm.

――. n.d. Metadata. Accessed Oct 7, 2022. https://www.merriam-webster.com/dictionary/metadata.

Michael, Tyldersley. 2013. "Postmodernity, Aesthetics and Tribalism : An Interview with Michel Maffesoli." Theory, Culture & Society 108-113.

missionincubators. 2021. wikiwisdom. 8 12. https://www.youtube.com/channel/UCW6ulV3AaXcbin8cU6M1Lrg.

MissyUSA. 1999. MissyUSA. Accessed 8 21, 2020. missyusa.com.

Moltmann, Jurgen . 2003. 성령의 능력안에 있는 교회. 한국신학연구소.

Mullins, Jefferson. 2011. Online Church : A Biblical Community. VA : Liberty Baptist Theological Seminary.

Myers, Bryant L., Scott Sunquist, and Amos Yong. 2017. Engaging Globalization : The Poor, Christian Mission, and Our Hyperconnected World. Michigan : Baker Academic.

Nah, Seungahn, and Gregory D. Saxton. 2012. "Modeling the adoption and use of social media by nonprofit organizations." New Media & Society 15(2) : 294-313.

Nasmedia. 2021. "2020 인터넷 이용자 조사 NPR." nasmedia. Accessed 10 13, 2022. https://www.nasmedia.co.kr/NPR/2020/.

――. 2021. nasmedia. 4 22. Accessed 5 5, 2021. https://www.nasmedia.co.kr/%EB%82%98%EC%8A%A4%EB%A6%AC%ED%8F%AC%ED%8A%B8/%EC%A0%95%EA%B8%B0%EB%B3%B4%EA%B3%A0%EC%84%9C/.

Newbegin, Lesslie. 2020. The Open Secret. 복 있는 사람.

Newbigin, Lesslie. 2016. 종결자 그리스도. 도서출판100.

――. 2016. 변화하는 세상 변함없는 복음. 아바서원.

――. 2007. 다원주의 사회에서의 복음. 서울 : IVP.

――. 2005. 헬라인에게는 미련한 것이요. IVP.

Oh, Sewook. 2019. YouTube's recommendation algorithem and jounalism. Seoul : Korea Press Foundation.

Pariser, Eli. 2011. Beware online "filter bubbles". March. Accessed April 5, 2022. https://www.ted.com/talks/eli_pariser_beware_online_filter_bubbles.

Parker, Geoffrey G., Marshall W. Van Alstyne, and Sangeet Paul Choudary. 2017. Platform Revolution : How Networked Markets Are Transforming the Economy and How to Make Them Work for You. New York London : W. W. Norton & Company.

Prigogine, Ilya , and Isabelle Stengers. 1884. Order out of Chaos : Man's New Dialogue with Nature. Toronto : Bantam Books.

Rich, Oliver J. 2021. NFTs for Beginners : Making Money with Non-Fungible Tokens. Independently published.

Sandbox. 2021. Sandbox. 8 12. https://sandbox.co.kr/.

Schreiter, Robert J., and Mary Catherine Hilkert. 1989. The Praxis of Christian experience : an introduction to the theology of Edward Schillebeeckx. San Francisco : Harper & Row.

Strauss, Anselm, and Juliet M. Corbin. 1998. Basics of Qualitative Research : Techniques and Procedures for Developing Grounded Theory. CA : SAGE Publications, Inc.

Sunquist, Scott W., and Mark Noll. 2015. The Unexpected Christian Century : The Reversal and Transformation of Global Christianity, 1900-2000. Michigan : Baker Academic.

van Engen, Charles Edward . 1994. 모이는 교회, 흩어지는 교회. 서울 : 두란노.

Wieder, Gerda. 2009. "Protestant and Online : The Case of Aiyan." The China Quarterly (Cambridge University Press) 197 . 165-182.

wikipedia. 2021. 윤식당. 8 13. https://ko.wikipedia.org/wiki/%EC%9C%A4%EC%8B%9D%EB%8B%B9.

Wojcicki, Susan. 2021. 1 26. https://blog.youtube/inside-youtube/letter-from-susan-our-2021-priorities/.

Wolterstrorff, Nicholas. 1987. Until Justice and Peace Embrace. Michigan : William B. Eerdmans Publishing Company.

Woodward, JR. 2012. Creating a Missional Culture : Equipping the Church for the Sake of the World. Downers Grove, IL : IVP.

Yum, Young-ok, and Kazuya Hara. 2005. "Computer-Mediated Relationship Development : A Cross-Cultural Comparison." Journal of Computer-Mediated Communication 11 (1) : 133-152.

Zakaria, Fareed. 2020. Ten Lessons for a Post-Pandemic World. New York : W.W.Norton & Company.